U0492695

Study on the Integration and Innovation of Financial Resources in the Coordinated Development of Beijing-tianjin-hebei

京津冀协同发展中的金融资源整合与创新研究

王学龙　／著

中国财经出版传媒集团

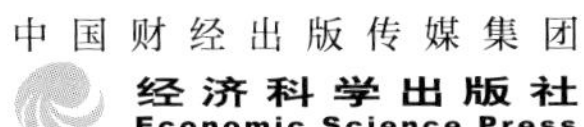

经济科学出版社
Economic Science Press

目　　录

第一章 导 论

第一节 研究背景及意义

一、研究背景

近几年，随着社会经济的飞速发展，区域发展的重要性越发明显，实现良好的区域经济增长对一国整体经济的运行具有重要意义。金融作为现代经济的核心，对经济发展具有十分重要的作用，区域经济的发展自然也离不开金融支持。实现金融业资源的合理有效配置，可以有效促进区域经济的增长。

2013 年，京津冀晋升为国家主体功能区，承担起我国经济增长第三极的重任，成为我国经济社会可持续发展的新动力，京津冀区域发展由此迈入了新的历史阶段。京津冀协同发展离不开金融资源的支持，相关于此的研究具有以下背景。

首先，京津冀协同发展已上升为重大国家战略。2014 年 2 月，习近平总书记在北京召开座谈会，指出实现京津冀优势互补、促进环渤海经济区发展、带动北方腹地发展是一项重大国家战略，此举标志着京津冀协同发展正式上升为国家战略。2014 年 12 月举行的中央经济工作会议进一步指出了京津冀协同发展与一带一路、长江经济带将成为我国重点实施的三大区域发展战略。为推动京津冀协同发展，中央专门成立了京津冀协同发展领导小组，着重研究京津冀区域的功能定位及重点突破领域，并制定相应的改革措施。2017 年 4 月，国务院提出设立雄安新区，作为具有全国意义的新区，这意味着资源的重新配置，也体现了国家对推进京津冀区域发展的高度重视。

其次，京津冀地区发展具有天然优势，是推动我国经济发展的主引擎之一。第一，京津冀地区土地面积占全国的1.9%，总人口约为1.1亿，与长三角、珠三角发散分布的地理位置相比，京津冀三地共存于一个区域之内，北京、天津两大城市分别位于河北省的腹地和边缘。从历史发展来看，京津冀地区一直属于京畿重地，战略地位十分重要。地域上的特殊条件为京津冀经济上互相依存、互相渗透提供了天然的优势。第二，长三角和珠三角极大地带动了中国南方的发展，而京津冀区域的辐射范围在北方，区域协同发展可以促进北方经济增长，连接南北发展。同时，京津冀区域连接东北亚，这能够带动我国的开放区域向北、向西拓展，同时也能减弱一部分其他国家利用海洋通道对中国发展的限制。第三，环渤海地区的快速崛起迫切需要发挥首都经济圈的核心动力和引领带动的作用。目前长三角和珠三角地区的发展要明显优于环渤海地区，究其原因，主要是环渤海区域内各地的发展还没有形成联动，而推动京津冀区域协同发展，使之逐渐成为能够带动整个区域可持续发展的核心动力区，有助于环渤海地区的快速崛起。

最后，金融资源的整合与优化是支持京津冀区域协同发展的有效手段。金融发展与经济进步密不可分，金融作为经济资源配置的一种方式，对促进资本快速积累、推动区域经济发展具有重要作用。目前，京津冀三个城市金融发展水平仍有较大差距，金融资源分布不均：就金融业发展现状而言，北京以第三产业为主导，天津近年来大力发展第三产业，但与北京相比仍有较大差距，河北地区第一产业优势明显，但第三产业发展十分缓慢；就金融市场发展状况而言，2016年北京市非金融企业社会融资规模为13446.1亿元，天津市为3594.4亿元，河北省为6327.5亿元，[①] 由此可见，天津和河北的社会融资规模远低于北京；就金融机构发展状况而言，三地的银行业、证券业以及保险业都在稳步发展，但天津和河北的发展情况仍落后于北京；就金融人才分布状况而言，北京市金融人才聚集区，天津的金融人才也较多，而河北相对缺乏高端人才。尽管近几年京津冀的金融业都有了较大的发展，但从区域协同发展的角度来看，金融资源的整合情况仍有待改善。目前京津冀三地金融资源分配不均，资源配置不尽合理但又具有互补性，根据这种状况，着力整合三地的金融资源并进行适当的创新，对实现京津冀协同发展具有重要意义。

① 2017年京津冀三地金融运行报告。

二、研究意义

当前我国区域经济发展正处于变革之中，促进区域经济协调发展，应着眼于缩小各区域发展不平衡不充分的差距，重塑经济新格局。金融作为促进区域经济协同发展的核心，同样面临着由非均衡状态向均衡状态的转变。但是，现有的金融学理论还没有对此形成严谨完整的体系框架，依托现有的理论还不能完全有效地解决区域经济发展中的矛盾。因此，研究京津冀协同发展背景下三地的金融资源整合情况，并根据具体情况提出优化创新建议，对于完善相关金融理论，以及促进实际经济发展，都具有重要的意义。

（一）理论意义

金融发展和经济发展的关系一直是经济学和金融学的研究焦点之一。金融发展在区域经济发展中处于重要地位，多数学者认同金融发展能够促进区域经济发展，但是，金融资源分布和金融结构的不均衡，会阻碍区域经济的协同发展。本书从京津冀的 11 个地市出发，利用空间面板数据模型和方法分析银行业、证券业、保险业以及其他金融机构的结构与经济增长的关系，并提出改善结构的相应建议，从而推动相关金融理论的完善，同时对提高京津冀地区金融效率，优化金融结构具有重要意义。

（二）现实意义

当前国际背景下，所有地区都非常重视金融在国家和区域经济中的地位，因此，各个国家对金融的重视程度和金融中心建设的竞争强度也日益加剧。在京津冀协同发展的大背景下，如何充分发挥金融金源对经济增长的支持作用，使金融发展突破区域间的分割限制，有效推动地区经济可持续发展，已成为政府当前亟须解决的重要战略问题。

目前，京津冀地区金融发展差异较大，金融效率整体水平较低，出现了金融失衡的现象，这无疑会制约区域经济的协调健康发展。十九大报告明确提出要深化金融体制改革，增强金融服务实体经济能力，但是，京津冀各城市在金融资源分割和金融结构方面仍存在不平衡性。随着金融在经济发展中的作用日益突出，区域金融发展的非均衡性对京津冀区域经济协同发展的制约作用也会日益明显。鉴于目前的现实状况，本书对于京津冀区域金融发展结构和金融资源整合情况的研究显得尤为重要。

第二节 区域经济发展与金融市场文献研究及综述

一、国外文献研究

（一）关于金融支持区域经济发展的文献及综述

工业革命成功帮助西方国家完成了产业结构转型，基于这一事实，金融发展和经济增长的关系一直是国外经济学家们进行研究的核心之一，更是现代宏观经济研究的重要领域。金融中介的演进不仅对经济增长产生了影响，也对社会发展产生了巨大的影响。在金融发展理论方面，从金融支持经济增长的路径方面来看，国外的文献主要有以下几类研究。

1. 金融中介发展支持经济增长

从金融发展理论的发展历程来看，亚当·斯密（Adam Smith，1776）最早在《国富论》中指出良性的银行活动可通过提高社会资本的使用效率，而非增加资本数量来促使一国财富增加，进而带动经济增长。巴杰特（Bagehot，1873）开始专门研究金融发展对经济增长的作用。经研究他发现在英国工业化进程中金融系统的快速发展起到了至关重要作用，金融系统对资本的利用可以通过投资引导来提高效率。熊彼特（Schumpeter，1912）在《经济发展理论》一书中通过金融与创新的视角，阐述了企业家的创新能够从根本上影响经济增长这一观点，而这种创新职能的实现必须依赖于金融市场提供的融资服务。熊彼特（1934）在上述研究基础上，开创性地提出以银行为代表的金融中介机构，能够以较低的成本收集借款企业的信息并进行甄选，从而通过有效的甄选促进国家经济增长。格申克龙（Gerschenkron，1962）最先从金融数量与结构的视角系统地研究了金融发展与经济增长关系。通过研究他提出，在资本形成过程中，银行在欧洲工业化时期的经济增长中所起的作用，取决于国家当前的经济发展程度。对于发达程度和落后程度极高的国家，银行对经济增长的促进作用较小，但在相对落后，而经济正在迅速起飞的国家，银行对促进资本形成和经济增长起着至关重要的作用。之后的学者多从金融促进经济增长的角度进行研究。戈德史密斯（Goldsmith，1969）是首位对此进行实证研究的学者，他以35个国家的相关数据为样本进行研究，结果表明：经济增长和金融发展具有同步性，一般来说，对于经济增长较快的国家，其金融发展水平也相对较高。理论方面，麦金农（McKinnon，1973）提出了金融抑制理论，肖（Shaw，1973）提出了金融深化理论，这些理论是现代金融发展理论的重要组成部分。

从金融发展在经济发展中所起作用的角度来看，多数学者的观点是金融发展对经济增长具有促进作用。约万诺维奇（Jovanovic，1990）在动态模型框架下讨论了经济增长、金融中介和收入分配之间的相互作用，结果表明金融中介和经济增长呈现相互促进的关系。莱文（Levine，1997）认为金融中介机构的出现减少了信息和交易成本。菲斯曼和勒夫（Fisman & Love，2003）认为，短期内，在项目投资时金融有助于确保最具增长前景的项目优先得到资金配置，从而促进经济增长；长期内，外部融资依赖性强的产业的资源获取情况视金融发展程度而定，在金融发展程度越高的国家该类产业越容易得到资源配置，因而总体经济增长会受到金融发展的刺激。

而有些学者认为金融发展对经济增长不存在促进作用，克鲁格曼（Krugman，2003）通过研究拉丁美洲等国家金融自由化的失败案例，认为金融发展不过是经济增长的必然产物，金融发展对经济增长没有肯定的促进关系，二者间只有弱关联性。阿吉翁、巴切塔和班纳吉（Aghion，Bacchetta & Banerjee，2004）通过假设金融发展水平越低的企业面临的信用约束就越强，构建了动态开放经济模型，得出金融发展水平中等的国家相较于金融发展水平或高或低的国家，具有更强烈的经济不稳定性。

2. 资本市场发展支持经济增长

在资本积累的相关研究中，戈德史密斯（1969）、麦金农（1973）都强调了资本积累的增加对经济增长的促进作用。迭戈巴尔德拉马（Diego Valderrama，2003）认为金融发展通过提高资本积累率和资金配置到生产率高的企业两种途径，导致整个社会的企业生产力提高进而来刺激经济增长。卡尔德隆和刘（Calderon & Liu，2003）对部分发展中国家在1960～1989年间金融发展与经济增长关系进行了因果关系检验，得出二者是双向格兰杰因果关系的结论，且金融规模对经济增长的影响是长期性的，这种影响可以通过技术进步和资本积累进行传导。

在对企业外部融资与经济发展关系的研究中，拉詹和辛格尔（Rajan & Zingales，1998）认为，金融体系越发达，企业获得外部融资时所产生的市场摩擦越易于缓解，故使用内外部融资的行业从金融的快速发展中所获益的不对称性将更大凸显。卡恩（Khan，2001）提出，由于企业和金融机构之间存在信息不对称，企业的融资成本会由此提高，当自有资金有限时，企业就会提高生产技术水平，从而获得更多收益并促进金融发展，在这种推动作用下，越来越多的企业在借到资金后会主动提高投资回报率，最终，社会资本积累和经济增长速度得以加快。

3. 技术进步支持经济增长

在技术效率与经济发展关系的研究中，阿雷斯特斯和梅特里亚德斯（Arestis & Demetriades，1997）等认为金融发展会促进技术效率的进步，进而对经济增长产生积极影响。拉詹和辛格尔（2003）以及从西达尔特（Siddharth Sharma，2007）等人认为，一个运行状况良好的金融体系会引导资源进行合理有效的配置，从而对经济增长产生促进作用。金和莱文（King & Levine，1993）基于十余个发展中国家的数据，对金融规模和经济增长的关系进行了回归分析，结果表明，两者之间具有较强的正相关性。阿吉翁和豪伊特（Aghion & Howitt，2005）基于1960～1995年发展中国家的数据进行研究，发现金融发展水平越低的国家，其经济增长率越难以接近发达国家。

在生产率与金融发展关系的研究中，格林伍德和约万诺维奇（Greenwood & Jovanovic，1990）基于信息不对称的环境背景，对金融发展和经济增长的关系进行了理论分析。作者认为金融机构在克服逆向选择和道德风险问题方面具有优势，可以通过甄选将资金分配给高质量的项目，这样能促进生产率的提高。丰特和若泽（Funte & Jose，1996）在内生增长模型中加入了金融中介进行分析，他们认为金融中介具有以低成本收集信息并进行交易、分散投资风险等多种功能，通过这些功能，金融资源可以流向收益较高的技术创新项目中，项目的顺利开展推动技术进步，促进生产效率提高，进而有助于经济增长。

在企业创新与金融发展关系的研究中，圣保罗（Saint-Paul，1992）认为，企业的技术创新投资具有不确定性，可能产生跨期风险，但金融市场的存在能够分散这种风险，因为它会促使企业提高技术创新的专业性以降低失败的概率，也就是说，金融市场的发展会对技术进步产生促进作用。周和金（Chou & Chin，2009）在内生增长模型中加入了金融和技术创新的作用，他们认为金融机构一方面会创新产品以提高金融效率，另一方面也会为创新性项目提供融资，推动技术进步，最终达到促使经济增长的效果。

综合国外研究的结论可以看出，学者基本都认为金融对经济增长具有促进作用。多数学者认为金融发展可以增加资本积累，对经济增长具有很显著的促进效应；此外，还有学者认为金融发展促进了技术进步，提高了生产率水平，进而推动了经济长期增长。总的来说，金融市场的发展水平和质量会在一定程度上影响经济增长，发展良好的金融市场会产生一定的促进作用。

（二）关于金融市场对经济增长影响的文献及综述

1. 银行业结构对经济增长的影响

金融结构和金融系统的发展与经济增长的关系一直是经济学家十分关注的研究方向。帕特里克（Patrick，1966）是首位对这种相关性进行研究的学者。他十分强调金融发展对经济发展的促进作用，认为随着金融系统的发展，一国的资本构成会有所改变，资源配置会更加合理。例如，金融发展能够促进更多居民进行储蓄，银行用于放贷的资金就会增加，这有助于推动经济增长。默顿（Merton，1995）等人分析了金融系统的基本功能，提出了五大基本功能说，并认为这些功能使得金融系统能够通过资本积累和技术进步两个渠道促进经济增长。

在经济学家们越发深入研究金融发展、金融结构与经济增长关系的同时，银行业市场结构作为金融结构的一部分，其对经济增长的影响也开始受到重视。因此，银行业结构对经济增长的运行机制开始成为国外学者的研究重点。

对于银行业结构在经济发展过程中的作用，国外的研究大多从建立局部均衡模型或一般均衡模型入手，研究核心是垄断性银行业结构和竞争性银行结构哪种更有助于促进经济增长。基于以上两个方向，研究结论基本可以分为两种：运用局部均衡模型进行研究的学者，有些认为垄断的银行业结构会对经济增长产生积极作用，也有学者认为垄断结构会产生正反两方面的影响，因此，其作用难以确定；运用一般均衡模型进行研究的学者则认为竞争性的银行业结构更利于经济增长，或者这种作用难以确定。

局部均衡模型的关注重点是借款人与银行之间的关联以及银行业结构对这种关联的影响。信息不对称问题是相关研究的出发点，信息不对称会诱发逆向选择和道德风险问题。局部均衡研究通过考察银行和借款人之间的信贷关系，讨论如何通过甄选引导借款者采取适当的行动来克服这些问题，其结论是在一般情况下，银行业的高集中度能够避免过度竞争情况，使金融系统保持稳定性，经济发展的宏观经济环境因此更加平稳，所以，垄断的银行业结构对经济增长的收益大于成本。卡梅纳和马图特斯（Caminal & Matutes，1997）认为，银行业结构对经济发展的影响是不可确定的，通过对银行业结构和整体银行部门偿付能力之间关系的研究，指出：一方面垄断银行会因为其垄断势力而提高贷款利率，导致信贷需求和总贷款量下降；另一方面银行为了避免因高贷款利率引致的道德风险问题，会加强对借款者的监督，这有助于维持银企间的长期融资合作关系，从而增加贷款量，因此，垄断的银行业结构与经济体贷款总量的关系难以确定。

在实证方面，切托雷利和冈博拉（Cetorelli & Gambera，2001）对具有不同银行依赖度的企业进行实证研究，结果表明，对于较为依赖银行进行外部融资的企业而言，垄断性的银行业结构会对其产生正的效应。一些学者认为银行业集中度的提高对经济增长的收益是不确定的。例如，博纳科尔西和阿里恰（Bonaccorsi & Dell Ariccia，2000）基于意大利不同行业的数据，研究发现，银行业市场集中度与新企业成立数量的关系是非线性的，在一定范围内，银行业集中度的增加会对企业的成立数量产生正效应，但是超出这个范围后，银行业集中度就会对新企业成立数量产生负效应；对于信息不透明的行业，这种正效应表现的更明显。这一现象表明垄断性银行在解决信息不对称方面的优势对于信息不透明的借款者更加重要，因此，银行业结构对经济的影响取决于各类借款者在经济中的分布。

局部均衡分析只注重于银行与借款者之间的关系，缺乏基于整个经济系统对银行业结构的作用的考量，因此，得出的结论可能是有偏的。正是由于局部均衡分析的不足，有学者将局部均衡模型拓展到一般均衡模型，并在一般均衡分析的框架下探索银行业结构与经济增长。

相比而言，一般均衡模型更重视考察信贷资金的来源，即从居民储蓄和银行信贷两个角度进行分析，这种方式能够全面考察银行业结构对资本积累与经济增长的影响。一般均衡分析认为，局部均衡模型忽视了银行资金来源的作用，如果加入对资金来源即居民储蓄的分析，那么垄断结构带来的收益就不足以弥补成本。桑科和塔科尔（Sanko & Thakor，1992）分析了存贷款利率的调整行为，他们认为竞争的加剧会促使银行制定较高的存款利率，同时降低贷款利率，通过这种方式，银行能吸引存款并增加贷款，而居民和企业也会因此受益，总体来说，竞争的存在将更有利于经济增长。切托雷利（Cetorelli，1997）认为银行业结构对经济增长存在两种作用，一方面，垄断银行为获得更多收益，会对借款人进行严格的甄选，这有助于提高贷款质量，引致更多的资本积累；另一方面，在垄断的环境中，金融资源的流向比较集中，可能造成配置不合理的情况，这又不利于积累资本，所以垄断性银行业对经济增长能否起到推动作用，需要根据不同情况而定，对于信息不对称问题严重、资本质量极低的发展中国家，垄断的银行业结构会起到更好的作用。

在实证方面，谢弗（Shaffer，1998）通过研究 1979 ~ 1989 年间美国各大城市的家庭收入增长情况的统计数据发现，区域内银行机构的数量越多，该区域的家庭收入增长得就越快，这就暗示了垄断性银行业市场结构会对家庭收入增长进而对经济增长产生负面影响。也有学者认为银行业结构对经济增长的影响难以确定，例如，戴达和法图赫（Deidda & Fattouh，2002）利用多个国家的工业数据进行研究，发现对于经济发展程度不同的国家，银行集中度对经济增长的影响方式是不一样的，在低收入国家，垄断的银行业会不利于经济增长，而在高收入国家，集中度的提高则会产生正效应，这说明，一个国家的银行业集中度应和经济发展程度相匹配。

2. 股票市场对经济增长的影响

美国经济学家戈德史密斯开创性地对金融结构和经济发展的关系进行了研究，由此人们开始关注金融结构的重要性，但人们似乎并未聚焦于股票市场对经济增长的作用。戈德史密斯也认为，虽然有迹象表明“二战”后的直接融资的比率和经济增长之间存在正向相关关系，但这种关系并不够显著。但 20 世纪 90 年代后，通过对处于不同经济发展程度的国家进行相关研究，一些学者发现，一国股票市场的发达程度和经济增长之间存在着紧密的联系。

贝克和莱文（Beck & Levine，2000）认为股票市场的存在有助于降低交易成本，使更多金融资本转化为实物资本，进而推动经济增长。迈耶通过分析证券市场的规模和机构数量，得出结论：企业通过股票市场进行直接融资的作用体现在企业融资结构的调整以及证券融资比重的改善两方面，但是在股票融资比重所占地位较低的市场经济结构中，股票市场对经济增长的作用难以体现。但是哈雷斯（Harris，1998）却不这么认为，他的研究表明，发达国家和发展中国家的股票市场对经济发展的作用都是微乎其微的，尽管相比于欠发达国家，发达国家的股票市场规模明显更大，但这仍不足以证明股票市场的发展能够提高资本的边际产出率，从而达到加速经济增长的预期效果；此外，他认为发展中国家股票市场的作用微弱可能是因为其股票市场具有较强的波动性和投机性。

实证方面，泽沃斯和莱文（Zervos & Levine，1996）对经济增长、股市发展和金融中介的关系运用模型做了严格的回归分析。得出了股票市场与经济增长之间具有正相关性的结论，其中股票市场的指数变化反映了经济增长的某些特征。此外，股票市场的发展还有助于经济生产率的提高，将初始收入等作为控制变量，所得结果依旧如前。菲利普·阿雷斯特斯和德米崔德斯（Philip Arestis & Panicos Demetriad，1997）对美、德两国的数据进行了实证分析，发现1979～1991年期间，德国银行体系的快速发展才是推动经济增长的主要动力，而股票市场的作用是通过促进银行业发展而间接显现的。阿雷斯特斯（Arestis，2001）基于5个发达国家的银行市场、股票市场和经济增长数据进行时间序列研究，结果表明：银行市场和股票市场对经济增长都会产生积极作用，但相比而言，银行市场的作用更大。唐尼（Donny，2007）研究了APEC国家1981～2000年的数据，指出股票市场在金融发展对经济增长的影响过程中起到很显著的效应，尤其是在发展中国家。阿鲁莎库雷（Arusha Cooray，2010）运用MRW模型，实证分析了35个亚洲发展中国家的相关数据，得出结论：从长期来看，股票市场对经济增长具有重要作用，此外，较大的市场规模和高流动性会为经济增长带来更长远的动力。菲莱尔和汉诺赛克（Filer & Hanousek，2013）对多个国家面板数据进行了因果分析，发现结果并不足以证明股票市场发展和经济增长之间存在联系。本西文加、史密斯和史塔（Bencivenga，Smith & Starr，2015）建立了包括流动性指标和风险管理指标的模型，回归结果显示，股票市场的发展会降低居民储蓄率，这不利于资本积累，因此，股票市场可能对经济增长产生消极影响。

3. 保险市场对经济增长的影响

保险业作为现代金融业必不可少的组成部分，其发展与经济增长之间的关系也越发紧密。国外学者较早开始重视对两者关系的研究，基于不同的侧重点，可以将现有研究分为以下三类。

第一，关于保险业发展和经济增长的因果关系研究。理论方面，大多数研究认为保险业发展能够有效促进经济增长，反过来，经济增长也会引导保险业发展。然而在实证方面，结论却并非如此一致。奥特维莱（Outreville，1996）指出，发展中国家的保险机构之所以能够促进经济增长，是因为其保险机构的垄断性，但是这种垄断会阻碍地方保险市场的发展，这又会降低其对经济发展的驱动力。贝克和韦布（Beck & Webb，2003）研究了保险业发展和消费水平的关系，结果显示保险市场的发展能够提高居民消费水平，进而刺激经济增长。杨等（Yang et al.，2015）基于1979~2008年10个亚洲国家的数据，构建面板门限回归模型，研究了经济增长对寿险业发展的影响，结果显示两者之间存在非线性关系，当GDP增长率处于高位时，会对寿险业发展产生积极影响，当其处于低位时，这种积极的影响作用相对较小。

第二，关于保险业发展对经济增长影响的研究。相关研究大多围绕经济增长影响因素或动因基于内生增长理论展开。帕加诺（Pagano，1993）认为保险业可以通过完善金融市场的中介职能和提高资本积累效率两个途径对经济增长产生促进作用。瓦德和祖布鲁克（Ward & Zurbruegg，2000）认为保险业对经济增长的促进作用体现在两个方面：一是保险产品的风险转移和补偿功能会促使风险厌恶者购买昂贵的物品，被保险部门的利润会因此增加，这就体现了保险部门的正外部性；二是保险作为金融中介，会对一国生产性资本的积累产生促进作用，进而有助于促进经济增长。韦伯等（Webb et al.，2002）利用修正的索洛模型分析了银行与保险业发展对于经济增长的作用机制，结果显示银行业和保险业都是经济增长的驱动因素，它们主要通过提高投资水平和质量起作用，而这种驱动作用会因为技术进步而进一步加深。

第三，关于保险制度对经济增长的影响和作用机制分析。戴蒙德（Diamond，1965）探讨了不同养老保险制度对经济增长的动态影响，OLG模型的回归结果表明，养老保险的现收现付制度不仅会降低社会中的稳态资本存量，还会在一定程度上影响资本积累，这会对经济增长产生阻碍作用。苏（Soo，1996）以个人效用最大化为前提构建了最优经济增长模型，并在模型中加入了寿险保费税因素，模型研究结果表明，整体来看，寿险保费税的变化会显著影响个体财富，但对总体财富的影响却并不显著；其中，当年金保险的保费税发生永久性提高时，保持稳态所需的总消费和总财富水平会明显降低，这将阻碍经济的增长；对于其他寿险而言，还难以确定保费税的永久性提高会对经济增长产生怎样的影响。普里斯（Pries，2007）利用生命周期模型来研究美国养老保险制度转变对社会福利和居民收入分配的影响机制，结果显示，当传统的现收现付制度转换为完全的个人账户制度时，后者的代际间转移能够提供更多的工作和收入给年轻劳动者，以此推动经济发展。亚历山德拉和卡洛（Alessandra & Carlo，2008）通过在一般均衡模型中引入异质群体的人力资本投资因素，分析了各种筹资模式的养老保险的收入再分配效应，结果表明，现收现付制度的群体间收入再分配效应较强，此外，各种制度会通过影响人力资本进而影响经济增长。

二、国内文献研究

金融业是现代经济的核心，金融业作为基础产业发展的支柱产业，起到支持实体经济发展的作用。自20世纪90年代开始，经济学研究的发展伴随着计量和统计方法的进步，我国学者也纷纷开始了金融发展和经济增长相关性的研究，定量和定性研究成果累累，国内的相关研究大体分为以下几类。

（一）金融中介发展支持经济增长

从金融中介发展程度与经济增长之间的关系来看，谈儒勇（1999）认为二者具有很显著的正相关关系，金融中介通过执行央行政策以及提供金融服务促进经济增长。作为金融发展的重要标志，金融中介机构的扩张反映了金融需求市场的变化。吕雯、鲍曙明等（2011）运用1952～2004年的年度数据检验了金融分支机构的数量、存款余额和经济增长的相关性，研究发现在样本期内三者间存在着长期稳定的正相关关系，其中金融中介数量增长率和经济增长之间存在着显著的因果关系。

有的学者认为金融发展促进经济增长是有条件成立的。俞立平等（2012）对金融规模、金融调控与经济增长的关系进行研究，通过模型分析发现，金融规模越大，对经济增长越具有促进作用，且这种作用是长期稳定的；而金融调控在不同经济发展情况、历史阶段对经济增长的作用正负向不定。张亦春、王国强（2015）通过对金融偏离度的测度以及运用双门槛回归进行实证分析，发现当金融发展与实体经济增长在契合度较高的区间，金融发展能明显促进实体经济增长。李扬（2017）认为要有效发挥金融作为媒介的资源配置功能，就要切实做到“金融要服务实体经济”，所谓更好地服务实体经济，具体要求就是降低资金流通成本，提高金融的中介效率和分配效率。因此，进一步理顺利率、汇率和无风险收益率曲线等媒介资源配置的市场基准、建立稳定的筹集长期资金和权益类资本的机制、大力发展普惠金融、建立市场化风险处置机制以及完善金融监管框架，是提高金融服务实体经济效率的根本举措。

然而，我国现阶段金融与实体经济不协调的现象逐渐增加，使得金融部门过度膨胀、资产脱实向虚严重、金融市场配置扭曲，导致产业空心化严重和金融风险集聚。通过深入分析金融和实体经济关系，探讨金融促进实体经济发展路径，大力完善法律法规打破金融垄断、进行实体经济转型升级、深化金融体制改革、调整金融发展的规模速度和结构，切实保障金融为实体经济服务的有效性。

（二）资本市场发展支持经济增长

从资本积累角度来看，王永忠（2007）运用资本外溢 AK 内生增长模型，对金融发展、资本积累与经济增长关系进行理论研究和经验分析。理论研究表明：资本积累主要依靠储蓄转化，而经济发展通过投资配置效率的改善加以提高。经验分析显示，金融发展与经济增长之间呈显著正相关关系，这证实了金融发展与内生增长理论的预测。王仁祥、童藤（2014）运用 1993 ~ 2011 年的年度数据对我国金融发展的真实水平与经济增长的长期均衡关系进行协整分析，并建立了反映短期波动的误差修正模型（ECM）。分析结果表明：在长期，金融发展对经济增长具有显著的正向影响，金融中介发展对经济增长的促进作用大于资本市场；在短期，我国金融中介及资本市场的发展对经济增长影响不显著。

从企业外部融资角度来看，张金清、陈卉（2013）通过选取新兴市场国家 1989 ~ 2011 年的数据对我国金融发展的适度性区间予以研究，认为在未来一段时间内，金融中介、股票市场、债券市场、保险市场以及金融综合发展水平都接近或达到相对超前区间，这样的金融发展水平可以给经济提供有效支持，但同时存在的诸多隐患也需要作进一步的调整。

（三）技术进步支持经济增长

从产业结构调整方面来看，方先明等（2010）运用模型考察 1998 ~ 2008 年间金融支持与经济增长间的空间相关性，发现通过金融要素的流动，能够引导经济资源在不同集群间流转，促进产业结构升级。荣先恒、陈永清

（2005）对数据进行了协整检验，结论表明金融资产数量越多，对工业经济发展的“溢出效应”越明显，货币资产与工业经济增长相互促进。

从技术改进方面来看，姚耀军（2010）控制了人力资本、证券化水平、专利保护水平以及外商直接投资这几个变量之后，得出技术进步会受到金融中介发展显著的正向作用的结论。姚耀军、董钢锋（2013）基于2005～2011年中国省级面板数据进行分析发现，金融发展与中小银行在银行业中相对地位的提升皆有助于技术进步，验证了新结构经济学最优金融结构理论，促进技术进步。

从生产率方面来看，张军、金煜（2005）通过对十几个省份的数据建立面板模型，发现在不同的地区，金融深化程度对生产力水平的影响不一。构建对金融深度的适当测度，发现金融深化和生产率增长之间呈显著为正的关系。此外，陈东、汪敏、沈春苗（2014）利用2002～2011年的省际面板数据，测算了各省市金融中介发展指数，并以此为基础检验了其对技术创新能力及分解指标的影响。结果表明，金融中介发展对东部和中部地区高水平创新的正向影响没有通过显著性检验，整体形势不容乐观。回归结果显示，教育水平、基础设施建设、政府规模、城市化水平、市场化指数对技术创新能力提升有显著的正向影响，而对外贸易和外商直接投资则起着反向作用。

（四）金融与区域经济的研究

1. 金融与区域经济之间的相互关系

金融对实体经济发展的支持促进作用已被许多学者论证。而且将视野缩减到区域经济发展的范围，金融发展在其中也描画了浓墨重彩的一笔。周宁东、汪增群（2007）采用面板数据的处理方法，从量与质两方面对我国各省区的金融发展水平对经济增长的贡献进行了实证研究，发现无论从哪方面金融深化都有助于区域经济的改善和提高。

也有相反的意见认为，由于我国区域经济水平发展的不平衡性，金融发展对经济的推动效果并不明显。艾洪德、徐明圣（2004）与王景武（2005）等在研究了广西西江经济带建设后发现，只有我国东部地区的金融发展对经济增长有正向作用，金融发展与经济增长两者相辅相成，金融发展的程度越深，经济发展的速度就越快（苏瑞琨，2011）。也有学者在肯定金融发展与经济增长具有长期均衡关系的基础上，通过对特定区域内的金融发展与经济增长的相互关系的实证研究，发现金融对区域经济增长的促进作用在不同区域内是有差异的。闫丽瑞、田祥宇（2012）对东、中、西部地区的数据利用面板单位根和协整检验方法分别就三个地区金融发展对经济增长的促进作用进行了实证分析，结果表明金融发展能够促进经济增长，无论是在东部、中部还是西部，但是这种促进作用存在着地区差异，中部地区金融发展对其经济增长的促进作用最大，然后是东部地区，西部地区最小。杨胜刚、朱红（2007）运用中部六省的省级数据进行实证分析，发现中部地区金融发展与经济增长具有长期的均衡关系，金融发展能够为中部崛起提供有力的支持。

2. 金融与区域经济之间作用的路径与机制研究

通过金融资源配置促进区域经济发展。白钦先、谭庆华（2006）对金融功能的历史演进做了梳理，同时认为金融体系具有区域协调这一宏观调节功能，能够提高资源配置的宏微观效率、促进公司治理和风险管理，协调区域经济发展。苏士儒等（2007）从资源的总量和用途两方面进行研究，结果表明区域经济增长受实际运用金融资源的影响更为显著，金融资源分布的差异对经济增长的不平衡有较大的影响，通过合理配置金融资源能够缩小区域间的经济发展差距。徐晓飒（2015）认为区域经济发展上的差距与金融资源的差异性分布具有相互作用。

通过金融中介发展促进区域经济发展。姚博（2014）选取了东部四省两市作为样本，采用金融机构年末存贷款总额占 GDP 比重来衡量金融支持环境指标，通过构建理论和实证模型得出金融支持通过推动价值链完善对经济增长起推动作用。李忠民、刘妍（2015）认为金融支持区域经济建设以货币资金、金融机构、金融资本、金融市场以及金融制度为作用机制，通过宏微观路径发挥金融功能，说明了金融中介在地区经济增长过程中扮演着重要角色。

通过信贷资源支持区域经济增长。韩玲（2014）通过实证发现，银行信贷与经济增长具有正相关关系，但是在地区间存在差异，银行信贷对经济增长的贡献依中、东、西部顺序递减。韩玲（2014）运用协整分析、Granger 因果检验与误差修正模型，验证了金融发展与区域经济之间具有正相关关系。

第三节　研究内容及思路

一、研究内容

本书通过分析京津冀协同发展及发展中金融资源的现状，结合金融业与经济增长的实证研究，提出了一些京津冀协同发展中金融资源整合与创新政策建议。主要研究内容包括以下五个方面。

第一，京津冀协同发展的研究背景、意义，研究内容、思路，研究方法及理论的创新点和不足。

第二，国内外有关金融支持区域经济发展的文献综述、区域经济发展的相关理论以及金融相关理论。本部分主要对金融支持区域经济发展的国内外文献分别从不同的角度进行了梳理，对区域经济发展的相关理论进行了阐述，并对金融相关理论进行了详细的阐述，奠定了本书研究的理论基础。

第三，京津冀协同发展现状及金融资源现状。首先阐述了京津冀协同发展战略提出的背景及其内涵和意义，并分析了京津冀协同发展的现状及存在的问题；其次进一步分析了京津冀三地金融资源分割现状、整合现状，京津冀普惠金融发展现状及天津自贸区对京津冀协同发展的助力作用。

第四，京津冀区域金融业结构与经济增长的实证研究。通过分析银行业、证券业、保险业与经济增长的实证研究的结果，提出改善京津冀区域金融业结构的对策建议。

第五，京津冀协同发展中金融资源整合与创新政策建议。本部分基于京津冀协同发展中的问题及金融资源整合存在的问题，结合本书研究以及可行性等因素提出了一些政策建议和创新路径。

二、研究思路

本书的研究思路如图 1－1 所示。

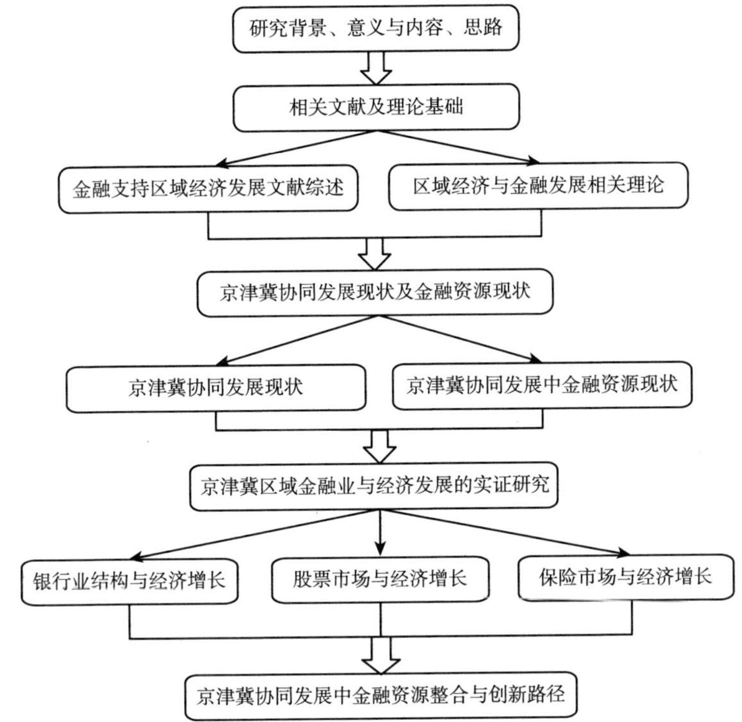

图1-1 本书研究思路框架

资料来源：作者自制。

第二章　区域经济发展与金融相关理论

第一节　区域经济发展理论

区域经济学是为解决区域性经济问题而产生的，区域经济学的发展与某一国家或地区的经济发展趋势是密切相关的。随着区域一体化和经济全球化的程度逐渐加深，作为区域经济学研究的重点问题，区域经济增长的相关探索越来越受到重视，学术界对此争论不一。而且，随着某一国家或地区经济的迅速发展，将出现一系列新的区域经济问题。

相对于其他学科，区域经济学是比较年轻的。在世界范围内，区域经济学的出现也就不到60年的时间，在我国只有30多年的历史，严格来讲我国的区域经济学是随着改革开放而发展起来的。本节对区域经济发展梯度理论、区域经济发展辐射理论、区域经济发展比较理论等内容进行综合概述。

一、区域经济发展的梯度理论

（一）工业生产生命循环阶段论

工业生产生命循环阶段论由美国哈佛大学的弗农等人（Vernon et al.）首创。该理论认为，任何工业部门或工业产品都要经历创新、发展、成熟、衰老四个发展阶段，必然产生不同的生命循环阶段。

在此理论基础上，英国经济地理学家埃斯塔尔（Estar）依据职工人数的增长率、工业增加值的增长率以及工业部门在国家产业结构中的比重，对美国不同类型的产业部门进行评分，期望能够判断出某一产业部门所处发展阶段和今后的发展前景。埃斯塔尔选用1947～1967年21年间的数据进行研究，最后决定得分在3.4以下者视为衰退部门，3.5～6.9分的为停滞部门，7～10分的部门则属于兴旺部门，其结果如表2-1和图2-1所示。

表2-1　　各工业部门评分

兴旺部门	评分	停滞部门	评分	衰退部门	评分
军火	—	印刷出版	6.0	冶金	3.2
电力设备	9.2	金属制品	5.8	石油与煤	2.4
运输设备	8.5	纸张、纸浆	5.4	食品	2.4
化工产品	8.2	石料、黏土与玻璃制品	4.4	皮革及其制品	0
橡胶与塑料制品	7.8	家具及室内装修	4.4	纺织	8
机床	7.6	服装	3.8	木材及其制品	0.7
一般机器制造	7.1				

资料来源：周起业等，《区域经济学》，中国人民大学出版社1990年版，第151页。

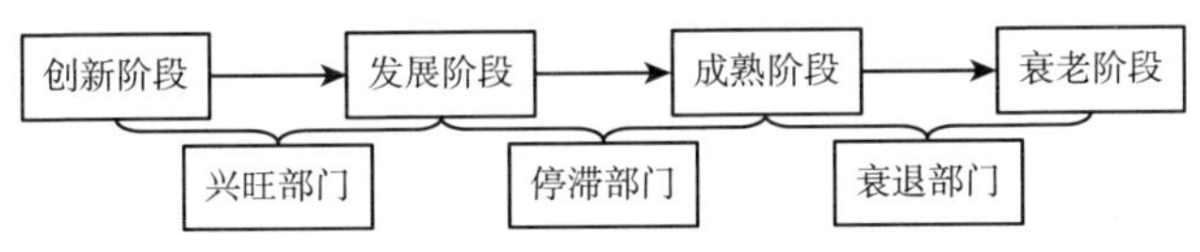

图2-1　三部门阶段图

资料来源：作者自制。

（二）区域经济发展梯度转移论

弗农的工业生产生命循环阶段论被后来的学者补充扩展，并逐步引用到经济学中，由此，区域经济梯度转移理论产生。该理论认为，发达产业或地区的创新活动是经济发生梯度推移的主要动力，且该推移产生方向为由高至低有序推移，因为只有某一产业足够成熟，或已经步入衰退阶段，才会逐次地转移到周边地区。

1. 区域经济发展梯度转移论的内涵

通常，一个地区的经济部门决定了当地产业结构的优劣，而产业结构是否得到优化升级，对区域经济有着重要的影响。因此，创新阶段的主导专业化部门是兴旺部门，那么，它不仅发展实力雄厚，更拥有着良好的发展前景，因此，这种地区属于高梯度地区。反之，如果一个区域处在成熟或衰老阶段，那么该地区的发展实力将明显下降，并产生失业率上升、人均收入增长缓慢等现象，更甚者会陷入严重危机之中，这种地区则被列为低梯度地区。具体见图2－2。

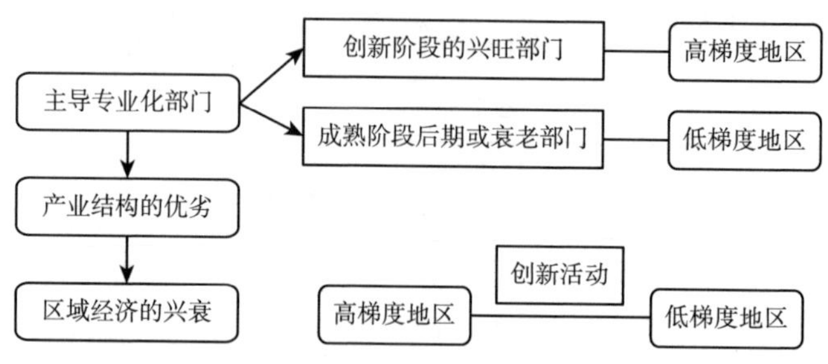

图2－2　区域经济发展梯度转移论的内涵

资料来源：作者自制。

在多数地区，新技术、新产品甚至新产业主要是通过多层次的城镇系统在地域空间上发生推移，并且这种转移分为大范围转移和局部范围转移两种情况。大范围转移是指在社会需求扩大的推动力下，创新活动由发达地区中心地按行政区域城市系统向全国或更广阔的地域转移；而局部范围转移则只是向经济联系比较密切的邻近城镇推移，并且基本上以由近至远的形式扩散。

2. 区域经济发展梯度转移动因

学者们对区域经济发展梯度转移的原因进行探究，结果发现转移的动因是影响区域经济发展与生产布局的各种内在因素。

（1）创新阶段：一些经济发达的核心城市通常作为地区发展梯度图上高峰的尖端，因此，往往会产生重要新兴部门与新产品。其原因在于，核心城市信息交流密切，具有明显的知识和人才储备，生产生活资料丰富且充足；核心城市易产生经济聚集性，从而提高资源利用率，推动加发明创造、研究与发展工作的进程。

（2）发展阶段：在这一阶段，经济从高梯度向较低梯度转移。因此，在布局上，这一阶段也被称为扩展阶段。只要能够满足国内外生产发展或生活的需要，那么某一创新阶段产品的销售渠道就会迅速打开并扩张，这时该产品的生产会带动整个工业部门由创新阶段进入发展阶段，随之而来的是生产区域和生产规模的扩大，在供求机制的推动下，生产供应商通过技术转让、外地合作办厂等方式纷纷涌入市场，因此，带动了其他梯度的区域（城市）的经济增长。

（3）成熟、衰老阶段：在这一阶段生产产品的明显标志为标准化或普及化，生产技术相对先进，生产形式由技术密集型向劳动密集型过渡，市场价格由消费者决定，需求也趋于饱和。这时的经济增长极为缓慢甚至产生停滞，然而一些落后地区的供应商仍在继续增加产品生产，造成激烈的市场竞争的同时，也使得这些产品的生产逐步向第三、第四梯度区域转移或扩散。

世界上任何一个国家和地区都处在一定的经济发展梯度上，并在一定范围内发生工业布局与经济发展水平的变化与转移。西方生命循环理论与区域经济发展梯度理论解释了为何随着时间的推移，新行业、新产品以及新技术的产生与发展都会一级一级地从高向低梯度地区传递。

3. 梯度发展理论的动态表象

资产阶级的固有限制往往是造成地区经济发展的总趋势贫富两极分化的主要原因。在这一背景下，纲纳·缪达尔（Karl Gunnar Myrdal）在梯度发展理论的基础上从事了大量的研究工作，并由此提出了累积因果论，他认为，有三种效应在梯度发展中共同制约着地区生产分布集中与分散，即极化效应、扩展效应和回程效应。

以下是三种效用对生产分布产生作用的结果。

三种效应产生的共同结果使得贫富差距不断拉大，这也正好解决了发达地区与不发达地区之间的差别不断扩大的问题。因为通常情况下极化效应往往大于扩展效应，同时回程效应也趋于对极化效应产生辅助作用。

（1）极化效应促使城市带的梯度上升。从累积因果论角度出发，无论在什么条件下，一旦一个地区的发展达到一定的水平，那么它就可以自发地累积有利因素，为自身的持续发展创造条件，即使最初的发展优势趋于消失，该地区仍可以靠这种自我发展的能力继续发展前行。这就充分揭示了资本主义市场自发机制下，发达地区越来越富，不发达地区则越来越贫困的原因。

第一，发达地区往往具有雄厚的经济背景和物质积累。其最大的优势主要在于需求旺盛的消费市场、便捷的交通网络和通信系统、卓越的科研能力、完善齐备的公共基础设施建设。

第二，发达地区往往是政治集权中心。经济高度发达地区易于形成权势集团，美国某些经济高度发达地区，甚至可以直接影响美国的总统和参众两院选举及其主要决策，而对政府政治决策的间接渗透又会影响到资源在各地区间的分配，使政策导向有利于发达地区而不利于欠发达地区。

第三，发达地区的乘数效应和规模经济。发达地区的经济发展水平较高，工业聚集程度也较高，这就有利于形成规模经济，不断扩大的聚集规模使得与之服务和配套的产业、行业越来越多，劳动力需求增加，非基础服务部门相应扩大乘数效应会进一步加强，加剧了贫富地区生产分布的极化。

（2）扩展效应促进低梯度地区发展。由图2－3可以看出，扩展效应与极化效应同时对经济的梯度转移产生影响。城市与城市带的发展程度越高，越能在更大的程度上对周围地区进行经济的扩散。极化效应的作用的发生往往需要扩展效应配合进行，否则其不可能得到进一步的加强。

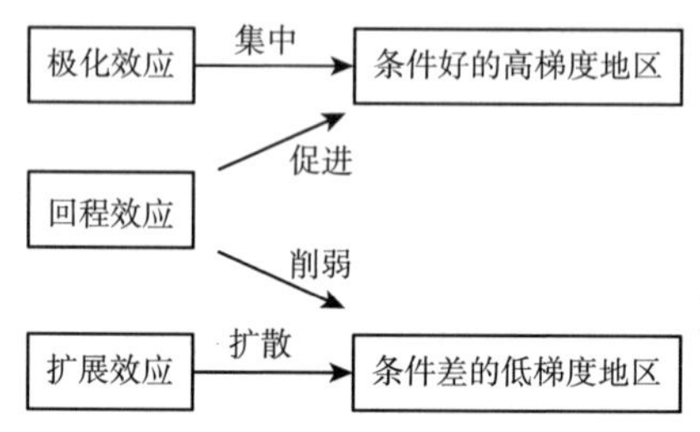

图2－3 累积因果论中三种效应作用结果

资料来源：作者自制。

扩展效应通过两种渠道发挥作用。一种方式是，在经济不发达地区，往往产业结构落后，多为初级加工工业或劳动密集型工业，这些低级产业可能会造成严重污染，迫使工厂向城市周围寻求最优区位，同时，一些军事工业分布具有分散化的特点，有利于促进不发达地区的发展，旅游业等第三产业发展迅速。另一种方式是从财政角度发挥间接作用，即先进发达的城市群由于GDP较高，经济繁荣，因此，税收增多，在社会再分配的作用下，更多的财政资金会流向落后的不发达地区，从而支持当地经济的发展。

（3）回程效应阻碍低梯度地区发展。回程效应往往与极化效应、扩展效应产生对立，抵消其发生的作用，阻碍经济向第二、三地区产生转移，或者只能使其发生短暂的转移。特别是在区域发展极度不平衡的情况下，经济发达地区在极化效应的作用下更加繁荣，具有更多的就业、投资机会，市场竞争力日益增强，与落后地区相比，往往占据了更多的资源与优势。而回程效应会在各方面削弱条件差的低梯度地区，阻碍产业和资源向贫困地区的流动。

首先，从资本形成的角度来说，繁荣地区确实会将其产生的一部分利润投资于落后地区，但这些资金往往会以贷款等形式进行投放，不发达地区在获得发展资金的同时伴随着大量的利息债务，如果其不能通过迅速改善投资环境，及时吸收和消化这些投资，将其转化为收益，那么到了一定时期则面临很大的还本付息的压力，由此造成资金的回流。更有甚者，原本属于不发达地区的原始资本积累，也会由于当地利率低收益少，投资机会少等原因，被吸引到高梯度的发达地区。这就造成了繁荣地区资本积累更多更迅速，而落后地区资本形成因为各种渠道的流失而被严重损害。

其次，在人员流动上，发达地区的生活条件、福利制度、公共基础设施都更加完善，吸引着大量的人才涌入，而越不发达地区的人才越易流失。

最后，在综合竞争力上，发达地区通过强大的科研能力，开拓创新，不断优化资源利用率和劳动生产率，且随着产业规模的不断扩大，投资更充足，设备更先进，有利于为经济的发展提供良好的发展环境。在这种情况下，发达地区在市场竞争中的优势地位进一步加强，而不发达地区由于缺乏发展所需的资金、设备及生产经验，而只能从事处于衰退阶段的产业，产业结构无法得到改善。

二、区域经济发展的辐射理论

（一）经济发展中的辐射概念

辐射一般是指“人才、技术、资本等要素在区域间的流动，通常也伴随着思维方式、思想观念、生活习惯等精神层面的传递”①。经济发展与现代化进程中的辐射则是以上物质要素与精神要素从经济发展水平和现代化程度相对较高的地区向程度相对较低的地区进行传播，从而进一步提高经济资源配置的效率。这是新的思想观念、思维方式逐步取代旧习惯势力的过程。

从辐射源的地理区位上来讲，辐射分为三种：第一种是点辐射，即以某一个中心城市为辐射源向周围地区进行辐射；第二种是线辐射，是以交通干线或沿海地带等带状地区为辐射源，向两翼地区或上下游地区推开；第三种

---

① 胡学勤．经济辐射理论与我国经济发展战略构想［J］．扬州大学学报（人文社会科学版），2003（6）：66－70.

则称之为面辐射，其辐射源不仅包括中心城市，还涵盖了其周围与之连成一片的小城市。图2－4解释了经济发展中的辐射概念。

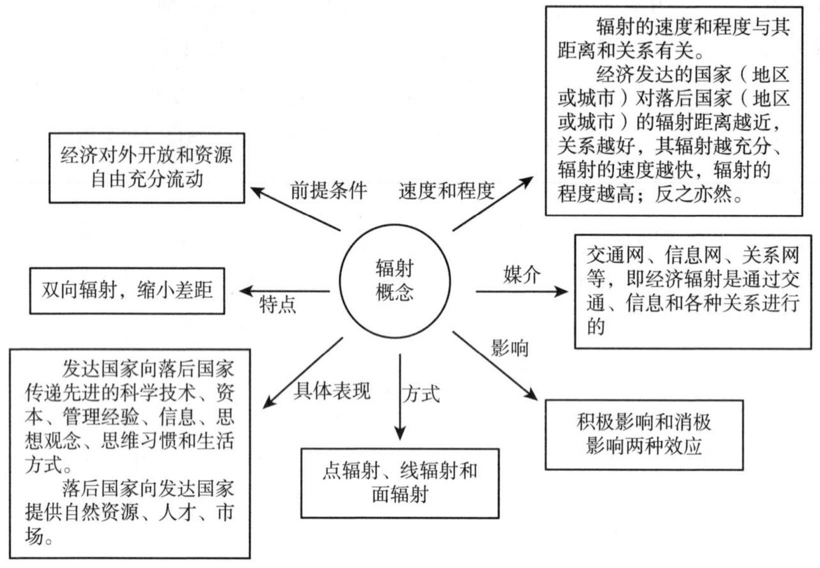

图2－4　经济发展中的辐射概念

资料来源：作者自制。

（二）区域经济发展的辐射理论

1. 增长极理论

增长极理论是20世纪40年代末50年代初由法国经济学家弗朗索瓦·佩鲁（Francois Perroux）在与古典经济学家罗森斯坦·罗丹（Rosentein-Rodan）、纳克斯（Nurkse）和斯特里顿（Streeten）为代表的平衡增长论者关于一国经济平衡增长或不平衡增长的论战中提出的。佩鲁在《经济空间：理论的应用》（1950）、《略论增长极的概念》（1955）等一些著作中最早提出一种非均衡增长理论即“增长极”。

该理论的核心观点认为，经济增长并不是普遍出现的，一些地区会由于区位条件优越而最先发展起来，从而逐渐成为经济增长极。增长极通过极化效应率先获得人才、信息、资金等要素，等到其发展到一定阶段所产生的经济动力与创新成果，又会通过扩散效应辐射到周围的落后地区。

布代维尔在佩鲁研究的基础上，将增长极的概念进行了扩展。他认为，增长极从空间上可以分为两种含义，即经济含义和地理含义。在经济空间上，增长极是指推进型主导产业部门；在地理空间上，特指区位条件优越的地区。因此，增长极不光包括空间增长极，同时也包括产业增长极。而经济含义中的增长极则指的是那些具有良好的地理位置与自然条件，投资机会广，产业优势明显且具有无限的发展潜力的地区。

2. 点轴开发理论

波兰经济学家萨伦巴和马利士进一步深化了增长极理论，最早提出了点轴开发理论。

该理论认为经济结构也可以视为由点、轴组成的空间组织结构，“点”即增长极，“轴”即交通干线。关于如何利用点轴开发这一理论促进经济的发展，首要是选择所谓的“点”和“轴”进行重点开发。首先，应先针对某一区域范围确定发展轴，其选择对象主要是那些拥有资源优势和开发潜力的地带，其中，交通便利也是影响经济发展的一大因素，因此，一般发展轴的选择会定位在主要交通干线的沿线地区；其次，选择各发展轴上以中心城市作为重点培育的“增长点”，同时结合当地的发展趋势和特点，确定未来发展的方向和功能。最后，不同的发展轴与增长极经济发达程度和发展水平不同，应率先开发较发达地区的中心城市和发展轴，将资源集中到能够迅速成长的城市群，等到其经济实力积累到一定程度，再将开发重点逐渐扩散到级别较低的发展轴和中心城市。

3. 网络开发理论

在点轴开发理论的基础上，经济学家又进一步提出了网络开发理论。

如果一个地区已经具备比较完善的发展轴和增长极，那么他的经济布局框架已经形成，那么接下来就可以进行下一步的开发与拓展，即实现现代化区域的网络开发结构。网络开发的三大要素为“节点”“域面”“网络”，其中，“节点”是指在发展轴上兴盛起来的中心城市；“域面”是指处于中心城市周围，能够被增长极辐射到的区域；而“网络”则是指覆盖整个“域面”的物流、人流、资本流、技术流、信息流等的流动网和交通、通信网。点线面的开发结构有利于深化生产要素交流的广度和深度，同时有助于改善地区发展的不平衡，促进地区经济一体化和城乡综合发展。另外，区域内的技术、经验也会向网络覆盖区域以外的地区转移，大大地促进了资源的合理分配与优化重组。因此，网络开发理论是辐射理论走向成熟阶段的标志。

4. 中心—外围论

20 世纪 60 年代，世界范围内工业品市场竞争愈演愈烈，且大国垄断优势日益明显，经济较弱的国家国际贸易处于十分不利的地位。在此背景下，经济学家普雷维什（Prebisch）提出了“中心—外围论”。该理论认为，在当前的世界体系中，发达国家是发展的“中心”，而发展中国家则属于“外围”。由于外围国家只能向世界提供原料和廉价劳动力，因此，它们只能处于生产链的底端，而无法像资本主义国家那样进行技术的改进与革新从而实现工业化的发展。这种初级的发展方式和经济结构会使他们更加依赖中心国家，只有打破这种依附性，才有可能走上独立自主的发展道路。

美国学者弗里德曼将这种国际贸易的关系引入经济理论当中。他将经济系统构造成一个二元经济结构，该结构由中心和外围两部分组成。在经济起步初期，二者界限较为明显，中心区域的发展水平及速度明显高于外围区域，具有优越的发展环境和经济效益，因此，中心区处于支配地位，各生产要素也纷纷涌入其中。

三、区域经济发展的比较理论

（一）古典区位论

一直以来，古典区位论被视为区域经济学的重要理论来源。古典区位论认为区位选择总是趋向生产总成本费用最低的地点，因此，人们把这种理论又称为“成本决定论”。

古典区位论的时间跨度可以从 19 世纪 20 年代追溯到到第二次世界大战之前，它是指在此期间产生的各种区位理论。

德国经济学家杜能（Thunnen）最早对农业区位问题进行研究，他认为土地租赁价格影响着农业生产空间的布局，而土地租赁价格又同时受到多种因素的影响，如农产品价格、人力成本和交通运输费用等。杜能假定农产品价格、人力成本为固定要素，在长期内保持稳定，因此，对农业生产产生影响的要素就只剩下了运费，而运费则又由生产地与消费地运输距离决定。

德国经济学家韦伯在 19 世纪中期系统性地分析了工业区位的特征，并对影响工业合理布局的原因和因素进行了细致研究，“区位因素”由此产生。

韦伯认为明确一个产业的区位因素有利于通过节约生产成本，提高资源利用率，来提高工业企业的优势与竞争力。他将区位因素划分为两种类别，即一般性区位因素和特殊区位因素。其中，一般性区位因素是指影响所有工业区位的因素，如土地租金、运输费用、劳动力成本等；特殊区位因素是指影响特定工业区位的因素，如某一地区的空气环境、气候、植被分布等。工业区位论认为，一般性区位因素对工业区位的影响占主要地位。

（二）新古典区位论

与古典区位论不同的是，新古典区位论为了更加符合经济现实，放宽了区位论的假设条件，但仍把完全竞争市场、规模报酬等条件作为外生变量进行研究。该理论作为古典区位论的同时，又弥补了古典区位论的缺陷，即传统成本决定论未考虑到市场的作用性。新古典区位论从市场供求和价格机制的角度出发，提出区位选择的决定性因素在于利润最大化。因此，新古典区位论又称为“利润决定论”。

利润决定论的另一特征表现为，实现了从微观到宏观领域的跨度，从局部均衡分析扩展到一般均衡分析，新古典微观区位论和新古典宏观区位论由此产生。新古典微观区位论以价格、费用作为研究因子，具有古典区位论的一部分特点，其依然以企业等微观主体作为分析对象，但关注点转为了市场个体最优化和选址的一般均衡。而新古典宏观区位论仍然使用一般均衡分析方法，但研究背景则为多市场环境。

瑞典经济学家戈特哈德·贝蒂·俄林是新古典宏观区位论的杰出代表，其提出的著名贸易理论是区位论的重要组成部分。他将贸易理论和价格理论联系起来，认为区际贸易和国际贸易之所以存在，是由于各国生产要素禀赋的差异，使各国商品的价格在国际市场上具有不同程度的竞争力。而这一理论产生的前提条件是资本和技术等要素在国际间无法自由流动。俄林建立的一般区位理论的特点在于，利息率和工资水平等生产要素的相对价格差异是影响区位选择的主要原因。

（三）现代区位论

现代区位论产生于第二次世界大战后的发展时期，在这一阶段，几乎所有的国家都受到了工业化和城市化浪潮的冲击，社会生产力获得了空前的释放，使得人们的生产方式产生了重大的变革。在新的经济和社会体制下，落后的生产生活习惯逐渐消失，但是也涌现出诸多的区域经济问题。众多区位论学者甚至人文地理学者对这些问题进行科学而广泛的研究，极大地推动了区位理论的发展与飞跃。他们认为，合理的区位选择，不一定仅仅基于利润最大化或成本最小化原则，还受到多重条件的影响，由多种综合因素共同决定，因此，现代区位论又被称综合决定论。这一理论打破了单个厂商区位决策的限制，拓展到对地区总体经济结构及其模型的研究，同时不再拘泥于抽象的纯理论模型的推导，更加贴近区域实际和应用进行综合优势分析。

被誉为区域经济学之父的艾萨德提出了著名的“区位与空间经济”，它和贝克曼发表的“区位理论”一起被视为现代区位理论的标志。从研究内容来看，现代区位理论大致包括五大学派，如图 2－5 所示。

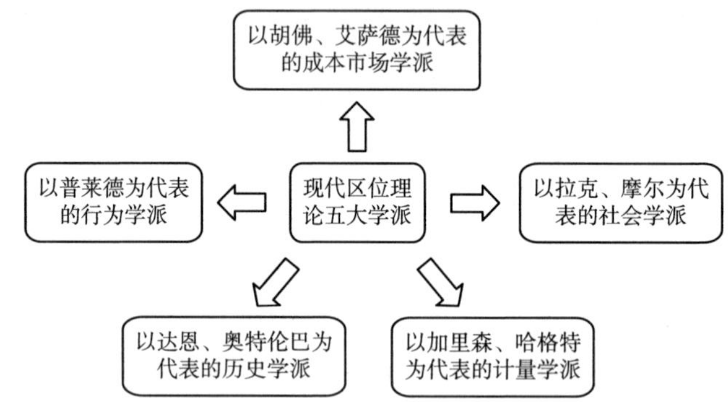

图 2－5　现代区位理论五大学派

资料来源：作者自制。

（四）地域分工理论

1. 绝对优势理论

在有限生产的环境下，每个国家都有着适合自己生产的产品和不适合自己生产的产品。因此，一个国家不会独自生产其所需的全部物品，这就需要通过购买外国产品来满足国内的需求，因为其他国家的某些产品往往更具价格优势。同样地，每个国家也可能拥有自己的优势行业，从而能够将其产品出口到国外，由此产生了国际贸易。绝对优势理论假设每个国家只对在本国拥有绝对有利生产条件的产品进行专业化生产，然后在世界范围内和其他各国进行物质交换，这样有利于合理配置和高效利用各国的资源，提高劳动生产率，增加财富积累。

绝对优势理论的主要矛头是针对重商主义及其贸易保护政策，从而为自由贸易政策提供理论基础。亚当·斯密认为，既然“各个人都不断地努力为他自己所能支配的资本找到最有利的用途，固然，他所考虑的不是社会的利益，而是他自身的利益，但他对自身利益的研究自然会或者毋宁说必然会引导他选定最有利于社会的用途”，那么国家就没有必要干预经济活动：国家应当只是一个“守夜人”，它的职责应当只限于提供社会公正、安全和公共品。国家原则上也不应当干预对外贸易，对不具有绝对优势的产业进行保护。

同亚当·斯密一样，杨小凯也是将其国内专业化和分工演进模型直接用来解释国际分工和贸易。他认为国际分工水平同样也是折中分工好处和交易费用之间两难冲突的结果。由于国际贸易往往比国内贸易产生更多额外的交易费用，因此，对国际贸易的处理通常要多一些如关税、运输距离、通关检查、签证及其他手续费的考量。杨小凯对绝对优势理论的主要贡献就在于，他将交易费用引进了绝对优势理论，通过折中分工好处和交易费用来获得最优分工水平，从而进一步完善了绝对优势理论，大大增加了其解释力。

2. 比较优势理论

大卫·李嘉图在亚当·斯密的绝对优势理论的基础上，依据现实情况进行了进一步的延伸。他认为，尽管国际分工和贸易的产生能够通过各国所具有的绝对优势进行解释，但如果一个国家不具有任何生产成本优势，那么他将失去国际贸易的能力和资格，产品生产上的绝对劣势会使其无法参与国际交换，而只能靠自给自足进行发展。然而实际上，很少有国家会发生这样极端的情况。因此，大卫·李嘉图提出了比较优势理论，他假定如果生产要素不能自由流动，那么劳动价值规律也不再适用。

在比较优势理论中，各国进行国际贸易时的经济状况、资源条件、生产成本等条件依然存在着差异，但并非各方面都处于劣势的国家就完全没有参与国际贸易的机会。如果一个国家的生产优势较多，那么其可以选择优势最明显的产品进行生产；反之，如果一个国家各方面条件都落后于其他国家，那么他可以在劣中相权取其轻，选择和某些国家相比具有比较优势的产品进行贸易交换。这样，各国在国际市场上都能占有一席之地。在世界范围内，进行合理的分工，极大地提高了资源利用率和劳动生产率。

总之，只要各国的成本比率存在差异，其所生产产品的相对成本就具有比较优势，就能够参与国际交换。

约翰·斯图亚待·穆勒是比较优势理论的最大阐释者和发展者。穆勒认为，在同一地点生产两种物品，如果一种比另一种便宜，其原因是，前者可以用较少的劳动和资本，简言之，较少的费用生产。但是，在不同地点生产的物品之间情况不是这样，售价最低的物品有时并不是在能以最少的劳动和节欲生产的地方生产的。如果两国所生产的两种产品存在绝对生产费用的差别，但不存在比较生产费用的差别时，虽然一国在两种商品的生产上都较另一国拥有成本上的绝对优势，两国仍然不会发生贸易。但是如果两国在两种商品的生产上既具有绝对生产费用又具有比较生产费用的差别，那么两国就具有了交换的可能性。因为这种按比较成本优势来进行的国际分工并不能保证两国总是都能从分工中获得利益。为了保证两国都能从比较优势的分工中获得利益，实现双赢，就必须满足在分工后两种商品的交换比例介于分工前两种商品分别在国内的交换比例之间的开区间之内。

（五）区域产业结构变动理论

一个区域的经济结构特别是产业结构变动，可以从区域经济的非均衡发展的角度来解释。传统增长理论往往以均衡竞争这一条件作为假设前提，然而这对于现实情况并不适用，非均衡增长模型则为区域产业结构变动提供了基础性的理论依据。

1. 配第—克拉克定理

威廉·配第最早对劳动力与收入之间关系进行研究，英国经济学家科林·克拉克在此基础上进行延伸，以劳动力转移为主要指标对产业结构的变动加以分析。目前，国民经济产业结构普遍接受克拉克对产业部门的分类，即将直接取自自然界的自然物的生产视为第一产业，如农林牧副渔业；将对自然物进行加工的产业作为第二产业，如加工制造业；将基于自然物产生的无形财富的生产作为第三产业，如金融业等服务产业。在经济发展之初，产业结构主要以第一产业为主，并随着国民收入的增加，开始向第二产业移动过渡，当经济持续增长，第二产业的边际收益开始下降，劳动力逐渐向第三产业转移。威廉·配第认为“制造业比农业、进而商业比制造业能够得到更多的收入，这种不同产业间相对收入上的差异，促使劳动力向能够获得更高收入的部门转移”。劳动力在各类产业中的分布已经成为衡量地区产业结构的重要标准，如今的趋势是，随着产业结构的优化升级，最后第三产业占据着越来越多的劳动力。

2. 库兹涅茨法则

在配第—克拉克定理的基础上，库兹涅茨对国民生产总值和劳动力分布的关系进行研究，并提出库兹涅茨法则。他把劳动力分布的变化和国民收入在三种产业分布的变化联系在一起进行研究，从理论依据上进一步深化了产业结构的变动机制。

库兹涅茨法则提出了几点重要结论。

（1）随着经济社会的不断发展，产业结构优化升级，第一产业在国民收入中所占比重逐渐下降。其原因可以从恩格尔系数角度来分析，即由于农产品具有较低的需求弹性，增加的人均收入往往不会造成对农产品需求的同比例增加，因此，国民收入的增长通常与恩格尔系数呈负相关关系。然而现实生活中，农业在国民收入中的比重下降的速度往往会比劳动力下降的速度更快一些。

（2）第二产业在国民收入中所占比重逐渐上升。这通常是投资的边际报酬递增造成的。

（3）第三产业在整个国民收入中比重的变动并不明显，但劳动力增长趋势显著。原因在于，虽然工业比重随着经济增长不断上升，但当其发展到一定程度，对劳动力的需求达到饱和，并不会继续创造更多的就业机会来吸纳劳动力；而服务业等第三产业会增加对劳动力的吸纳。

3. 霍夫曼定理

随着工业结构的演化，消费品与资本货物部门之间增加值比例关系逐渐呈现出规律性。经济学家霍夫曼认为在工业化进程中，特别是重工业阶段资本货物部门的增加值与消费品部门的增加值的比率呈现下降趋势，由此，其提出了霍夫曼定理。

霍夫曼定律存在一定的局限性。首先，霍夫曼定律只适用于工业化发展的初期阶段，在耐用消费品出现的后期，按轻重工业对产业结构进行划分已不十分科学，而霍夫曼比例也不太能完全解释现实问题。

其次，从区域性的角度来看，由于各区域具有自身独特的区域优势，并不一定会在区域内形成完整的工业体系，在研究轻重工业的比例的同时，也应结合区域经济的特殊性来进行考量。

最后，一个国家由于对内部贸易的流动性不会加以限制，用霍夫曼比例同时去衡量重工业和轻工业地区，在得出的结论中具有不合理性。

然而，不可否认的是霍夫曼定理对于工业化的内容的转变在本质上符合规定性，即在任何国家的区域工业化进程中，一旦实现了农业向工业转移，工业部门结构都会从消费品工业向制造业部门进行转移，并随着结构的不断优化升级，逐渐向高新技术发生转移。

第二节 金融相关理论

20世纪40～50年代，兴起了一批新崛起的国家，在“二战”后开始着力发展本国经济。然而由于储蓄不足、资金短缺等问题，各国的经济发展在不同程度上受到抑制，进一步讲，经济发展受阻的更深层原因在于金融机制运行效率的低下以及滞后的金融发展。在这种背景下，一批专注于研究金融与经济发展关系的学者应运而生，其中，以雷蒙德·W. 戈德史密斯、E. S. 肖、罗纳德·麦金农等为代表的西方经济学家先后提出和扩充了金融发展理论。

一、金融抑制理论

美国经济学家罗纳德·麦金农和爱德华·肖在1973年分别发表了《经济发展中的货币与资本》《经济发展中的金融深化》，提出金融抑制理论和金融深化理论。这被认为是发展经济学和货币金融理论的重大突破，许多发展中国家货币金融政策的制定及货币金融改革的实践都深受该理论的影响。

（一）金融抑制概述

之所以产生金融抑制（financial repression），通常是由于国内金融体系中存在过多的管制干预，使得市场机制未得到充分运用，造成金融体系不健全。而金融发展受到抑制的同时又会对经济增长产生阻碍作用。

通常监管机构执行的一系列经济政策可能会对金融产生抑制作用，例如：对金融机构设立较高的准入“门槛”，和严格的审批制度，对金融机构的设立、业务、法定准备金等严密管控；严格把控利率调整，采用信贷配给对稀缺的信贷资金进行分配；人为高估本币的汇率。正是由于这些金融抑制政策的存在阻碍了金融体系的发展，落后的金融体系又对国家经济发展起阻碍作用。

而金融抑制的根源首先来源于经济上的“分割性”。通常由于经济单位之间信息传递受到阻碍，导致市场上的生产要素及一般商品价格难以获得统一。这种情况会削弱金融体系的良好运转，同时也会使得内需不足。其次，政治上政府对经济干预过多也会导致金融抑制现象的出现。对高利贷和通货膨胀的恐惧导致利率政策，政府规定利率上限使得利率失去能动性也会导致金融抑制。

（二）金融抑制的原理分析

1. 压低利率导致资金供需缺口出现

具体如图 2－6 所示。

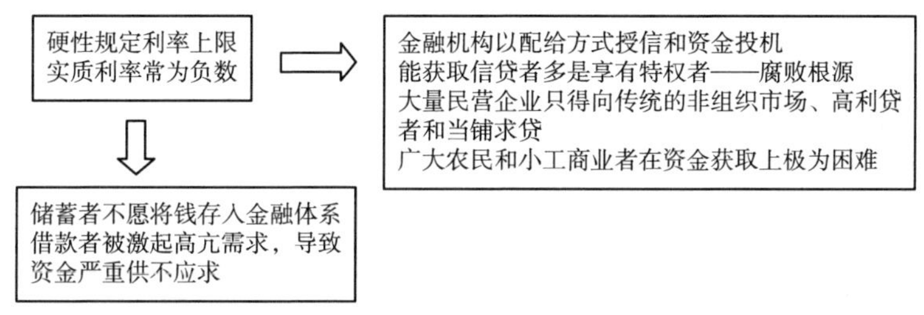

图 2－6　金融抑制的原理分析

资料来源：作者自制。

2. 对外汇市场进行管制

根据汇率平价，一旦本国货币与外国货币出现汇率差异，导致本币被高估，外币被低估，那么就会出现套汇的现象，投资者纷纷将本币转换为外币，特权阶级如果进行管制更会助长黑市交易。另外，本国进口商一旦获得了官方执照，可以通过外贸交易赚取超额利润，但是，这却是出口商的成本增加，甚至形成贸易逆差。

（三）金融抑制的后果

金融抑制对经济增长的影响往往从以下几个方面表现出来。

首先，储蓄效应为负。金融抑制下的利率低，且市场上可选择的金融工具较少，因此，人们通常不会把资金存入银行，而是用于增加消费，购买有形资产或将其转移到国外来规避贬值风险。

其次，收入效应为负。金融抑制下的利率较低，导致储蓄资金不足，无法促进投资，进而使收入增长发生停滞。

再次，投资效应为负。如果投资环境不健全，那么投资者将不愿意将资金投入传统部门，而一些资本密集型或技术密集型产业往往消化不了过多的市场投资，造成资源的浪费使得投资效果不理想。

最后，就业效应为负。同理，如果城市中多为资本型产业，当农村劳动力纷纷涌入城市，这些先进部门无法容纳过多的劳动力，且会由于劳动力技能的不匹配造成严重的失业问题。

二、金融深化理论

（一）金融深化理论的形成

20 世纪 60 年代末，著名经济学家戈德史密斯通过对几十个国家近一百年的统计数据进行分析研究，将金融结构与金融发展进行横向和纵向的对比，结果发现，一国的金融发展过程中呈现出明显的规律性，并由此构建出了金融发展理论的基本框架。

根据戈德史密斯的理论，金融工具是指持有者对其他经济单位的权利凭证，包括所有权和债权；金融机构则指的是将金融工具作为资产与负债主要构成要素的经济单元；一国的金融结构是指金融机构和金融工具的形式、性质及其相对规模。“各个国家之间在许多方面都存在差异……但是对于经济分析来说，最重要的也许是金融工具的规模以及金融机构的资金与相应的经济变量（例如国民财富、国民产值、资本形式和储蓄等）之间的关系。因为从金融上层结构、金融交易以及国民财富、国民产值基础结构两方面在数量规模和质量特点的变化中，我们就可以看出各国金融发展的差异”。

戈德史密斯在金融发展理论中提出了“金融相关比率”（financial interrelations ratio，FIR）这一重要指标，该指标用一国中所有金融资产价值与国民财富即实物资产价值的比值来衡量各国金融发展的差异。并且按照这一指标的高低和其他衡量标准，戈德史密斯将各国金融体系分为三种类型。

初级阶段。金融发展刚起步时，金融相关比率往往较低，通常比值为 1/5 ~ 1/2。该阶段特征为金融机构数量较少，且主要以商业银行为主；在全部金融资产中，股权比重远远不及债权比重，债权凭证占据了突出地位。

发展阶段。随着金融业的发展，金融相关比率有所上升，但银行仍是金融机构的主体，债权凭证依然占据主导地位，然而在这一阶段政府和政府金融机构发挥的效用更大，且外资企业被逐步引进，占据一部分金融市场。

发达阶段。在金融发展达到高水平时期，金融相关比率较高，一般在1左右，有时也可能上升到2的水平；金融机构形式多样，在金融资产中的份额也逐步提高，储蓄机构和私人及公共保险组织数量增加，对银行体系的主体地位造成冲击；债权投资仍占据大部分金融市场，但股权投资占金融工具的比重也有所上升。

戈德史密斯认为各国金融发展具有规律性，通过对各国的金融相关比率及其他经济特征进行对比，可以进一步发现，在国民生产总值一定的基础上，随着经济发展水平的提高，金融体系越完善，金融相关系数相对越高，因此，金融相关比率可以用来衡量金融发展达到何种水平。当然，由于各国经济基础不同，发展水平和速度也具有差异性，但总体来看，金融相关比率、银行系统的地位变动以及金融机构在金融资产总额中的比重都符合上述所呈现的规律，且很少发生偏离，除非发生恶性通货膨胀或战争。

戈德史密斯经过一系列的比较分析和统计实验，提出了12点基本结论，如表2－2所示。

表2－2　　金融发展理论的基本结论

（1）随着一国经济发展，金融增长速度往往快于实物资产的增长。
（2）由于一定时期内社会可用金融资源是有限的，金融相关率会稳定在1～1.5之间而非无限增长。
（3）经济欠发达国家的金融相关比率低于经济发达国家。
（4）一国金融体制的完备性对一国经济的发展具有重要影响，各经济单位储蓄与投资的比重对一国金融发展起决定性作用。
（5）当金融相关比率增长到一定水平并保持恒定，金融中介率可能仍然会继续增加，特别是发展中国家，金融资产的比重继续升高。
（6）经济发展阶段不同，股票、债券等金融过程中介化呈现的趋势并不一致。
（7）银行制度的发展是现代金融增长的前提。
（8）金融相关比率达到一定临界值时，金融增长率从以量的扩张为主导转变为质的改善；随着金融发展程度的不断提高银行在金融结构资产总额中的所占比重逐渐下降。
（9）对于利率等各种融资成本和费用，金融发达国家的经济负担往往低于金融欠发达国家。
（10）经济增长与金融发展的周期性规律大体一致，金融总体规模与经济发展水平呈现一种大致平衡的状态。

资料来源：作者自制。

（二）金融深化理论的发展

在戈德史密斯金融发展理论的基础上，经济学家麦金农和肖对发展中国家的货币金融问题进行研究与分析，他们发现发展中国家储蓄积累和经济发展的主要障碍根源在于其对于金融严重的抑制，并提出了著名的发展中国家的金融抑制和金融深化模型，金融深化理论由此产生。

总体上来讲，麦金农和肖认为发展中国家的发展并不适用凯恩斯主义学派的政策模式，即通过降低利率来刺激投资。他们主张要保持“相对价格”的稳定性，如果相对价格发生了扭曲，会使经济发展的道路发生偏离。而在金融领域这种情况通常来源于对利率的管制，利率过低通常会直接影响到消费者心理和行为。

首先，较低的储蓄率使人们增加现时消费，而忽视预期消费，银行借款减少，无法刺激投资；

其次，人们将盈余的资金用于低收益的投资，而非存入银行；

再次，资金成本低，企业会选择资本密集型产业进行投资，虽然会产生一定的效益，但会影响整体产业结构的升级；

最后，储蓄不足而贷款需求过盛往往造成货币供不应求，在这种情况下，为了抑制通货膨胀，中央银行可能会实行信贷行政配给，从而降低投资效率。

麦金农和肖认为，要形成金融深化与经济发展的良性循环，就要减少甚至取消政府对金融活动的过多干预，逐步实现金融自由化。降低金融管制有利于按市场机制配置实现资金使用效率最大化，从而产生正的实际利率。

为了证明这一观点，麦金农和肖对金融发展与经济增长之间的辩证关系加以论证，最后得出金融自由化有利于促进经济增长的结论。并且，他们发现金融抑制会对金融发展产生诸多不利影响：利率限制会造成储蓄不足、高储备率导致已有储蓄缺乏投资渠道，而信贷管制以及各种对金融中介的歧视性负担往往降低投资效率，这些都会使经济增长受到抑制。因此，麦金农和肖主张放宽对利率和信贷管制，降低通货膨胀，从而刺激投资，促进经济发展。

三、金融机构理论

“二战”后期，许多发展中国家经济发展出现阻碍，特别是金融业发展停滞。在此背景下，格利和肖（Gurley，J. G. & Shaw，E. S.）提出金融机构理论来验证金融发展与经济增长之间，该理论考虑到多种金融机构和各种金融资产，并且证明了金融产业的发展会带动金融资产数量大幅上升，多种金融工具开始涌现，变得越发丰富，金融机构的规模也会逐步扩张壮大。

（一）传统金融中介理论

新古典主义经济学在古典主义发展的基础上坚持货币中性论，阿罗—德布鲁一般均衡模型作为新古典主义的分析框架的一种重要分析范式，从微观角度对银行等金融中介进行研究，并得出金融中介无效这一重要结论。其对模型进行三个重要的假设，如图2－7所示。

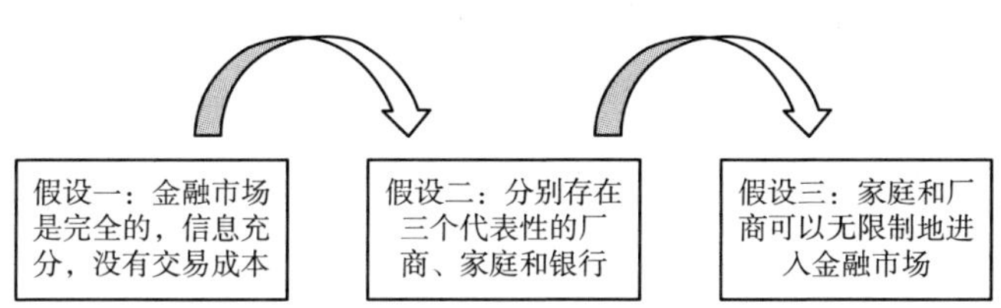

图2－7　德布鲁一般均衡模型的假设

资料来源：作者自制。

在对模型进行一系列论证后，该模型得出结论为，在均衡竞争市场中，银行利润为零，并且银行资产负债表的组成和规模对其他经济部门没有产生任何影响。由此，在阿罗—德布鲁范式分析中，银行是多余的机构。

传统的货币中性论具有一定的局限性，格利和肖（1960）后期提出金融中介具有多样性，商业银行除了创造活期存款，还和其他金融机构一起通过放款和投资产生货币效应，共同创造信用。货币金融理论的研究应该考虑到金融中介的多元化对经济增长促进性。

在此基础上，他们提出了金融中介的"资产转换功能"。他们认为，"金融中介的基本功能是通过发行间接融资证券，在资金剩余单位和资金不足单位之间进行资金融通，从而提高资金的获得性。在实现储蓄向投资的转化作用上，银行与非银行金融中介之间并无根本区别，金融中介都是通过提供资产组合，利用各种特定的中介技术，在市场竞争中获得自身的生存"。

格利和肖这一理论通过对各种不同金融中介的一般性与特殊性进行分析研究与详细阐述，进一步揭示了金融中介在金融市场中发挥的基本作用与功能。

（二）古典内生金融发展理论

在阿罗—德布鲁一般均衡模型的基础上，古典内生金融发展理论进一步对金融发展的内部因素进行研究，从风险管理、交易成本、信息不对称等考察其与金融发展的内在关系。

1. 风险管理与金融发展

作为金融一个重要的功能，风险管理水平越高，金融发展程度往往越完善。衡量金融发展水平的一个重要指标就是风险管理和分散水平。同时，金融中介往往通过资金的优化配置，降低交易双方的流动性风险。

2. 交易成本与金融发展

金融的核心功能之一在于降低交易成本。一般情况下，交易成本越低，金融发展越具有效益性。在规模经济中，金融中介通过沟通借贷双方降低金融交易的技术成本，同时在信息获取和传播方面，金融市场的比较优势也能够在一定程度上降低交易费用。

3. 信息不对称与金融发展

金融的另一重要功能在于减少信息的不对称性，通常市场信息越易获得，金融市场效率就越高。金融中介通过集合众多资金提供者和使用者和信息披露，降低了对投资者信息的搜寻难度，有利于缓和信息不对称。

（三）现代内生金融理论

随着经济发展水平的不断提高，经济学家开始重视制度因素对金融发展程度的影响，由此形成了以制度为视角的现代内生金融理论。该理论是对古典内生金融发展理论的补充与延展，认为法律制度、文化传统、利益集团等制度因素是决定交易成本大小、风险管理水平以及信息不对称程度的关键因素。图 2－8 体现了制度因素与金融发展之间的关系。

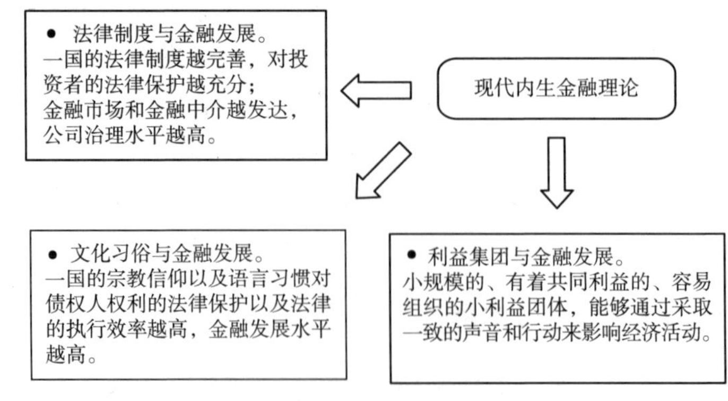

图 2－8　制度因素与金融发展的关系

资料来源：作者自制。

第三节　金融风险理论

金融风险是指任何有可能导致企业或机构财务损失的风险。在金融运转过程中，一个经济单位由于经营不善等因素引发的危机往往具有传染性和联动性，从而对整个金融市场产生冲击，对金融体系运行的稳健性构成威胁。而一旦产生系统性风险，除了金融体系的运转失灵，全社会经济秩序也可能受到不利影响，甚至引发严重的政治危机。

一、金融机构稳定性（脆弱性）理论

（一）金融不稳定性假说

在资本主义长波理论的基础上，美国经济学家海曼·明斯基（Hyman P. Minsky）提出了金融不稳定假说，作为金融风险"周期性"解释派的代表人物，他指出，金融市场之所以会经历周期性的危机和破产浪潮，原因在于商业银行等信用创造机构和其他贷款人的内在特性。通过金融中介的内在联动性金融风险从某一家金融机构传播到整个金融市场，由此产生宏观经济的动荡和危机。

资本主义经济迅速发展时期，市场逐渐放松贷款人的贷款条件，有利的信贷资金环境使得借款人能够充分利用投资资金，提高资金使用效率。海曼·明斯基将借款人分为三种类型，如图2－9所示。

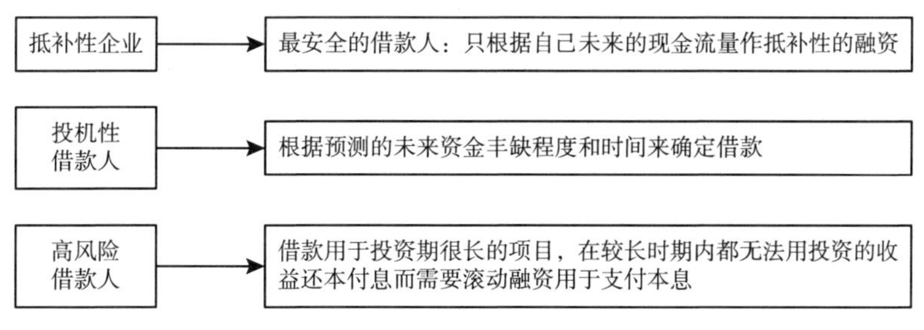

图2－9　明斯基对贷款企业的分类

资料来源：作者自制。

随着金融市场的逐步优化，较为安全的抵补性企业在市场上所占的比重下降，投机性借款人和高风险借款人在市场上所占的份额趋于加大。相对于收入而言，债权关系随着经济发展比例逐步提高，股票和不动产的价格持续上涨。然而这种趋势并不具有稳定性，根据经济的周期性规律这种长波上升段之后必然会出现下降趋势，一旦生产部门的资金链出现断裂，将会引发违约和破产的危机，导致金融体系的混乱与失灵。一些小型金融机构将因此面临全面倒闭，且这种影响会在短期内传播到体系内的其他机构，最终引发严重的金融危机。

海曼·明斯基提出两种说法对这一现象进行解释。

一种说法被称为代际遗忘解释（generational ignorance argument）。如果距离上次爆发的金融危机已经相距了很久的时间，人们会逐渐忘记当时的恐惧，使得逐利的欲望占据上风，在金融业通过一些利好因素再次呈现繁荣景象的时候，上涨的价格会促进更多的消费，且人们会认为当前资产价格的上升趋势会继续持续下去。

另一种说法被称为竞争压力解释（rivalrous pressure argument）。资金借款为了不流失顾客和市场，而在竞争的压力下导致决策失误，作出许多不审慎不合理的贷款决策。

尽管20世纪50年代以来，各国政府在习惯性使用财政赤字等宏观调整政策缓解私人投资的波动性，进一步降低了金融风险发生的可能性，但财政赤字政策无法一直实施下去，不然会造成严重的财政和政治危机。因此，大多数国家赞同金融不稳定假说，即金融风险和金融危机是客观存在的，且随着国民经济的周期性发展而变化。

然而，金融不稳定假说也有其自身的理论缺陷，他不具备夯实的经济学基础，因为该理论无法说明为什么经济行为人不符合“理性人”特征，而采用非理性或非均衡行为去破坏自身利益，从而造成金融体系风险的产生和积累。这一点无疑降低了该理论的可信度，因此，只能被称为假说。

（二）不对称信息理论

从信息经济学的角度出发有利于从微观行为的角度对金融风险进行深入了解。信息经济学主要用于研究当信息出现不对称时，市场主体之间如何进行合作和制定契约，以及如何对市场主体进行监管规范。通常情况下，现实经济活动中都会出现信息不对称的情况，因为社会分工的进一步细化和专业化程度的加深，交易活动的当事人，通常只能获得自己知道的私人信息，而对于双方交易对象和环境状态的认知很难实现一致。

信息的不对称一般分为两种情况：一种是内生的信息，由当事人自身决定，在合同签订之后出现，这种信息通常会导致道德风险（Moral Hazard）。另一种是外生的信息，非行为人本身造成，而是由先天特性产生，一般在合同签订之后出现，这种信息通常会导致逆向选择（Adverse Selection）。以上两类信息无论哪种情况都会导致金融市场运行效率的下降，不利于资本配置的有效性，从而促使金融风险的产生。

1. 逆向选择

"逆向选择"指的是当进行交易时，具有更多信息优势的交易主体总是尽可能地做出有利于自己而不利于别人的选择。换句话说当买卖双方信息产生不对称时，买方可能会因为某些误导的信息更多的选择劣质的商品，在这种情况下，优质的商品会更易于被劣质的产品驱逐出市场。

阿克洛夫模型又称柠檬模型（Lemon 模型）。阿克洛夫（Akerlof）提出了一个逆向选择的简单模型：在一个二手汽车市场中，以旧车为例对此进行了经典分析。

在旧车市场上，卖方往往比买方更能获得私密的信息，比如车子的真实性能、质量、使用寿命等，而买方却无法即刻或认真查看后得到这样的信息。这样卖车的一方和买车的一方产生了严重信息不对称问题。

阿克洛夫把这种市场描述为"柠檬"市场，把旧车比喻为"柠檬"。

阿克洛夫认为，在现实的交易市场中，普遍存在着由信息不对称而引发的逆向选择是普遍存在的。例如在买卖保险时，投保人往往比保险公司更了解自身的身体状况，保险公司处于被动地位，为了抵消需要承担的风险，只能提高医疗保险的价格，而这样做会导致自身健康状况较好的人因为保费的增加而减少投保，自身健康状况较差的人反而会继续投保，最终保险公司不得不经常拒绝年老的投保人，这一现象为医疗保险制度的建立提供了依据。

2. 道德风险

"道德风险"是指在信息不对称的情况下，具有信息优势的行为人只顾追求自身利益，而将不利因素转移到他人身上，从而使得他人利益受到损失。在这一情形下，市场原有的均衡会被打破，从而导致资源配置效率低下。

以车主保险谨慎驾驶为例，当车主给汽车财产投了足够的保额以后，可能不会对汽车加以爱惜，驾驶时也不再谨慎小心；当可能造成灾难的损失发生时，投保人可能不会采取积极的措施去抢救财产，减损失降到最小，甚至会袖手旁观任凭损失进一步扩大，因为他可以得到足额的保险金作为赔偿。但如果未对汽车进行投保，车主会格外关注汽车的驾驶情况，也会尽可能地抢救正在发生损失的财物，以减少损失。

3. 委托—代理理论

委托—代理理论是指在信息不对称的情况下，代理人在代理过程中的决策和绩效往往取决于不由主观意志决定的各种客观因素及其主观努力，由于主观因素无法被委托人识别和区分，代理人为委托人工作时会出于自身利益对委托人产生隐瞒或其他不利于委托人利益的行为，这种“道德风险”被称为“委托—代理”问题。

委托—代理理论把股东和经理之间的关系以及企业内部上下级关系看作委托—代理关系。这种关系代表一种契约，在这种契约下，代理人受委托人委托并得到其授权去从事某些工作。委托人希望实现最高的收益率，而代理人通常只关注自身利益最大化，从而不会遵从委托人的意愿行事。为了避免这种情况的发生，委托人往往采取措施对代理人进行监督，对其行为进行管理，由此产生了委托—代理成本。委托—代理成本通常包括：代理人的报酬、委托人的监督成本和剩余损失（因为及时采取行动而失去的盈利的机会成本）。

信息不对称理论一方面揭示了金融中介存在的合理性，另一方面为金融脆弱性产生的原因找到了新的理由。进一步来讲，它为金融脆弱性和金融风险间的传导机制提供了更加微观的合理解释。尽管金融中介在一定程度上能够降低信息不对称，但由于金融体系的内在脆弱性，储蓄者对金融机构的市场信心往往会由于信息披露的缺陷而无法维持，从而导致“挤兑”现象的产生，而金融机构对贷款人信用状况的无法确定也会造成高额的筛选和监督费用，金融风险也由此产生。

二、金融风险的传染性理论

（一）传染机制理论

金融风险传染性理论的核心内容是金融风险的传染机制理论。在该理论中，金融风险通过接触传染机制和非接触传染机制两条途径进行扩散。接触传染是指在金融活动的主体相互之间发生作用；非接触传染则通过公众情绪发生作用，如金融恐慌。

1. 接触传染机制

金融活动的经济主体之间通过密切而复杂的契约或非契约关系建立联系。而一旦金融风险影响到某一个经济主体使其遭受巨额损失或承担流动性的压力，则这种影响通常会通过资金流动和业务联系影响到其他经济主体，由此金融风险从影响局部传递至全局，形成整个体系内的金融动荡。例如，雷曼兄弟破产对几个国家的金融市场造成的冲击动荡；英国脱欧对全球货币体系的冲击等。

2. 非接触性传染机制

金融机构的经营与金融市场的运作都着重依赖公众信心，公众情绪的变化对金融市场特别是银行市场、股票市场都有着极大的影响力。可以说，公众信心是金融业的基础，甚至可以影响国家经济调整政策的效力与时效。而一旦失去了公众的信任，就容易在市场间造成金融恐慌。在这种不良情绪下，金融风险开始自行扩散，即使参与主体之间不存在契约或非契约关系，仍然可以通过情绪的传递使得金融风险迅速蔓延，从而导致系统性风险。

（二）囚徒困境与银行挤兑理论

1. 囚徒困境

假设在囚徒困境情形下有两个囚犯甲和乙，审讯前甲和乙有串通的可能性，审讯时将对其进行隔离。在此过程中甲和乙都在寻求利益最大化，但结局却是双方利益的最小化，即博弈的均衡将是甲和乙都认罪。因此，在多人的决策环境中，个人理性与集体理性并不一定并行。

2. 银行挤兑

当银行遇到某一负面事件可能对存款的收回产生不利影响时，储户们面临两种选择：一种选择是尽快收回自己的存款，即使会有部分利息损失，但这无疑对银行来说是雪上加霜；另一种选择是将钱留在银行使银行渡过难关。对于第一种选择，先行动的人能够百分之百地收回自己的钱，但后行动的人可能一分钱都拿不到。对于第二种选择，如果银行渡过危机，大家可能都不会有损失。在信息不对称、沟通不顺畅且大家彼此不信任的情况下，每个人的理性选择是第一种选择。于是人们争先恐后地取回自己的存款，造成银行挤兑。这就是为什么在金融危机期间，美国的许多小银行因此倒闭。大家最终理性的选择，结局也是最差的，这就是囚徒困境。

第四节 金融可持续发展理论

一、金融可持续发展理论概述

（一）金融可持续发展理论主要研究的是资源的客观性和动态性

很多资源如资本和资金，不仅是客观的，并且处于不断的变动中。可持续发展论就是要从客观性和动态性来对研究对象进行具体深入的探究。这是因为资源的内在属性不仅能体现金融资源配置的功能，同时也是进行资源调节的重要手段。

（二）金融可持续发展理论解释了很多国家金融可持续发展理论无法维持的原因

金融可持续发展的资源比如资金与人力技术，都属于稀缺资源。随着金融危机的爆发，许多国家任意开发、过度开采金融资源，大部分国家政府采取过度干预的错误政策，导致金融资源的缺失并丧失了原有的灵活性，无法再进行可持续发展。

（三）金融可持续发展理论采用了金融分析的研究方法

传统金融发展的研究使用货币分析方法，而现在的金融研究逐渐向虚拟化方向过渡，传统的货币分析已经无法满足现代经济复杂的联系，金融变化和发展要求人们与时俱进，用金融分析的研究方法加以深层次多角度的研究。

二、金融可持续发展理论的意义

首先，提出了可持续发展的新思想，各个国家可以采取不同的具体政策来实践和运用。任何资源都不能只顾眼前的经济利益而任意地开发，只有以可持续发展的观点来运用，才能保证国家的长治久安。

其次，将可持续发展观点运用在金融领域，结合经济模型加以分析，可以促进整个社会经济的快速发展。

最后，该理论蕴含着系统性风险，不可避免的危机需要警惕和预防。随着全球化经济的迅速发展，金融资源的不断更新必将产生一些不可避免的风险，因此，要加强防范。

三、金融可持续发展理论的创新

（一）金融可持续发展理论的新方法

在商品经济时代，货币作为交易媒介的一般等价物，流通和贮藏手段是其最主要的功能。大部分经济资源依赖货币进行交易，因此，金融资源主要用货币分析的方法来进行研究。在计划经济时代，简单的货币分析方法无法应对新时代的金融问题，这就产生了新的分析方法，即金融分析方法。金融分析方法以可持续发展的观点对资金进行深层次的研究，是现代经济最佳的分析途径。

（二）金融资源论开辟了新的理论思想

传统的金融发展理论，以自然资源和社会资源为主要研究对象。新的金融可持续发展理论首次提出了金融资源这种稀缺性资源，并以可持续发展的长远思想方式具体分析。金融可持续发展理论将金融资源看作协调、有效、均衡发展的对象，并与自然、社会相互结合在一起加以分析研究，提出了提高资源效率的观点。金融资源论是金融可持续发展理论的核心，它证明了金融对于经济的重要性，开辟了新的理论思想。

（三）金融发展论模式的改变

传统的金融发展论建立在货币中性的模式上，而金融可持续发展理论主要建立在货币并非中性模式上，金融也属于非中性的这一基本模式。金融可持续发展论强调金融发展内在本质属性与理论模式要相结合，才能更好地促进经济的发展。

第三章　京津冀协同发展现状

第一节　京津冀协同发展战略

有关京津冀协同发展的课题已在学术界引起热烈讨论，但是实践进展较为缓慢。以习近平总书记为核心的党中央，提出京津冀协同发展战略，以解决京津冀区域发展存在较大差距、北京的城市病、雾霾空气污染等问题。统筹规划、协调合作、将北京的非首都功能进行疏解、规划非首都功能的承接地等，上述策略均展现出习近平总书记治国理政的重要思想。

一、京津冀协同发展战略背景

京津冀协同发展已被众多学者讨论研究。追溯至20世纪80年代初，在国家的国土规划中，开发整治京津冀地区的总体构想第一次由中国科学院提出。在此之后，众多学者（胡焕庸，1985；徐国弟和杨洁，1996；高文杰，2002；吴良镛，2006；孙久文，2008；李国平，2013）接连从不同的研究角度出发，对京津冀区域协同发展提出思路和建议。从国家层面出发，京津冀区域内各地政府积极响应国家发展和改革委员会的号召，就三地的协同发展问题进行多次商议。此外，天津市还带头设立了有关于环渤海区域合作的联席会，对区域合作进行过多次讨论。尽管京津冀均希望加强区域合作，但各地实施的有效措施少之又少。在协同发展战略还未提出时，北京一直重点发展城市北部，造成北京市内南北区域的发展严重失衡，与其他城市的合作只有首钢搬迁和京唐港建设较为成功；天津整个城市的发展重点是滨海新区，较少与区域内的其他城市合作；河北主要关注于环京津建设、石家庄省会建设以及沿海地区建设，河北发展较为缓慢。京津冀三地向来“自扫门前雪”，更是在规模较大的合作问题上久议不决，优柔寡断。这不仅致使我国南北方经济发展差距大，还导致京津冀三地的发展差距逐渐增大。党中央以习近平同志为核心，在越来越严峻的形势下，高屋建瓴、审时度势，提出“京津冀协同发展战略”。该战略成为推动京津冀协同发展的重要动力。

二、京津冀协同发展战略主要内容

京津冀协同发展战略是我国重大的发展战略之一，促进三地形成了区域发展的共识，激发了三地合作的主动性、自觉性和创造性，推动了区域内资源的优化配置，积极打造以北京为核心的城市群。

（一）创新理念

根据以往的区域发展经验，京津冀协同思想在城市群发展规律的基础上进行创新，主要强调顶层设计。通过大区域思维来整治城市问题，优化升级区域内的产业机构。打破京津冀区域内对省市的行政划分，统筹规划三地的功能定位和产业结构等，推进三地合作发展、互利共赢。

（二）治理北京“大城市病”

京津冀协同发展过程中的关键之处在于整治北京的“大城市病”，将北京非首都功能进行疏散转移，带动天津、河北共同发展。目前，作为首都的北京拥有众多功能，吸引了大量劳动力涌入，造成北京人口过多，使北京出现了“大城市病”。同时，聚集到北京的资源严重过剩，多余的资源没有被合理地利用到其他城市，区域内的其他地区缺少资源流入，导致这些地区经济发展缓慢。由此，京津冀协同发展的提出，加强了京津冀区域的合作，促进了各地资源的合理调配，疏导了人口、产业、资源正常流向。协同发展使得北京的“大城市病”得到有效治理，让天津、河北得到更多的可利用资源，推动自身经济、产业等各方面的发展，创造了更多的就业机会，为经济发展提供更多的可能。

（三）优化区域空间结构

许多国际知名城市如伦敦、巴黎、东京等，在空间结构优化升级过程中，偏向于将空间格局打造成"多中心"的模式，以实现不同城市的功能定位。例如，1946 年，伦敦分阶段实施"新城运动"，新建立的城市高达 33 个。京津冀协同发展的重大战略布局是设立河北省雄安新区和建设北京副中心，北京新"两翼"将由此诞生，最终形成"一核两翼"的格局，有利于优化京津冀整体的空间布局。两项重大布局强调了雄安新区与北京城市副中心差别定位、联合发展的重要性。其中，北京城市副中心应重点关注提供优质的商业服务、提高行政办公效率以及加快开展文化旅游三个领域，着力发展金融业、文化产业等高端产业；雄安新区应侧重于发展高新产业，建设科技创新型城市，承接北京迁移过来的国企、央企、金融机构、科研机构以及高等学校等。

（四）重点突破三大领域

京津冀协同发展不仅要抓住区域协同发展中的关键问题和主要矛盾，还需要明晰解决问题的关键领域。因此，要将区域协同发展作为根本，将北京非首都功能的疏散作为重点，将升级转移产业、保护生态环境和交通一体化三大领域作为主要突破口。通过各地的努力，目前三大突破口均明显奏效。现代汽车公司在沧州设立的第四工厂已开始投产，一系列产业合作项目开始启动；京津冀地区的大气污染与水污染治理协作机制已逐步完善；稳步推进交通网络的构建，已建成通车了张唐、津保铁路，正在建设首都机场至北京新机场的铁路线、京张高铁、京唐城际、京滨城际等重大交通项目。可以看出，以交通、产业、环境三大突破口为引领，将有力带动京津冀区域实现全方位、多层次的协同发展。

（五）注重区域治理创新

推动京津冀协同发展是新时期我国治理理念与治理能力的重要体现。习近平总书记曾多次视察京津冀地区并发表了重要讲话，提出我们要正视京津冀区域发展过程中的瓶颈约束，提出有针对性的区域治理的改革理念。比如，通过试点改革创新，深化体制改革，发挥市场的主导作用，引入区域治理的多主体参与形式；对京津冀区域统筹管理，加强跨区域合作，坚持利益共享的理念等等。

三、京津冀协同发展战略的实践意义

（一）为全国人口经济密集地区协调发展提出新模式

北京作为首都，拥有过多的城市功能和不够合理的空间布局，导致北京出现“大城市病”症状。为了解决此问题，需要将北京的部分城市功能向周边地区迁移，要统筹规划北京和周边城市的功能定位与资源配置，实现各个地区的共同发展。从现实来看，通过数据可以发现京津冀区域的人口资源环境存在尖锐的矛盾。截至 2016 年，京津冀常住人口占全国的比重为 8.1%，约 1.12 亿人次；人口较为密集的京津地区，人口密度达到 1324.2 人/平方公里、1307.6 人/平方公里，均超过河北三倍以上。此外，过度扩张建设用地造成生态环境严重恶化。天津与河北两地需要改变发展方式，解决日益严重的环境污染问题，加强与北京的合作交流，承接北京外迁的产业，发挥城市的功能定位。

（二）有力推进构建跨区域协同创新共同体

京津冀协同发展战略将有效推动跨区域创新合作，通过创新合作带动经济发展。京津冀区域将成为全国创新的优先试点，建设以北京首都为核心的世界级都市群。在创新方面，京津冀拥有丰富的资源，但各地分布不平衡，三地在创新资源、投入以及成果等方面存在不小的差距。北京拥有丰富的创新资源，和众多的科技创新型企业，全国 1/3 的国家级实验室、2/3 的科研院士都聚集在首都北京。北京创新能力名列全国前列，具有成立全国科技创新中心的先决条件。与北京相比，河北的科研创新能力较差，其创新活力急需加强。以 2016 年为例，河北在研究与发展（R&D）领域的投入强度仅为 1.2%，只达到北京的 1/5。近年来，尽管京津冀创新协同在逐步推进，北京自身的创新成果呈现爆发式增长，但对周边地区的辐射带动作用仍然较弱，京津冀整体的创新能力仍需提升。从 2016 年来看，北京输出到天津和河北的技术合同成交额仅占北京输出到外省的 7.75%。因此，京津冀三地需建立并完善区域创新协同体系，增强三地的协同创新能力。

京津冀协同发展提出创新驱动型发展战略。北京要发挥科技创新中心的带头作用，打造协同创新共同体，将其创新资源分散到周边地区，不仅能推动三地协同发展，还有助于将我国建设成为科技强国。《京津冀协同发展规划纲要》对京津冀三地各自的创新领域进行规划：北京应侧重于技术服务和原始创新领域；天津应关注于应用研究，尤其是技术研发的转化；河北的工作重点是强化科技创新成果的应用和推广。因此，京津冀协同创新离不开北京的创新资源、天津的研发转化能力、河北对创新产品的应用。京津冀区域应加快建设改革创新试验区，通过创新将三地的资金链、产业链良好地融合在一起，将京津冀区域打造成为创新发展共同体，成为全国领先的创新都市群。

（三）有利于加快生态环境保护

京津冀协同发展有利于提升对生态环境的保护，修复区域内被严重破坏的生态环境，提高修复能力与修复效率，优化升级整个区域的生态环境，实现经济的可持续发展。近年来，随着京津冀地区经济的大力发展，其生态环境压力愈加显现。居民对于企业造成的环境污染颇为不满，对改善生态环境的要求越来越强烈。首先是水资源和大气污染严重。由于重工业企业生产不加节制，对空气造成恶劣影响，京津冀地区雾霾十分严重。水资源开放率在84%～244%，严重超过地下水采集标准，造成水土流失。地表水劣Ⅴ类断面比例超过30%，地下水受污染严重。其次是不断下滑的生态质量使得城市宜居水平不高。北京60公里内的林地面积还不到10%，第一道绿隔保留仅10%。京津冀应以“绿色环保，低碳生活”为原则，通过划定环境质量最低标准、生态保护红线来严格限制污染问题，同时，通过推进绿色公园建设，扩大绿色生态环境，全方面提高居民的生态宜居水平，达成可持续发展，实现人与自然共生。

（四）为全国区域协调发展提供创新经验

京津冀协同发展打破了三地之间的行政壁垒，有利于发展合作的新模式，其成功的创新经验可以在全国范围进行推广。长久以来，受制于自然条件、发展背景以及过多行政的干预，我国区域发展呈现出不均衡的现象。尤其是京津冀，行政因素的存在导致其资源配置极为不均，并且难以发挥市场机制。北京作为首都，拥有更为丰富的行政条件，使得国家大批的国企、央企、科研机构以及高等院校等优质资源汇聚于此，大量的专业人才、高新技术、公共资金等投入北京，社会服务、医疗资源等居民保障系统也较为完善，导致对周围城市产生严重的虹吸效应。此外，全国超过60%的国企资产位于京津冀，京津冀政府干预政策多，对企业控制力强，也制约了生产要素跨地区转移。

第二节　京津冀协同发展现状

所谓“协同发展”应该是指：区域间的分工协作程度较高、地区发展水平一致、基础设施等公共产品共享或均等化、居民生活水平趋于平衡，最终，达到区块之间人口、资源与环境的和谐。

改革开放以来，我国区域经济发展迅速，逐渐形成了支撑经济发展的三大区域板块——珠三角、长三角和京津冀地区。作为首都北京的辐射范围，京津冀地区一向被视为政治、经济、文化的多方位中心；同时作为我国北方最大的都市经济区和建设创新型国家的重要支撑区域，京津冀地区有足够的实力参与全球竞争和率先实现现代化。本节及下节内容将通过阐述京津冀一体化进程中的发展现状，对其发展过程中遇到的问题进行讨论，从而引出本文的核心论点，即京津冀一体化进程中金融资源整合的必要性，为如何进行金融资源整合创新提供依据。

一、经济社会发展总体水平及发展特征

北京核心地位稳固，津冀差距呈缩小趋势；从支撑力看，北京实力最强，天津增长迅猛；从驱动力看，北京领先，但增速下降，河北与京津差距较大；从创新力看，北京创新优势明显，津冀创新力有所提升；从凝聚力看，北京呈下降态势，天津平稳上升，河北明显不足；从辐射力看，北京最强，河北快速上升，天津有待提升。

二、生态文明建设的进展、特点

从生态文明水平的角度来讲，京津冀地区呈现北京—天津—河北依次降低的总体格局，但整体上处于不断优化趋势。对北京市来说，其生态文明水平总体上升明显，但在资源利用和环境治理方面相对不足。对天津市来说，其近几年间生态保护水平和资源利用率得到显著迅速的提升，并紧跟北京步调，与之保持基本同趋势上升态势。对河北省来说，其经济增长质量和环境

质量一直无法跟上京津两市发展速度，早期产业结构落后造成的严重环境问题更加影响了经济增长，但随着重视程度的提高其生态文明水平发展速度正逐渐加快。

三、地区企业及行业发展

从企业综合实力来看，北京最强、天津其次、河北较差；从行业来看，京津冀地区发展基础较好的行业为批发和零售业、科学研究和技术服务业、租赁和商业服务业、制造业等；从地区创新水平来看，北京科学研究和技术服务业创新能力最强，天津科学研究和技术服务业、制造业等行业创新能力较强，河北批发和零售业、制造业、租赁和商业服务业等行业创新能力较强。

四、产业结构转型

2017 年，京津冀三地地区生产总值 8.3 万亿元。从地区的情况来看，北京产业结构进一步优化，动能转换明显提速，创新驱动逐步发力；河北转型升级成效明显，新动能支撑增强；天津质量效益稳步提升，转型发展成效显现。且从三驾马车的情况来看，消费、投资已经成为拉动经济主动力，经济发展对外依赖正在减少。从三次产业的情况来看，第二产业稳中有进，第三产业快速发展。

表 3-1　　京津冀产业结构变动

指标名称	地区名称	2014 年（亿元）	2017 年（亿元）	发展指数（2014 年 = 100）
第一产业产值	京津冀三地合计	3806.6	3846.7	101.1
	北京市	159.2	120.5	75.7
	天津市	199.9	218.3	109.2
	河北省	3447.5	3507.9	101.8
第二产业产值	京津冀三地合计	27408.1	30317.5	110.6
	北京市	4663.4	5310.6	113.9
	天津市	7731.9	7590.4	98.2
	河北省	15012.9	17416.5	116.0

续表

指标名称	地区名称	2014年（亿元）	2017年（亿元）	发展指数（2014年=100）
第三产业产值	京津冀三地合计	35877.5	48395.7	134.9
	北京市	17121.5	22569.3	131.8
	天津市	7795.2	10786.7	138.4
	河北省	10960.8	15039.7	137.2

资料来源：搜狐财经，http：//www.sohu.com/a/127450851_423490。

第三节　天津自贸区助力京津冀三地协同发展

新常态下，建设自贸区是必然选择，也是我国进一步深化改革成果、不断扩大改革开放效应的新途径。通过建立自贸试验区，创新发展改革制度，进而在全国范围内形成“可复制推广”的模板范式。打破原有的思维局限，积极进行尝试，探索更多的发展模式。建立自由贸易试验区，在多个方面均具有重大的意义。对于改革开放来说，有利于实现我国更高层次的改革开放；还能进一步创新经济发展方式、加快政府职能转变。由此可知，自贸区也必然会对区域经济的发展产生重大影响。

2004~2018年这14年间，京津冀区域内各地区的经济发展均取得了巨大进步，但就整体来看，区域间的经济发展水平存在着十分明显的差距，在全国范围内三地的综合排名没有显著变化，区域间的差异也没有缩小。产业结构、经济发展水平、社会福利和基础设施建设等诸多方面的差异不利于区域经济的协调发展，阻碍着京津冀合作机制的形成。关于如何解决这些问题，首先自贸区可以进行制度方面的创新，从而改革区域间的合作机制，创造出有利于三地发展的贸易环境；其次通过建立三地一体化的市场，积极发挥自贸区的两大效应，进一步促进三地经济结构、产业结构等多方面的调整，使区域间差异逐步缩小，进而使产业链更加完善，使得京津冀区域中各地区均找准各自的定位，实现经济的错位发展，促进京津冀协同发展。

一、天津自贸区发展现状

早在2015年天津自贸区挂牌成立之初，登记成立的市场主体就有14015

户，增长比例超同期的 100%。形成了将近 4000 亿元人民币的新注册资本，与同期相比，是其两倍多。在自贸区成立的新企业中，外商投资有 657 家，且这些企业中有超过 90% 都是备案设立的。

自天津自贸区运行以来，其制定的多数政策均得以贯彻落实。截至 2016 年 7 月，《总体方案》中所提出的 90 项分解任务已经全部启动实施，其中的 57 项已经完成。另外，"金改 30 条"中 70% 的政策也已经进行具体实施。金融业的发展能明显促进自贸区的发展，特别是融资租赁产业的发展。

天津自贸区经济发展成效也十分显著。截至 2017 年，"金改 30 条"已经全部实施，其中，24 项措施均表现出显著的成效，且有 11 项措施得以在全国范围内复制推广。90 项改革任务、175 项制度创新举措也已基本完成。累计新增市场主体 4.5 万户，是自贸试验区设立前的两倍，注册资本超过 1.6 万亿元。自贸试验区跨境收支总量占全市 1/4，为进一步的推动开放发展、有效促进天津经济良好发展起到了重要作用。截至 2017 年末，已推动 80% 政策落地实施。自贸区金融创新绿地森林效应不断扩大，有力地支持了天津外向型经济发展。自贸区挂牌至 2017 年末，区内主题累计新开立本外币账户 4.7 万个；办理跨境收支 1276.2 亿美元，占到全市总额的 24.4%；结售汇 504.3 亿美元；跨境人民币结算 2729.9 亿元人民币，占全市总额的 42.5%。

二、自贸区建设的经验借鉴

（一）国外自贸区的经验借鉴

1. 明确自贸区的功能定位

通过观察分析国外自贸区的发展历程，可以发现在不同的发展阶段自贸区也有着不同的功能定位。根据实际情况分析，自贸区的功能演变大致可分为三个时期：首先是发展初期，这个时期强调的是货物贸易功能；其次是发展中期，随着贸易的不断发展，对服务方面的要求均增多，此时更加注重服务贸易功能；最后是发展后期，此时着重考虑的是区域内有关方面的进一步改善与创新。借鉴于国外自贸区发展的经验，我国应该以保证货物贸易功能为根本，进而发展相关的服务功能；对于自贸区发展相对还不成熟的现阶段，要加强自贸区内的基础设施建设以及相应的加强各方面的管理；同时，要更加注重人民币的跨境流动，争取吸引更多外资的流入。此外，在建设自贸区的过程中，应该根据各自贸区的实际情况，制定相关的政策，给其功能做合适的定位，使得各自贸区均能最大限度地发挥自身优势，并带动自贸区以及周边区域的发展。

2. 推进政府管理模式的转变

对于自贸区的管理模式，虽然各国所采取的具体模式不尽相同，但是总体来看都有着相似的发展趋势。在自贸区内分工明确：由政府对自贸区内的基础设施建设负责，以期保证自贸区优良的硬件设施条件；自贸区内企业对运营的相关设备、技术等负责。在自贸区内，政府和企业之间的明确分工，会使得管理效率大幅提升。在国内自贸区建设方面，我们要尽量避免中央和各级地方政府职能之间的相互交叠。因此，借鉴他国的单一管理模式并对其进行中国特色创新就显得尤为重要。此外，很重要的一点是，要协调政府与市场的关系，加快政府职能的转变。充分发挥政府在市场失灵方面的宏观调控作用；发挥政府在市场运营方面的资源优化配置功能；而政府职能也应完成由重审批向重监管的转变。

3. 完善法制保障

借鉴于国外经验，对于自贸区建设，应该制定完备的法律法规制度、并做到切实保障投资者的合法权益，进而激发投资者积极性。例如欧盟的海关法典、美国的对外贸易法都是对自贸区发展产生推进作用的卓著案例。因此，我国应通过结合自贸区发展的现实境况，重点关注自贸区内的法律体制构建，完备法制体系。

（二）上海自贸区的经验借鉴

1. 政府管理制度创新

首先，对于自贸区内的工商部、质检部、税务部均实行“单一窗口”的制度，对想要进入自贸区的企业，尽量简化其相关办理程序，并进一步缩短审批的时间，提高办理效率。其次，要做到简政放权。制定权利清单，明确规定各部门的权利和义务，同时要全面公开政府信息，进一步提高透明度，减少寻租空间。最后，建立健全监管制度，积极寻求各方尤其是公众的监督，使得企业自觉遵守法律法规要求。

2. 负面清单的管理模式

为了实现更高水平的对外开放，2014 年上海自贸区在以前年度负面清单的基础上，进一步详细规定了有关细节内容。究其来源，负面清单是作为双边贸易谈判的条件，上海自贸区积极引入这一条件进行尝试，增加了对外资的吸引力。

3. 金融创新

人民币跨境使用、利率市场化等是应重点推进的方面，但也要在传统基础上有所变革，为实现自贸区内金融创新事例在全国推广做好风险可控的测试工作。在种种政策改革下，各类金融机构都向自贸区聚集，有利于融资租赁业务的境外发展，但这也会对区内金融监管和金融创新等相关制度提出更高的要求。因此，为保障金融安全，上海自贸区制定了一系列的应急管理办法。

4. 监管制度创新

为了使得贸易往来更加顺畅、便捷，一直以来，上海自贸区不断改革创新贸易监管制度，并形成了如“单一窗口”“境内关外”等制度。这些政策无疑使通关效率大大提高，简化了区内贸易流程。

三、自贸区对区域经济产生的溢出效应

（一）溢出效应的影响机制

自贸区是如何对区域经济产生溢出效应的呢。首先，形成制度创新范例，通过将对贸易、监管、金融等方面探索形成的经验在全国复制推广，能够推动市场一体化以及各地区政府职能的转变。其中，关于政府职能的转变，应该由管理型转变为服务型，使其能够更好地适用于当今的市场资源配置方式，更有利于区域政府间的合作以及物流、人流和信息流的自由流动。其次，自贸区的发展必会造成区内要素稀缺度的提升，人力、土地等资源的成本将会大幅上升，这定会导致部分要素依赖型企业向区外转移。再次，自贸区对于降低周边企业与国际市场人才、资本之间的流动成本有显著的作用，进一步有利于天津外贸发展。最后，自贸区的溢出效应在市场机制的作用下会逐渐显现，会促进各方之间的承接转移，有利于产业结构调整、区域内的经济增长。自贸区溢出效应的影响机制如图 3－1 所示。

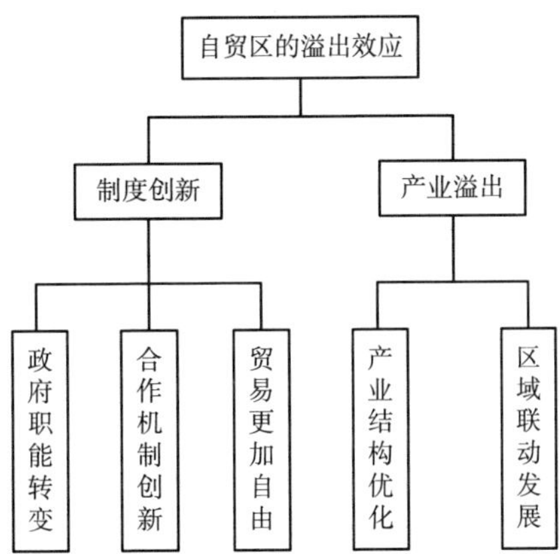

图3-1 自贸区溢出效应的影响机制

资料来源：作者自制。

（二）天津自贸区对京津冀地区的溢出效应

天津自贸区的设立若从融入京津冀协同发展的整体环境来看，就不单是为了发展天津市经济而已，更重要的是为了促进三地协同发展战略构想的完成，因其作为综合改革试验区的成功，可便利化投资和贸易。天津自贸区一大批可复制推广的制度创新成果出炉。商务部已经在全国实施和推广的创新型模式，有市场监管以信用分类为依托和京津冀区域检验检疫一体化等。此外，自贸区管委会提出“1331”工程，以确保天津自贸区创新成果可以在最短时间内服务于京津冀地区，进一步促进京津冀通关服务一体化、区域要素资源配置和金融监管一体化。

由于受到行政区划的影响，京津冀三地之间无法形成统一的合作机制，各地区政府均率先考虑本地区的利益，而忽视了区域整体的发展，因此，在一定程度上限制了京津冀协同发展的进程。如果区域经济发展受到政府过多的干预，甚至是由政府来主导，会不可避免地产生一系列的问题。而天津自贸区的建设，能在很大程度上有效解决京津冀协同发展中的一些问题，一方面会促进经济圈内政府管理体制的改变，使得市场发挥作用，进而提高资源配置和使用效率；另一方面，可以使经济要素在区域内自由流动，不再受地区的限制，进一步加快京津冀市场一体化进程。

自贸区的溢出效应有利于促进区域内产业结构的转移。对于京津冀地区来说，首先，分析各地区产业结构。北京地区第三产业的占比最高，而津冀两地均是第二产业占比最高，对比可知，津冀两地的产业结构偏重。其次，分析各地区产业发展。北京以现代服务业、高新技术产业等为主；天津地区的第二产业是其主要产业，但是其不具有较强的盈利能力；河北地区主要发展的是重工业，高耗能、高污染的企业聚集该地区。而天津自贸区的发展，会对三地尤其津冀两地的产业结构产生很大影响。对于天津来说，自贸区内产业的转型发展，会提高天津地区第三产业所占比重；对于河北来说，由于自贸区存在“溢出效应”，必然会促使一些产业转向河北，进而促进该地区产业结构的调整。

四、自贸区对区域经济产生的虹吸效应

（一）虹吸效应的影响机制

相对于其他地区来说，自贸区有其独有的制度，并能在某些方面享受到优惠政策，这就使得国际贸易更便利和自由，这对许多企业均有较强的吸引力，吸引企业进入自贸区，从而形成了产业集群和产业园区。在产业集群内，由于各企业之间实现了专业化的分工和合作，因此，可以满足客户多样化的需求，同时各企业也能够享受规模经济的好处；此外，集群内各企业之间通过客户、资源、信息等各方面的共享，也产生了一定的外部经济。由此分析可知，自贸区的产业集群和园区会产生多方面的影响，对于其自身来说，可以加快自贸区内经济增长，推动经济发展转型，进一步促进高端产业的发展；对于自贸区周边地区来说，会吸引其人才、资金等多方面资源，挤占周边城市的外资进入和外贸工作，产生一定的“挤出效应”。该“挤出效应”会对自贸区周边地区产业发展、进出口均产生影响，进而对周边地区产生更深入的影响。自贸区虹吸效应的影响机制，如图 3 -2 所示。

（二）天津自贸区对京津冀地区的虹吸效应

天津自贸区的发展，是部分企业决定将总部建设在自贸区内的主要原因。由于规模经济效应、集聚效应等因素，高端服务行业向天津自贸区转移的趋势愈演愈烈，促进了自贸区内现代服务业的发展，第三产业在自贸区内所占的比重逐渐增加。与上海浦东新区相比，滨海新区的产业发展仍存在很多不足之处。一方面是产业比重问题，其第三产业占比太小，无法起到很好的支

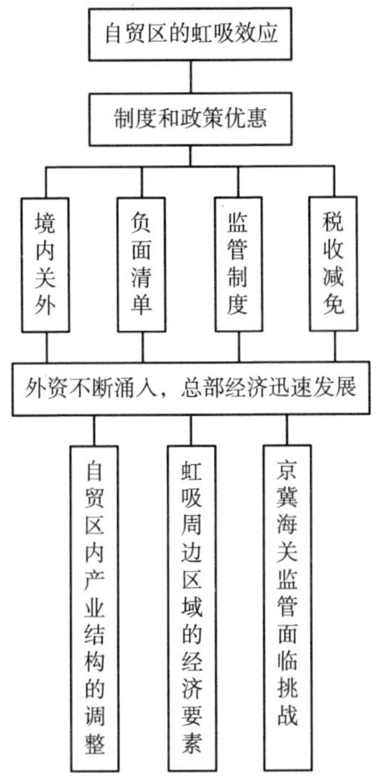

图 3-2 自贸区虹吸效应的影响机制

资料来源：作者自制。

撑作用；另一方面是产业构成问题，在其服务业中占主导地位的仍是住宿餐饮业、交通运输业等传统行业，而金融业、信息技术、文化等现代服务业占比不高，这必然会降低该地区的服务业水平，进一步削弱其竞争力。针对滨海新区的上述问题，天津自贸区以其集聚效应促进滨海新区的转型发展、创新发展。

近年来，京津冀三地经济均取得了良好发展，尤其是京津两地经济发展迅速，且两者之间经济差异在逐渐缩小。然而，考虑到河北地区，其与京津两地的经济差异却在日趋加大。天津自贸区对天津市经济拉动作用明显。在自贸区成立的三个月内，新登记市场主体 7053 户，注册资本 1739.79 亿元，吸引了非常多的外资企业进入自贸区，虹吸效应越来越明显。由区域间经济协调发展的实际数据不难看出，由于人口基数大，虽然经济总量排名第一，但河北与京津两地在各方面发展均有很大的差距，而且差距也明显在不断地加大。为了有效解决三地面临的差距扩大的问题，要具体分析产生该问题的原因。一方面，相对于河北地区，京津两地均有良好的经济基础，在各方面、各领域均比河北有优势，而且由于京津两地拥有更多的机会、更完善的市场，运用市场得到更多生产要素，使得京津冀经济差异逐渐扩大。另一方面，在京津冀经济圈内，京津两地是处于优势地位的，其会以地区优势吸引河北各种资源的流入，使差距继续扩大。由此可知，天津自贸区的成立对津冀两地产生了不同影响。对于天津来说，自贸区促进了其现代服务业的发展，进而有利于该地区经济增长，进一步缩小京津两地差异；但对于河北来说，自贸区却对其经济发展空间产生了“挤占”效应，导致河北与京津两地的经济差距不断增大。

综上所述，基于溢出、虹吸效应的双重作用，天津自贸区对京津冀协同发展产生了影响。具体表现为，在区域经济方面，虽然缩小了京津两地差距，但是也使得京津两地与河北间的经济差异越来越明显；在产业结构方面，能够加速京津两地的部分产业向河北转移，使得三地产业结构更加合理；在区域市场一体化方面，贸易便利、投资自由、金融创新均有利于打破行政区约束，充分发挥市场作用，使得各种资源、经济要素等不再受到区域限制，能够自由流动，更大程度上提高资源使用效率。

第四节　京津冀协同发展中存在的问题及原因

京津冀是与我国的两大经济增长极——长三角、珠三角相呼应的第三增长极，并承担着引领环渤海地区乃至我国华北、东北、西北地区经济发展的重任。京津冀协同发展对于提升区域内发展的动力、有效降低三地差距以及贯彻实践国家区域战略具有重大意义。具体来看京津冀三地的合作历程，虽然京津冀三地在各方面取得了进步，经济社会发展也达到了前所未有的高度，但是可以发现京津冀协同发展并未取得预期效果，在发展过程中还存在诸多问题。

一、京津冀协同发展中存在的问题

（一）区域发展不平衡

2014 年，京津冀区域生产总值达到 66478.91 亿元；2015 年，京津冀

GDP 总和 69358.89 亿元；2016 年，京津冀三地 GDP 总值合计 75624.97 亿元，其中京津冀地区在 2016 年创造的国内生产总值占全国总产值的 10.17%，成为我国最具有发展潜力的经济增长区域；2017 年，京津冀三地 GDP 总值合计 80580.45 亿元。但是就各个区域进行分析，三地之间的发展有着巨大的差距，由此便出现了一种有中心与外围之分的经济结构。根据实际情况，京津两地是“中心”，而河北相对来说处于“外围”的地位。北京和天津均具有较强的综合实力，并具有自身的优势，这也使得两者在京津冀经济圈中均占据重要位置。但两者之间的关系未能精准定位，进而无法很好地分工协作，因此，未能明显地、实质地表现出对区域经济的辐射带动作用。还未能产生像长三角的上海以及珠三角的深圳这样的经济中心。

根据亚开行发布的有关资料可知，在京津周边地区有许多的贫困县，这些贫困县形成了一个“贫困带”。这些贫困地区的发展水平非常低，基本与我国西部最贫困的地区相同。然而，在改革开放初期，环京津地区和京津区域的远郊县的发展水平基本处于同等地位。但是发展到现阶段，两者之间的经济发展水平存在很大差异。数据显示，对于农民人均纯收入这一指标，2017 年环京津贫困带 24 县的总值却仅为京津远郊区县的 1/3，而人均 GDP 仅为京津远郊区县的 1/4。这也正表明了京津的辐射和带动作用不强。

2016 年，北京市的人均地区总值为 118198 元，位居全国第一；天津市的人均地区生产总值为 115053 元，位居全国第二；而河北省的人均地区总值只有 43062 元，位居全国第 19 位，仅相当于北京的 36.4% 和天津的 37.4%；2017 年，京津冀三地人均地区产值分别为 128994 元、118943.57 元、45387 元。另外，关于工业化阶段分析，北京第三产业占比很大，已进入后工业化阶段，而天津和河北则分别处于工业化的后期和中期阶段。2017 年，北京市三次产业贡献率分别为第一产业 0.43%，第二产业 19.01%，第三产业 80.56%；天津市三次产业贡献率分别为第一产业 0.91%，第二产业 40.94%，第三产业 58.15%；河北省三次产业贡献率分别为第一产业 9.2%，第二产业 46.58%，第三产业 44.22%。这就使得京津地区对河北省的辐射带动效应有限。

具体如图 3－3 和表 3－2 所示。

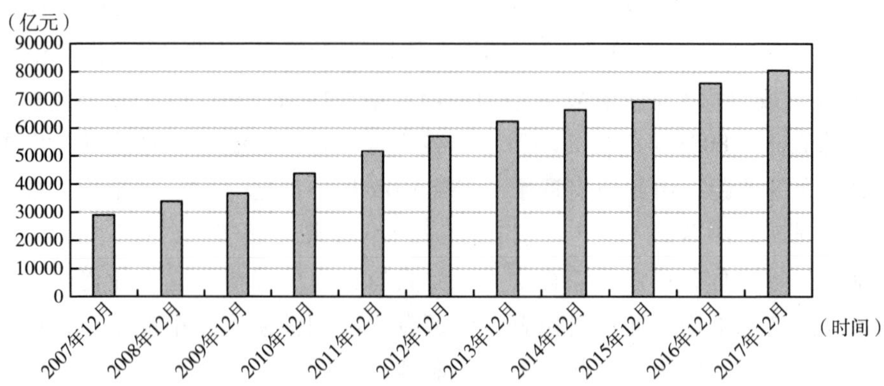

图 3-3 京津冀区域生产总值

资料来源：Wind 数据库。

表 3-2 京津冀三地人均地区产值 单位：元/人

年份	北京	天津	河北
2007	60096	47970	19662
2008	64491	58656	22986
2009	66940	62574	24581
2010	73856	72994	28668
2011	81658	85213	33969
2012	87475	93173	36584
2013	94647.88	100105.43	38909
2014	99995	105231.35	39984
2015	106497	107960.09	40255
2016	118198	115053	43062
2017	128994.11	118943.57	45387

资料来源：Wind 数据库。

（二）存在生态环境问题

京津冀地区经济快速发展，但随之而来就是严重的环境污染问题。近年来，全国范围内许多地区出现了雾霾天气，京津冀的环境状况更是堪忧，这对人们的生活也有所影响。出现这些问题的根源在于该地区产业结构偏向于重工业。京津冀地区联系紧密，由于各种因素的综合作用，北京和天津两地的发展得到了河北省的大力支持、甚至是以河北省的经济社会发展利益为代价。因此，环境污染最为严重的是河北省。该地区聚集了钢铁、煤炭、玻璃等产业，这些产业均有高耗能、高污染的特征。2017 年河北省生铁产量为 17997.27 万吨、煤炭产量达到 43961 万吨、水泥产量为 8963.45 万吨、平板玻璃产量达 10648.03 万重量箱，这些产量指标在全国范围内均排名靠前。要实现经济的可持续发展决不能以牺牲生态环境为代价，环境的恶化对经济发展有不利影响，所以在坚持区域经济发展的同时要注重环境保护。

2017 年以来，河北省存在着极其严重的大气污染问题。在全国范围内，河北省的许多城市均被列入污染严重的地区。因此，从整体来看，京津冀区域虽然在经济发展上取得很大成效，但是其区域内生态环境却呈现恶化的态势，如图 3－4 所示。

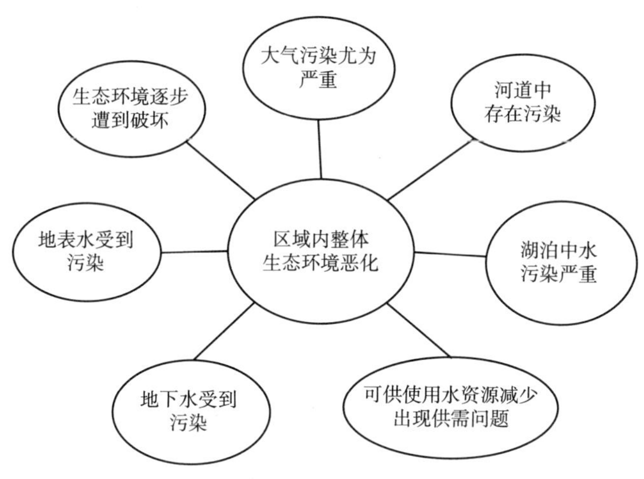

图 3－4　京津冀环境情况

资料来源：作者自制。

（三）存在“行政区经济”

根据实际情况来看，京津冀区域发展具有的特点为：各个地区内部经济发展良好、区域间却存在很大矛盾，使京津冀具有这种特征的原因是所谓的“行政区经济”。在行政区分割背景下，各地方政府考虑自身利益的最大化，一方面重视辖区内的经济发展，另一方面又特别重视区域之间的比较和竞争，从而引起行政干预对区域经济发展的影响。

京津冀经济圈与长三角、珠三角两个经济圈最突出的区别，表现为在政治上的因素要大于和重于经济上的因素。北京和天津都是直辖市，河北是省级行政区域，从这个角度来说，京津冀三地应该处于同等地位，但是实际情况表明京津冀三地之间的地位是不平等的。相对于津冀来说，北京这一首都城市具有更多的决策权和更高的地位。基于这种实际情况，更加无法对京津冀三地之间关系有清晰的界定。当涉及北京的利益时，天津和河北两地不能仅仅考虑自身利益，还需要优先考虑北京；而且河北省又进一步需要优先考虑天津。因此，在这种形势下，河北省就处于了最弱势的地位。

京津冀地区的情况与长三角地区有着巨大的区别。在长三角经济圈中，上海作为经济中心，与长三角诸多城市间在行政职能上是平等互惠的关系。自20世纪90年代以来，在“市场”这只无形的手自发推动下，促成长三角各行政区划之间的合作。借鉴长三角的发展经验，就是要一直坚持互利互惠的原则。长三角的江浙区域的许多城市积极参与到上海市的发展中，借助上海经济中心的优势，不仅助力上海发展也促进本地区的经济发展。关于京津冀区域的城镇化方面，其受行政区划的级差及由此带来的其他问题的影响较大。由上述分析可知，要实现京津冀三地在地位上的平等存在很大困难，且这一问题与北京实际作为首都的特殊性之间是有矛盾的，一方面要考虑到三地在不同领域的发展目标是否一致及各地区目标与京津冀协同发展步调的是否一致；另一方面又要优先考虑国家整体利益。

（四）人才资源配置不均衡

京津冀地区作为我国优质高等教育资源最为集中的区域，理应在推进京津冀协同发展的进程中担当重任，然而由于种种因素，京津冀三地区的人才资源配置不均衡。近年来京津冀地区经济进入高速发展时期，北京凭借其强大的首都功能和竞争优势以及在历史、文化、经济特别是体制上的优势，吸引了大量优秀资源，使得人才、技术、资金、项目等形成聚集态势，造成三个地区差距十分明显。

根据2017年统计公告可知，各级教育生均一般公共预算教育事业费支出增长表现为：全国普通初中为14641.15元，比2016年的13415.99元增长9.13%。其中，农村为13447.08元，比2016年的12477.35元增长7.77%。普通初中增长最快的是北京市（26.63%）。全国普通高等学校为20298.63元，比2016年的18747.65元增长8.27%，增长最快的是天津市(19.61%)。此外，各级教育生均一般公共预算公用经费支出增长表现为：全国普通初中为3792.53元，比2016年的3562.05元增长6.47%。其中，农村为3406.72元，比2016年的3257.19元增长4.59%。普通初中增长最快的是北京市（27.38%）。全国普通高等学校为8506.02元，比2016年的8067.26元增长5.44%，增长最快的是天津市（38.09%）。

教育经费的投入，在一定程度上体现了各地区对教育的重视程度，也决定了各地区的人才培养情况，京津冀三地在教育经费投入方面都大体呈现上升的趋势。从教育经费投入总量上来看，河北和北京地区高于天津，但具体分析时应该更加关注生均这一概念。京津冀三地教育经费合计情况如表3－3所示。

表3－3　　京津冀三地教育经费合计　　单位：亿元

年份	北京	天津	河北
2007	407.73	165.71	440.37
2008	469.02	206.08	558.49
2009	528.94	238.17	614.53
2010	613.44	292.1	719.27
2011	737.38	413.61	844.79
2012	868.61	491.79	937.3
2013	999.84	569.96	1029.81
2014	1093.74	632.63	1086.17
2015	1117.12	560.57	1286.16
2016	1193.47	536.51	1420.38

资料来源：Wind数据库。

根据Wind数据库数据和各省市统计年鉴，2016年，北京市共有91所普通高等院校，在校生59.92万人，81个培养研究生的科研机构，在读研究生29.2万人。2017年，北京市研究生培养机构数和在校研究生数分别为88所、31.2万人。2016年，天津市共有普通高校55所，在校研究生5.45万人，普通高校在校生51.38万人。2016年，河北省共有普通高等学校120所，在校本专科学生121.61万人，在读研究生4.2万人。由表3－4可以看出，京津冀三地高等学校在校生人数均呈现逐年上升的趋势，对比三地在校生人数来看，虽然河北省较北京、天津两地在校生人数明显更多，但是在比较时要结合河北省人口基数大这一基本情况。

表 3－4　京津冀三地高等学校在校人数　单位：万人

年份	北京	天津	河北
2007	57.82	37.11	93.05
2008	58.56	38.64	100
2009	58.67	40.6	106.05
2010	58.71	42.92	110.51
2011	58.79	44.97	114.93
2012	59.12	47.31	116.88
2013	59.89	48.99	117.44
2014	60.46	50.58	116.43
2015	60.36	51.29	117.92
2016	59.92	51.38	121.61

资料来源：Wind 数据库。

（五）缺乏区际合作和利益协调机制

京津冀地区紧密联系，一直以来都是一个不可分割的整体。但由于行政区划的影响，三地之间表现出经济联系不紧密、区域间竞争大于合作的现状。

在区域协同发展的进程中，许多方面都会面临这样的一个问题，即跨区域进行统一规划和管理。比如每一区域都有的水资源方面的问题、环境污染的治理、产业的错位发展和整合及跨区域的基本公共设施的建设等。但京津冀现有的区域行政管理体制，使得三地政府，特别是京津地方政府，在进行决策时更多考虑的是实现自身利益最大化，而忽略了区域整体的可持续协同发展。区域内缺少一个权威有效地进行统一协调的公共管理组织。一直以来，人们理解和认识到需要有一个组织来协调管理区域内的相关事宜，也形成一系列会议文件，而实际存在的各方面约束，使得这些认识和会议决议未能进一步加深和实施。

例如，中共中央政治局于 2015 年 4 月 30 日，审议通过的《京津冀协同发展规划纲要》提出京津冀协同发展是一个重大国家战略，其在各方面都具有很大的意义。2016 年，最高人民法院印发的《意见》提出要促进京津冀区域的创新、协调、绿色、开放、共享发展。但是，实际上京津冀的合作，在许多方面还不够深入，仅仅停留在倡导的层面上。京津冀未能形成一种有效的区际合作与利益协调机制，导致三地合作出现了“共识多、行动少”的状况，严重影响了区域协同发展。

就目前情况来看，京津冀区域内公共资源的管理存在较大问题，区域内城市的自身利益与区域整体利益难以实现协调和统一。这种局面很大程度上限制了区域协调发展的一致性。由本部分内容分析可知，不论是有效缓解区域发展不平衡的问题、生态环境问题、人才资源配置不均衡问题，还是解决行政区划的级差效应等问题，都离不开区域协同发展管理机制。

（六）未实现京津冀交通一体化

京津冀地区是全国重要的人口和经济密集区，是国家重点优化开发和提升国家竞争力的战略发展区域。实施和推进京津冀一体化国家战略就要把交通一体化作为先行领域，着力构建京津冀一体化的现代交通网络系统。目前，以北京、天津和石家庄为综合交通枢纽的交通网络已经成型。

从京津冀区域城市交通发展现状来看，区域交通整体上可以分为三个部分：一是以北京、天津为核心的成熟区；二是以石家庄、唐山为代表的发展区；三是以保定、秦皇岛为代表的起步区。从宏观角度分析交通一体化可知，京津冀区域基本上形成了包括公路、铁路、航空、港口及市域公交等多种方式相结合的区域综合客货运交通体系。而京津冀协同发展对交通一体化有更高的要求，京津冀交通一体化发展在其他一些方面仍存在许多问题。

比如现在综合交通网络布局尚未完善，核心城市仍难以发挥辐射带动作用；市域综合交通扁平化发展，交通优势难以发挥。

二、京津冀协同发展中存在问题的原因

（一）区域发展不平衡的原因

京津冀区域发展不平衡，在经济发展方面尤为突出。京津冀区域经济发展受到诸多因素的影响，经济发展不平衡的因素涉及地理、经济、人文、社会等方面。首先，资本投入对京津冀区域经济发展有影响。近几年，随着我国整体经济水平的提高，京津冀地区也逐渐有了资本积累，有效促进了当地经济发展。虽然各地区经济发展都取得进步，但是京津冀三地的经济发展有着很大程度上的差异。其次，人才资源对京津冀区域经济的发展有显著影响。目前情况来看，京津地区以其经济发展较快的优势，吸引更多优秀人才进入

京津地区，这就造成河北地区的人才资源相对匮乏，进而阻碍了河北地区经济的发展。最后，产业结构对京津冀区域经济发展有影响。北京是三地中经济发展最为迅速的区域，其主要依靠于发展迅猛的高新技术产业和服务业；天津则在运输制造以及金属冶炼等产业中处于领先地位。因此，京津两地的优势产业对当地的经济发展都有明显的促进作用。而河北作为传统的农业大省，工业发展速度较为缓慢，较京津地区来说，其经济发展明显落后，这种情况对京津冀的协同发展十分不利。

（二）存在环境问题的原因

京津冀当前面临着相当严峻的环境问题以及治理方面的困难。导致此问题的重要原因是三地之间未能形成协同发展的良好意识。例如，在京津冀的产业结构和布局方面，往往只是考虑到规模经济带来的好处，而未能从经济学的角度出发来进一步考虑外部性的问题；由于京津冀协同发展过程中考虑问题的不全面性，加剧了一些工业聚集区的环境污染，从而导致了尤为严重的地区性污染问题。由此看来，无论是产业结构还是布局存在问题。都会引起一系列的问题。如三地环境污染的加剧，也是引起京津冀城市雾霾的重要原因。

环境污染有主客观两方面的原因，一方面是地区生态环境本身的脆弱性，另一方面则是主观的决策机制等因素。考虑这两方面原因时，我们虽然不能忽略客观方面的原因，但也应认识到环境污染更多的是受主观原因的影响。对于生态系统的整体引导调控，三地没有达成一致意见进而未形成有效的合作，而且采取的一些措施效果不理想，不能很好地调动各方面的积极主动性参与生态环境保护。例如，北京、天津两地经济发展好就业机会多，吸引较多的资源和人才的流入，使得京津两地人口激增，而人口的增多必然会带来更多的生活垃圾和尾气排放。以上问题的出现也是京津冀区域发展中协同发展意识薄弱的体现。另外，由于缺乏土地城市化与人口城市化的协同发展意识和机制，在城市化进程中也出现了诸多问题。

综上可知，京津冀区域存在环境污染严重问题的原因，在于缺少有效的协同发展机制。反过来看，环境污染问题又会影响三地的协同发展。由此看来，良好的生态环境是京津冀区域更好实现协同发展的前提条件之一。对于北京、天津两地来说，不论是转移北京一些非首都功能的产业，还是解决京津的行政方面的问题，都必须要坚持对环境要求的高标准，积极主动地治理环境、改善生态，形成良好京津冀的生态系统。

（三）行政区经济现象明显的原因

京津冀地区有北京、天津两个直辖市，汇聚了各种行政部门，且国有企业占比较高，因此，政府的行政干预力量过强。京津冀三地的行政级别的不对等、高层权力的不匹配是无法否认的事实，仅仅依靠地方政府合作解决区域间的矛盾是不切实际的，这也导致了河北省在京津冀协同发展中处于弱势地位。

综上所述，京津冀地区“行政区经济”现象明显的原因在于京津冀三地本身的地位不同。北京作为首都、天津为直辖市，使得在一些方面京津地区较河北省来说有很大优势。虽然京津冀协同发展取得了进步，但是各地区仍追求自身利益最大化，使得“行政区经济”现象更加明显。

（四）人才资源配置不均衡的原因

由京津冀各地区教育经费投入和高等学校在校人数的分析数据，可知京津冀三地在生均教育经费投入方面存在较大差异。京津地区生均教育经费投入大于河北地区，且京津地区的某些生均教育经费投入增速在全国处于领先地位。河北地区生均教育经费投入比较少，从而在一定程度上导致了河北人才资源的缺乏。

另外，高校毕业生的就业去向更加剧了京津冀人才配置的不均衡。北京相对于天津和河北两地来说具有更多的就业机会，使得津冀两地的优秀人才大量涌入北京。与河北相比，天津作为直辖市，在许多方面优于河北，对人才比较有吸引力。北京则会吸引更多的高端人才流入该地，这就必然导致京津冀地区高端人才流动的不合理性、明显的人才资源配置不均衡性。

（五）缺乏区际合作和利益协调机制的原因

京津冀各地区在制定发展规划时，一般均只关注自身实际情况，从而导致京津冀区域协同发展缺少统一规划。在达成一致的总体发展规划中，各地区均秉持积极合作的态度，而在各自的具体计划中，仍是追求自身利益最大化，更有甚者不考虑现实条件，追求不切实际的发展目标。在实际工作中，在功能定位、具体项目等方面，各地区均把本地区的利益放在首位，不能做到从区域整体出发进行规划。由于缺少跨行政区统一的产业规划，京津冀地区的中心城市及其他城市找不准自己的产业定位，无法形成各地区均良好发展、充分发挥自身优势的局面，这些因素制约了京津冀经济和社会的快速发展。

而且，京津冀经济圈与长三角和珠三角都有差异，它们的经济圈模式中都有一个中心城市或核心区域。具体来看，长三角的上海是其经济中心，能与其他地区的经济有较好的互补性；珠三角主要包括广东，其面临较小的行政区问题。而京津冀区域不仅有北京、天津两市还有河北省，三地之间各方面差异较大，区域内协调难度也较大。

（六）未实现京津冀交通一体化的原因

尽管京津之间已初步建立交通联系，但是区域内的具体交通状况并不乐观。其中北京与其他周边地区及河北的交通更是存在诸多问题。据此来看，京津冀交通基础设施都是相当落后的，未能起到较好的作用。

实际情况来看，区域内多数重要城市之间依然存在交通问题。交通不顺畅使得京津地区的优秀资源不能顺利地流向河北，进而无法更好地实现对河北地区的带动作用。而且，京津冀存在的诸如交通不通畅的问题，也是制约京津对周边地区更好发挥带动作用的关键。此外，由于交通的制约，其他有关问题也难以解决，比如区域整体内产业同质竞争的问题。由此可见，交通基础设施差、交通不顺畅等问题，对于京津冀协同发展有较大的影响。

此外，京津冀区域存在的另一个问题是，现有交通模式均为以核心城市为枢纽，其余各城市均与核心城市相联系，这就使得关内外的交流必经北京或天津的枢纽。由于存在这种大量穿过京津的过境运输情况，京津城市交通的畅通受到了很大影响。

第四章　京津冀协同发展中的金融资源现状

京津冀协同发展战略提出以来，三地金融业的发展水平均有较大提高，对各行政区内的经济发展均产生了明显的促进作用。本章详细讨论了京津冀协同发展进程中金融资源的分割现状、整合现状及制约因素，以说明京津冀协同发展进程中金融资源整合的重要性，为如何进行金融资源整合创新提供依据。

第一节　京津冀三地金融资源分割现状

金融资源，是指金融领域中与金融服务的主客体数量、规模、结构、分布、效应以及相互作用关系相关的一系列对象的总和。作为国民经济的核心，一国所拥有的金融资源对其经济发展意义深远，有效开发和利用所拥有的金融资源，能同时减少经济体系的宏观资源配置成本和微观主体交易成本。可见，一个经济体的金融资源的配置能力和配置效率很大程度上决定了该经济体的综合发展水平和潜在增长空间。

目前，京津冀在产业项目协同、优势互补中取得了一定的成绩，但受到金融资源分布不均衡的制约，津冀两地创业企业在资金方面仍存在较大的压力。过去，由于北京具有丰富的金融资源、金融机构和各种类型的投资人，因此，优质的项目都集中在北京。北京的空间近乎饱和之后，虽然很多项目转移到了津冀，但是与北京相比，两地金融资源明显不足，项目在资金和投资方面的问题还是没有得到解决。这个问题不解决，津冀两地就会变相成为北京的“厂房”和“车间”，无法提高自身的竞争力。本节从以下几个方面说明京津冀三地金融资源的分割现状。

一、金融业发展现状

金融发展强力支撑着区域经济发展，同时区域经济的发展又促进了金融需求的增加和创新动力的提高。京津冀三地在经济上具有不同的基础和发展程度，因此，各自的金融业特征和金融发展水平也不尽相同。

（一）三次产业结构

北京市在三地中具有最优的产业结构。北京作为我国的资本、金融和文化中心，第三产业在北京的三次产业中占据着主导地位。2017 年北京市第一产业增加值相对最少，共计 120.5 亿元，约占 GDP 的 0.4%；第二产业增加值适中，共 5310.6 亿元，占 GDP 的比重为 19.0%；第三产业增加值最多，共 22569.3 亿元，占 GDP 的比重为 80.6%。由此可以看出，北京市已经成功实现了由第二产业主导转型为第三产业主导，“三、二、一”的产业格局更加符合北京作为首都的经济发展方向。当前北京市服务业水平持续深化发展，在全国现代服务业中已占据中心地位。

天津市的第二、第三产业比重差距较小。作为中国北方最大的沿海开放城市，天津市近年来大力发展第三产业，随着滨海新区的快速发展，天津市的产业结构升级取得了显著的效果。2017 年全市第一产业增加值较少，共计 218.3 亿元，占 GDP 的比重为 1.2%；第二产业增加值 7590.4 亿元，约占 GDP 的 40.8%；第三产业增加值最多，达到 10786.7 亿元，占 GDP 的比重为 58.0%，第三产业比重和北京相比还有一定差距，第二产业仍是天津的支柱产业。

河北省第三产业比重有待提高。作为北方农业大省，河北的第一产业增加值在增量和增速上都要高于北京和天津，同时第二产业蓬勃发展，但第三产业发展明显不足。2017 年河北省第一产业增加值相比其他两地最高，达到了 3507.9 亿元，约占 GDP 的 9.8%；第二产业增加值占比重最大，共计 17416.5 亿元，占 GDP 的比重为 48.4%；第三产业增加值 15039.6 亿元，占 GDP 的比重为 41.8%。由于京津冀区域的工业发展历史悠久，其重工业基础雄厚，在北京和天津相继推进产业结构升级后，河北自然承接了两地转移的部分产业。目前河北的主导产业为第二产业，服务业则更多集中在京津两地。由于支撑金融发展的各项基础设施不够完善，再加上省内金融资源不够丰富，经济发展难以得到充足的资金支持，河北省第三产业相对落后。当前河北改革任务艰巨，产业结构亟须转型升级。

2017 年京津冀三地三次产业构成如图 4－1 所示。

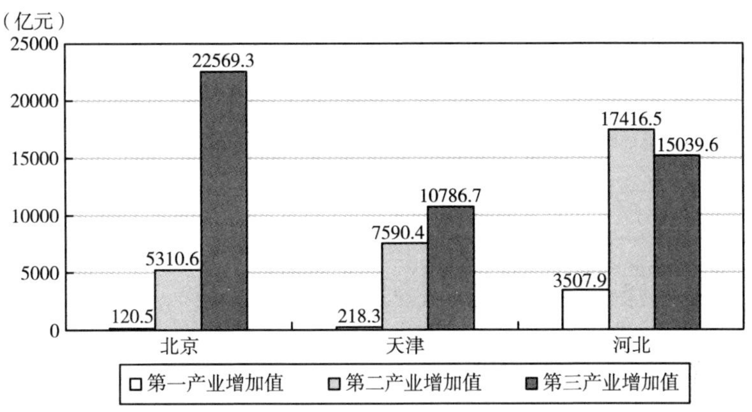

图 4－1　2017 年京津冀三地三次产业构成

资料来源：国家统计局网站。

（二）优势产业集群

北京在三地中具有最高的产业结构化程度，第三产业在经济发展中占有最优的地位。其中信息传输、软件和信息技术服务业、文化创意产业、金融业等产业具有明显的发展优势，同时交通运输业、仓储和邮政业、住宿和餐饮业等产业也发展平稳。第二产业在北京虽然占据次要地位，但在制造业方面的发展优势也较为明显。

天津产业结构的高级化程度相对而言略低于北京，其第二、三产业在产值方面贡献差异不大。第二产业中，重工业型、加工型产业和非农产品加工工业承担了主要的制造和加工职能。总体来说，天津的经济呈现出工业和服务业齐头并进的双轮驱动模式。

河北是产业结构相对落后的资源型地区。采矿业、重工业和农副产品生产占优势，产业格局呈现“二、三、一”的分布形态，采矿业、制造业等重工业最具发展优势，交通运输、仓储和邮政业等服务业辅助发展，同时农业也会对经济产生一定的影响。

（三）金融业

图 4－2 反映了 2017 年京津冀三地金融业占地区生产总值的比重。其中，

北京、天津、河北的金融业增加值分别为4634.5亿元、1951.8亿元、2052.4亿元。从绝对值来看，北京金融业增加值最高，与天津、河北拉开了较大差距。就金融业对地区经济的贡献而言，2017年三地的地区生产总值分别为28000.4亿元、18595.4亿元、35964亿元，其中金融业增加值占地区生产总值的比重分别为16.6%、10.5%和5.7%。按照国际通行经验，支柱产业占GDP的比重需达到8%。由此可以看出，北京、天津的金融业已具有较高的发展水平，金融业已成为各自区域内的支柱产业。

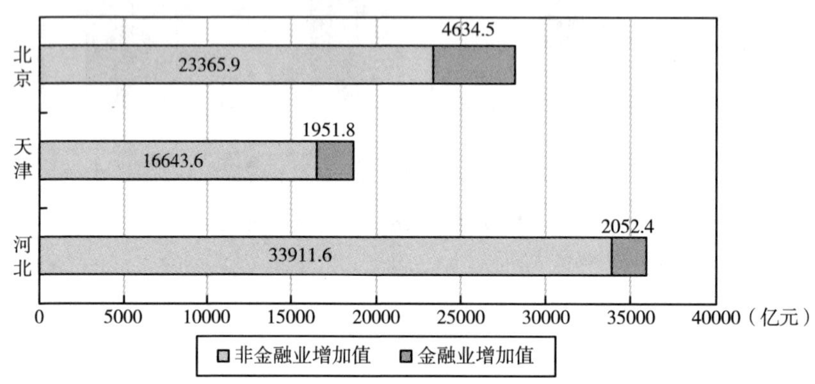

图4-2　2017年京津冀三地金融业占比情况

资料来源：国家统计局网站。

二、金融市场发展情况

（一）资本市场

表4-1反映了2018年前三季度京津冀三地的资本市场融资情况。

表4-1　2018年前三季度京津冀三地资本市场融资情况　单位：亿元

省市	社会融资规模	直接融资规模
北京市	14978.5	5591.1
天津市	1732.6	378.3
河北省	1519.2	320

资料来源：Wind数据库。

从融资规模来看，北京市社会融资规模较高，天津市、河北省的社会融资规模较低。2018年前三季度北京市社会融资规模为14978.5亿元，同比增加 9055.4 亿元；天津市社会融资规模为 1732.6 亿元，同比减少 776.7 亿元；河北省社会融资规模为 4898 亿元，同比减少 1519.2 亿元。可以看出，天津市和河北省的社会融资规模与北京的相差较大，都不及北京的一半。

从融资结构上看，2018 年前三季度直接融资规模（包括企业债券、非金融企业境内股票融资）相对最高的是北京市，天津市、河北省的直接融资规模较低，在社会融资规模中占比较小。综合近几年实际情况而言，河北的资本市场还处于发展阶段，许多企业的融资渠道单一，仍主要依靠银行信贷这一间接方式来获取资金，直接融资相对较少，即企业通过债券、股权进行融资的能力还不够高；相比而言，北京和天津的资本市场已经发展的较为成熟，企业通过直接方式进行融资的能力较强。

（二）货币市场发展情况

1. 货币市场总体情况

2017 年，北京市货币市场利率总体上升，信用拆借、质押式回购和买断式回购加权平均利率分别为 2.7514%、2.8919%、3.1790%，较上年分别上升 58.7 个、73.4 个、75.2 个基点。

天津市货币市场交易量呈上升趋势，交易期限以短期为主。2017 年，全市银行间同业拆借市场共完成信用拆借 3455 笔，比上年上升 80.5%；累计金额为 12842.8 亿元，比上年上升 16.1%。其中，短期交易占最大比例，全部拆借成交金额中的 84.4% 为隔夜和 7 天拆借。

河北省货币市场交易活跃，拆借规模增长较快。2017 年，河北省的拆借交易共发生了 2030 笔，和 2016 年相比，增加了 153 笔；实际发生金额累计 5900.1 亿元，比 2016 年增加了 1725.7 亿元。从期限看，拆入业务仍以隔夜拆入为主。其中河北省内成员单位同业拆入业务期限为 1 天的占比 81.9%，7 天的占比 8.8%；拆出业务期限为 1 天的占比 56.0%，7 天的占比 22.6%。从利率看，同业拆借市场利率同比上升。其中：隔夜拆出利率 2.88%，同比增加 58 个基点；7 天拆出利率 3.95%，同比增加 123 个基点；隔夜拆入利率 2.76%，同比增加 57 个基点；7 天拆入利率 3.65%，同比增加 105 个基点。

2. 票据市场情况

图 4－3 反映了 2017 年三地票据贴现业务情况。可以看出，较天津和河北相比，北京市票据市场交易更为活跃。

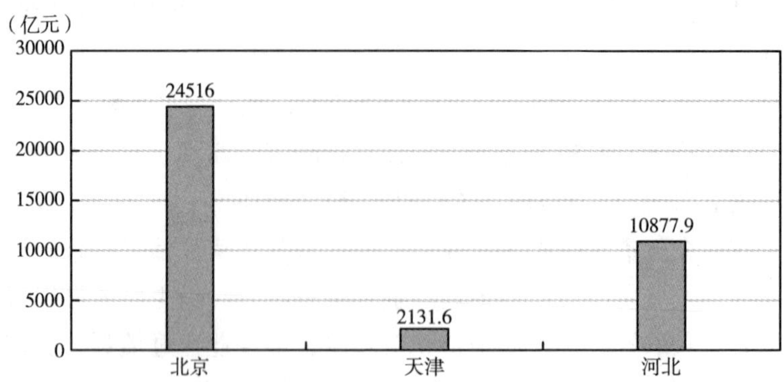

图 4－3　2017 年京津冀三地票据贴现业务累计发生额

资料来源：各省市《2018 年金融运行报告》。

2017 年，北京票据市场运行平稳。全市金融机构全年累计签发的银行承兑汇票比上年下降了 4%，累计贴现票据金额比上年下降了 74.3%；年末，银行承兑汇票余额有小幅度下降，同比下降了 2.5%，票据贴现余额也有所下降，同比下降了 18.6%。北京市地区票据贴现利率震荡上扬。

天津票据市场总体呈下降态势，贴现利率上升。2017 年，天津市银行承兑汇票余额、票据贴现余额和再贴现余额均比上年下降，金融机构贴现业务整体定价上升。天津市票据融资业务主要特点：一是中资全国性大型银行是票据融资业务主力；二是票据融资主要投向了批发和零售业及制造业。

河北省商业汇票签发量持续下降，受企业需求减弱、银行业金融机构风控趋严等多重因素影响，商业汇票签发量自 2008 年以来出现首次下降，且整体降幅较大。2017 年，全省累计签发商业汇票 5725.6 亿元，同比减少 1295.4 亿元，降幅较上年有所收窄。票据贴现利率呈先降后升态势，第三季度为全年最高点，第四季度利率环比略降；票据转贴现利率第四季度环比小幅上升。

三、金融机构

（一）银行业发展现状

1. 银行业规模

目前，京津冀三地的银行业依然在金融业中占主导地位。首先，银行业金融机构数量庞大，远超非银类金融机构，2017 年三地的银行类金融机构营业网点数量分别为 4647 家、3129 家、11689 家；其次，在从业人员数量方面，银行业也要高于非银行金融业，三地的银行业从业人员在 2017 年分别达到了 119505 人、64806 人、181096 人。

2017 年，北京市的银行业金融机构发展平稳，收益水平稳中有进。在机构数量方面，年末网点总数同比减少 44 家，法人金融机构总量较上年增加 2 家；在银行机构资产方面，年末资产总额同比增长 2.8%，资产所实现的利润同比增长 16.7%。

2017 年，天津市资产规模增长放缓，盈利能力下降。年末各银行类金融机构的资产共计 4.9 万亿元，比 2016 年增长了 2.1%；负债共计 4.6 万亿元，比 2016 年增长 2.4%，但是增速放缓，较 2016 年下降了 3.1%。不良贷款余额和不良贷款率呈“双升”走势，年末银行业金融机构不良贷款余额 672.7 亿元，比年初增加 135 亿元。盈利方面，银行业金融机构累计实现营业收入 1094.4 亿元，比 2016 年下降 5%；净利润累计为 378.9 亿元，比 2016 年下降 9.1%。

2017 年，河北省银行业稳步发展，机构体系完善度继续提高。全省银行类金融机构年末资产总额达到了 7.4 万亿元，和 2016 年相比增长了 8.3%。其中，城商行资产总额超过 1.6 万亿元，占全省总额的 22%；新型农村金融机构资产总额达到 450.7 亿元，全省银行业组织体系更加完善。

2. 银行业信贷资金

从银行业信贷资金来看，表 4 - 2 反映了京津冀三地 2013 ~ 2018 年前三季度金融机构本外币存贷款情况。可以看出，近六年京津冀三地信贷市场发展都明显加快，但彼此之间仍有较大差距。京津两地信贷市场相对更加发达，但天津仍与北京有较大差距；河北虽在数额上仍与北京有一定差距，但是凭借辽阔的地域和人口优势，其信贷市场具有较大发展潜力，信贷结构也在持续优化。

表 4 - 2　　2013 ~ 2018 年第三季度京津冀三地金融机构本外币存贷款情况

单位：亿元

年份	北京		天津		河北	
	本外币存款余额	本外币贷款余额	本外币存款余额	本外币贷款余额	本外币存款余额	本外币贷款余额
2013	91660.5	47880.9	22684.6	19453.3	39444.5	24423.2
2014	100095.5	53650.6	24777.8	23223.4	43454.9	27593.8
2015	128573	58559.4	28149.4	25994.7	48928	32608

续表

年份	北京		天津		河北	
	本外币存款余额	本外币贷款余额	本外币存款余额	本外币贷款余额	本外币存款余额	本外币贷款余额
2016	138408.9	63739.4	30067	28754	55513.3	37352.2
2017	144086	69556.2	30940.8	31602.5	60451.3	43315.3
2018 年前三季度	160000	70000	30289.9	33404.1	65370.7	47447.5

资料来源：Wind 数据库。

3. 银行业金融机构存贷差

表4－3反映了京津冀地区各省市2013～2017年的存贷差情况。可以看出区域内的北京和河北在存贷差方面均表现为明显的走高趋势，天津相对而言较为平稳。北京具有最丰富的金融资源，但是存在闲置的情况，很多资源无法有效转化成投资，可见，北京将急需将贷款业务的覆盖面向外拓展。河北的存贷差也显示出了一定的走高趋势，但与北京不同的是，存在存差很大程度上是因为河北的国有银行比重大。国有银行的资金大多流向了大企业，中小企业融资渠道狭窄，从国有银行获得资金的难度很大。这一方面是因为中小企业本身存在发展不够健全、信用水平不够高、业务不够规范等问题，另一方面也是由于银行的信贷投放与融资需求不够匹配，归根结底是因为当前的银行业结构无法和经济增长相匹配。

表4－3　2007～2017年京津冀三地存贷差　单位：亿元

年份	2007	2008	2009	2010	2012	2013	2014	2015	2016	2017
北京	1.78	2.10	2.59	3.01	4.16	4.38	4.64	7.00	7.47	7.45
天津	0.17	0.23	0.27	0.27	0.19	0.32	0.16	0.22	0.13	-0.06
河北	0.59	0.83	0.92	1.03	1.30	1.50	1.57	1.63	1.82	1.71

资料来源：Wind 数据库。

总体来看，京津冀三地呈现出银行业集中度偏高的特点。银行业中国有商业银行仍占主要位置，其主要服务对象是大型国有企业，因此，中小企业难以获得资金支持，而国有银行的下级分支机构多受授信权限的约束，资金的配给缺乏灵活性。从地区上看，由于地区间受到行政区划的限制，富有金融资源的地区难以顺利引导资金流入资源匮乏的地区，导致大量存款限制不能及时转化为投资建设资金；而较偏远地区的农村金融机构存在吸收存款的能力弱、放贷谨慎性高、服务质量不高、技术水平落后等问题。受这些因素影响，各主体的资金需求难以得到满足，各项工作难以顺利开展，导致经济发展受阻。表4－3反映了京津冀三地的存贷款情况。

4. 金融相关比率

金融相关比率，反映了一定时期内一个地区所有金融资产的总价值占地区经济活动总量的比例，该指标通常可以用来说明区域的经济货币化程度，进而可以粗略表示地区金融发展水平。在实际研究中，通常用存贷款总额代表金融资产的价值，用GDP表示经济活动总量。因此，该指标的计算公式可以简化为存贷款总额除以地区GDP的比值。该比率值越大，说明地区金融深化程度越高。

表4－4反映了京津冀三地2007～2017年的金融相关比率情况。整体来看三地的数值相差较大，资金利用效率高低不一。北京的金融相关比率最高，明显领先于天津和河北，从全国来看也具有一定优势，高于全国资金使用效率平均水平的两倍；天津的金融相关比率虽然与北京相差较大，但处于全国平均水平，未来应继续提升潜力；河北的金融相关比率在三地中最低，与全国平均水平也有一定差距，这说明河北的资金使用效率不高，地区金融深化程度处于全国水平的中下等，现有的金融业发展水平还不能强有力地推动地区经济发展，未来应着力挖掘金融业对经济发展的推动力。

表4－4　　2007～2017年京津冀三地金融相关比率

地区	2007年	2008年	2009年	2010年	2012年	2013年	2014年	2015年	2016年	2017年
北京	6.15	6.39	7.42	7.30	7.16	7.05	7.21	8.13	8.12	7.63
天津	2.93	2.78	3.34	3.28	3.00	2.92	3.05	3.27	3.29	3.36
河北	1.66	1.68	2.10	2.07	2.09	2.25	2.44	2.74	2.92	2.86
全国	2.51	2.54	3.10	3.09	3.11	3.23	3.20	3.53	3.60	3.57

资料来源：Wind数据库。

5. 跨境人民币业务

图4－4反映了2017年三地的跨境人民币业务收付情况，可以看出在业务量上北京与津冀地区有较大差距。

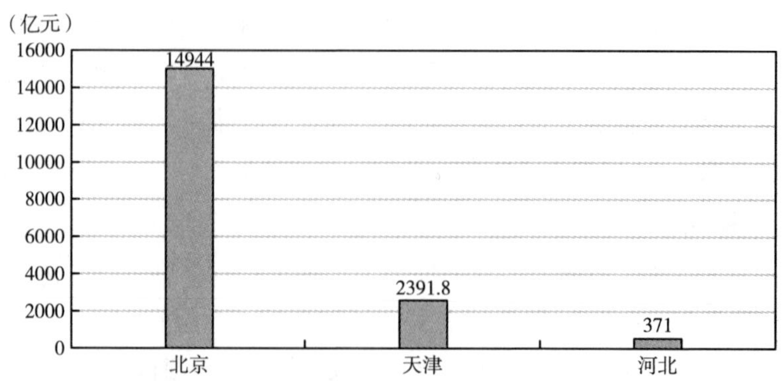

图 4－4　2017 年京津冀三地跨境人民币业务实际收付情况

资料来源：各省市《2018 年金融运行报告》。

自 2010 年 6 月 23 日试点启动至 2017 年年末，北京地区跨境人民币收付涉及的国家和地区已达 201 个，实现收付总额 14944 亿元，同比增长 44%；业务开展主要集中在资本和金融项下，收付合计 9246 亿元，占比超七成。自提出“一带一路”倡议后，北京和沿线国家经济往来更加密切，人民币认可度不断提高。2017 年北京市与“一带一路”沿线 52 个国家开展跨境人民币业务，结算总量飞跃上涨，人民币成为沿线国家贸易和投融资结算的新选择。

天津市自 2014 年开展跨境人民币创新业务试点至 2017 年，已与 148 个国家和地区发生跨境人民币结算业务往来，共有 6020 余家企业办理跨境人民币业务，业务主要集中在金融证券、租赁、科技制造业、房地产、钢铁化工等行业。2017 年，河北省办理结算的企业达 5187 家，促进了产业结构调整和转型升级。中国人民银行石家庄中心支行坚持发展改革与风险防范并重，稳步推进全省跨境人民币业务工作开展，制定印发《跨境双向人民币资金池业务风险评估集体审议工作制度》等规范性文件，完善业务管理；多渠道开展宣传培训，扩大政策影响力；围绕市场需求，鼓励银行业务创新，产品种类和业务结构不断优化；引导企业在对外贸易和投资中使用人民币计价结算，进一步促进贸易投资便利化。2017 年，全省跨境人民币实际收付金额 371 亿元，其中，“一带一路”沿线人民币跨境使用呈现亮点，范围覆盖了 57 个国家和地区，收付金额达 54 亿元。

（二）证券业发展现状

1. 证券期货业

图 4－5 反映了京津冀三地 2017 年的证券业金融机构分布情况。可以看

出，北京的总部设在辖区内的非银类金融机构在数量上占绝对优势，说明其密度较大，证券业实力较强；天津也有一定数量的证券类金融机构，证券尤其是期货市场发展较为迅速；河北地区没有总部在辖区内的基金公司，总部在辖区内的证券公司和期货公司也均只有1家，虽然证券机构总部较少，但营业部新增数量较多，证券机构整体发展平稳。

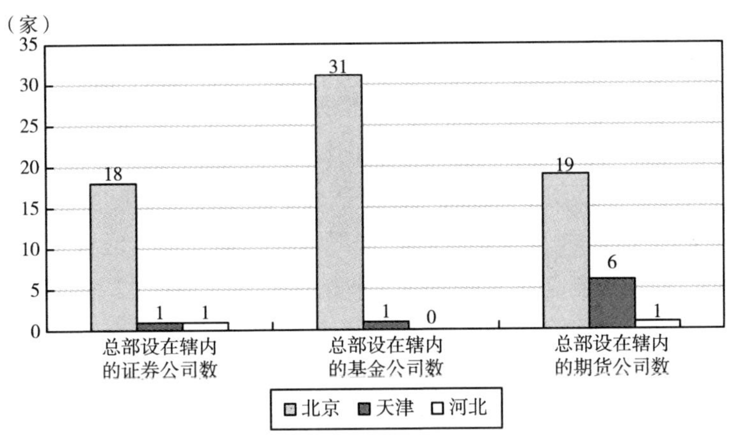

图4-5　2017年京津冀三地证券业金融机构分布情况

资料来源：各省市《2018年金融运行报告》。

（1）北京证券期货业发展整体稳健，新三板及四板市场融资功能增强。

第一，证券机构运行平稳，上市进程有序推进。2017年末，辖内法人证券公司数量与2016年相同，法人基金公司32家，法人期货公司19家。中国银河证券股份有限公司在A股上市，国都证券有限责任公司在全国股份转让系统挂牌，第一创业摩根大通证券有限责任公司因外资股东退出更名第创业证券承销保荐有限责任公司。

第二，证券公司收入结构相对集中，期货基金业保持稳步增长。2017年，北京市法人证券公司资产总额同比增长15.1%，营业收入同比下降12%，证券公司收入的主要来源集中在证券经纪业务、投资收益和投资银行业务；市场监管进一步加强，期货公司抗风险能力增强；辖区法人基金管理公司年末资产净值同比增长12.3%。

第三，“新三板”挂牌公司数量稳步增长，创新层企业发展活跃。2017年末，辖区内挂牌公司共1618家，占全国总数的13.9%；共有创新层企业232家，占全国总数的17.2%。

（2）天津证券期货市场运行平稳，经营风险基本可控。

第一，2017 年证券业务稳步发展，风险控制能力保持稳定。法人证券公司资产总额同比增长 3.7%；各项风控指标高于监管标准的预警阈值，经营风险可控。

第二，基金管理公司规模进一步扩大，业务结构有所改善。法人基金资产总额比年初分别增加23 亿元，新发基金 5 只，基金净值同比增长 111.8%。

第三，期货公司稳步发展。2017 年末，法人期货公司资产总额 76.7 亿元，比年初增长 14.1%；净资产 22.1 亿元，与年初相比增长了 14.1%；全年代理交易量共 5903.1 万手，与年初相比下降 35%。

（3）河北证券市场平稳运行，多层次资本市场体系日趋完善。

第一，证券机构发展稳定。截至 2017 年末，全省法人证券公司 1 家，证券分公司共 26 家，新增 6 家，证券营业部 255 家，新增 31 家。全年实现证券交易额 4.3 万亿元；证券经营机构营业收入 20.6 亿元，净利润 4.4 亿元。

第二，上市公司数量增加。截至 2017 年末，河北省上市公司共计 56 家，较 2016 年增加 4 家，上市公司境内直接融资总额 278.2 亿元，较 2016 年度增长超过一倍。2017 年河北省新增 3 家企业在境外上市，融资 18.4 亿元。

第三，期货机构业务收入方面稍有下降。截至 2017 年末，全省共有法人期货公司 1 家，两证齐全、一致的期货营业部 36 家，期货营业部共实现营业收入 6615.9 万元，手续费收入 5665 万元，与 2016 年相比分别下降 0.9% 和 5.5%。

2. 证券市场融资情况

根据表 4－5 可以看出 2016～2017 年三地证券市场的筹资情况。北京的证券市场明显更为发达，上市证券公司数量及 A 股筹资规模在三地中均是最大的；天津的证券公司上市步伐加快，数量有所增加；河北的证券市场也有平稳的发展，但在上市公司的质量等方面还有待提高。

表 4－5　　2016～2017 年京津冀三地证券市场筹资情况

省市	年末国内上市公司数量（家）		A 股筹资金额（亿元）	
	2016 年	2017 年	2016 年	2017 年
北京	281	306	1504	1421
天津	45	49	71.7	54.9
河北	52	56	341.9	170

资料来源：各省市《2017 年金融运行报告》《2018 年金融运行报告》。

（三）保险业发展现状

1. 保险机构数量

北京在保险机构数量上远超天津和河北。2017 年，北京市辖区内的保险公司总部数量为 68 家；天津市辖区内的保险公司总部数量为 6 家，但保险公司分支机构较多，达到 57 家；河北省总部设在辖内的保险公司数为 1 家，各类保险公司省级分公司总数达到 68 家，新增 3 家。

2. 保险市场基本情况

一个地区的保险市场发展情况可以用保费收入和保险密度两个指标来大致衡量。保费收入能衡量地区保险机构的经营状况，保险密度则反映了区域内参加保险的人口密度，两者综合可以衡量地区的保险业发达程度。图 4－6 和图 4－7 描述了三地近五年两个指标的情况。可以看出，北京保险机构无论在保费收入还是保险密度上均持续处于较高水平，说明其保险机构经营情况良好；天津保险机构业务稳步扩张，资产规模增加了一倍之多，市场体系越发完善；河北的保险密度相对较低，但呈稳步发展趋势，保险机构业务也有较大扩张。

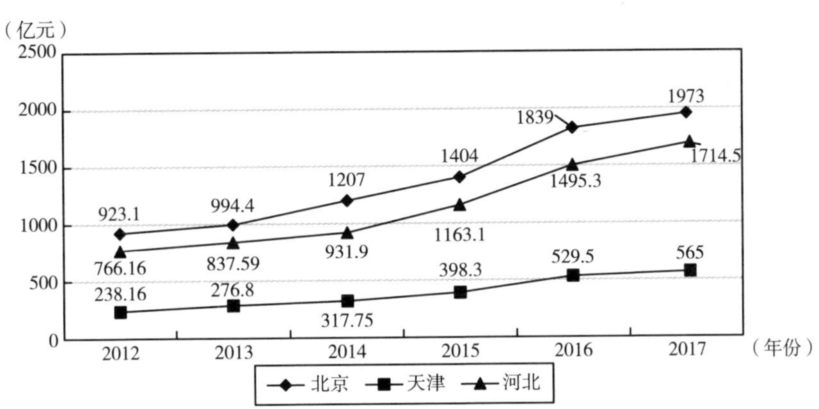

图 4－6　2012～2017 年京津冀三地保险机构保费收入情况

资料来源：中国金融年鉴。

（1）北京市保险市场发展较快，社会服务功能进一步加强。2017 年北京市保险行业实力稳步增强，市场秩序显著好转。全行业累计实现原保险保费收入 1973 亿元，同比增长 7.3%，累计赔付率同比减少 3.2%。在监管严格

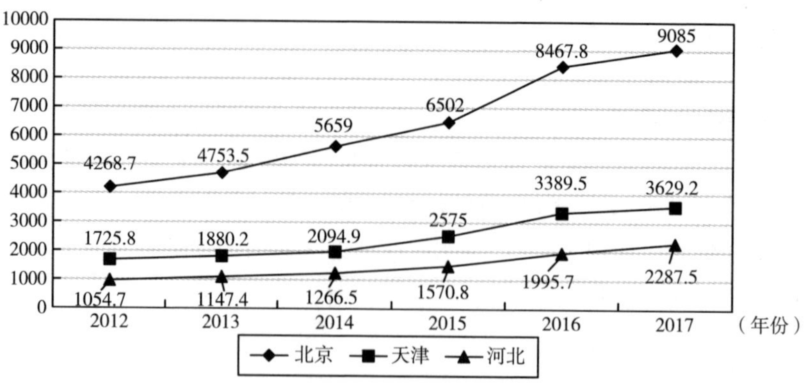

图 4－7　2012～2017 年京津冀三地保险密度

资料来源：中国金融年鉴。

的背景下，保险销售人员的队伍稳定性和素质专业程度进一步提高，行业风险防范意识和能力增强，市场秩序良好。

具体来说，财产险业务保费收入 434 亿元，同比增长 10.7%，整体发展平稳；人身险业务有小幅增长，保费收入 1539 亿元，同比增长 6.4%；责任险、车险和农险等与经济社会发展紧密相关的业务也平稳增长。

北京市保险业务突出保障功能，保险产品创新不断推进，社会服务范围持续扩大。2017 年，京郊政策性旅游保险、露地蔬菜气象指数保险等创新险种试点稳步推进；西城区食责险试点工作有序开展。保险公司为“中国制造2025”龙头企业提供质量和责任风险保障 97.7 亿元，有力支持了我国重大技术装备的创新应用。

（2）天津市保险业发展结构优化调整，经营主体保持稳定，产品、业务结构进一步调整优化。2017 年天津市保险业共实现保费收入 565 亿元，同比增长 6.7%，保持平稳健康发展，保险保障覆盖面有所扩大。

具体来说，财产险公司业务发展结构优化，赔付显著下降，财产保险公司车险保费收入 105.8 亿元，占财产保险公司业务收入比重的 71.8%，同比下降 31%；而信用保险、货物运输保险保费收入明显上升；人身险公司产品结构调整效果显著，对银邮代理渠道的依赖下降，银邮代理渠道实现保费收入 170 亿元，同比下降 15.7%。

（3）河北省保险行业平稳发展，服务民生能力提升。2017 年，河北省保险分支机构数量持续增加，保费收入增长较快，年末保险分支机构共 5021 家，较 2016 年增加 227 家；保险业累计实现原保险保费收入 1714.5 亿元，增速较2016年同期上升14.7%。保障业务加快发展，业务结构进一步优化。

保险保障能力充分发挥，保险深度继续高于全国水平。河北省积极推进保险业助推扶贫攻坚工作。例如，中国保险投资基金在保定市阜平县开展了专门试点，并已投入了5000万元的首期扶贫资金。

由以上看出，京津冀三地保险市场都在稳步发展中，但差距也较为明显，为资源整合奠定了良好的基础。保险业属于第三产业，在中国经济由工业主导向服务业主导加快转变这一关键进程中，保险市场的需求将进一步得到释放，我国保险业的发展将进入一个新时期。而在京津冀一体化进程中，保险市场的资源整合是有必要的，也是存在可行性的。

四、金融人才分布现状

表4－6反映了近五年三地的金融业城镇单位就业人数，可以看出，三地整体上呈现稳步增长趋势。

表4－6　2013～2017年京津冀三地金融业城镇单位就业人员数量　单位：万人

年份	北京	天津	河北
2013	39.14	8.09	25.64
2014	43.16	8.91	27.66
2015	47.16	12.13	29.91
2016	51.42	16.01	32.17
2017	54.45	19.17	34.64

资料来源：Wind数据库。

数据表明，北京市金融业从业人员人数较多且增长较快。作为首都，北京在金融发展方面具有明显优势，是金融人才集聚区，同时，作为全国政治、文化中心以及金融改革的决策中心，大量金融机构总部云集于北京。因此，北京的高层次金融投资人才自然多于津冀地区。

天津的金融从业人员在近五年增速很快，这主要是因为滨海新区近些年发展迅速，其金融服务体系和创新体系不断完善，加上天津整体经济发展较好，良好的资源使得高层次的金融企业和金融人才看到了良好的发展机遇和发展前景，纷纷来此发展。

河北省金融市场发展较慢，高层次金融人才还不够充足，金融创新的研究深度与实施力度还有待提高。金融人才对实现区域金融一体化具有明显的推动作用。对于河北省而言，引进高端人才，通过其创新、先进的理念来带动经济的发展尤为重要。然而河北省基础设施建设不够完善，导致其居民生活质量较低，并且河北省在工资待遇方面也不及京津地区，没有对金融人才形成足够的吸引力。人才较少向河北省周边转移，省内整体的金融发展也就没有足够的人才支撑。

第二节　京津冀三地金融资源分割特点

根据以上所描述的京津冀三地金融资源分割情况和金融业发展现状，可以看出，三地的金融资源在分布和配置上存在较明显的分割，大致呈现出以下特点。

一、分布上的不平衡

本节从以下几个角度说明京津冀三地金融资源分布上的不均衡。

（一）资金角度

从资金角度来看，京津冀区域的资金分布具有极不平衡的特点，资金成本和回报率有显著差距。北京集中了我国将近一半以上的金融资产，但是资金闲置情况较为明显，当天津和河北的企业资金供不应求时，北京银行业却存在高达数万亿的存贷差；此外，北京的金融子行业多为单独发展，难以在区域间形成联动。天津凭借滨海新区成为我国金融改革和创新的试验先行区，金融资源增长的优势逐渐明显，但是问题在于能直接与资源对接的现实产业不足，金融辐射功能不强，产业之间联动效果不显著。

（二）金融业发展角度

比较各省市整体情况，可以看出三地的金融业发展是不平衡的。北京的金融结构多元化，相较于天津和河北具有更强的经济支持能力，同时整体区域内市区和农村的金融机构分布也是不平均的。三地金融市场之间的资源配置也存在问题，一些地区有大量闲置金融资源而另一些地区资源十分匮乏，这些地区之间的资源流通效率低下，导致了经济发展的不均衡。

（三）金融服务角度

目前三地的金融服务仍较多集中于各自的行政区域，商业银行等金融机构的跨行、跨省市合作存在阻力。这样的管理模式阻碍了金融资本的流动速度，加大了资金调拨难度。地区之间的资金回报率存在显著差异，再加上三地信息沟通不够及时，使得金融机构不能更科学有效地服务于实体企业，金融资源不能充分发挥出促进经济发展的作用。

（四）金融人才配置角度

从金融人力资源上看，三地的金融人才分布不均，高端人才明显集聚于北京，这就阻碍了创新资源的整合利用。

二、配置上存在问题

随着经济全球化与金融全球化进程加快，金融资源成为经济发展的核心要素。鉴于金融资源同其他资源一样具有稀缺性，对其进行配置时需要认真考虑当前经济发展形势。同时，其配置合理与否影响着地区经济发展的质量，合理的金融资源配置对经济增长和产业升级具有重要战略意义。

目前在京津冀三地金融产业发展中，金融资源配置存在如下问题。

（一）京津地区资源配置重复

由于京津两地行政分割并且缺乏统一规划，因此，两地金融市场的部分功能交叉，市场定位相似，在资本市场建设等方面存在一定程度的同质竞争，没有形成良好的合作关系。例如，2006 年北京建立了中关村代办转让系统，天津也于 2008 年设立了天津股权交易所，两者性质相同；再如，北京致力于将自身打造成全国市场中心，而天津的目标定位是北方交易中心，两地在定位上也有所相似。相似的定位和同质竞争易造成重复建设，导致金融资源被重复配置，资源的使用效率被大大降低。

（二）金融开放程度高低有别

金融开放能够为一国的金融资源提供更加开放和自由的配置环境，助推国家更好地实现金融自由化。从理论上讲，金融资源开放说明其来源十分广泛，并且资源分配范围更大，选择性更多，这有助于从整体上提高金融资源分配效率。

近年来京津冀三地的外资利用情况总体上有较大提高，但分地区来看，各自的实际利用外资额依然相差较大，这说明三地的金融开放程度并不统一。从数据上看，2018 年上半年，天津实际利用外资额共达到 203.5 亿美元；截至同年 7 月，北京实际利用外资额为 113.9 亿美元，河北省为 62.3 亿美元，可以看出，天津市实际利用外资额远高于北京市和河北省。以上数据说明，天津市的金融开放水平较高，而河北的金融开放水平有待提高。

究其原因，主要是因为河北省在经济发展中更加依赖传统行业，对于能够吸引外资的新兴产业和高科技产业还不够重视。外资投入到传统企业中的利润较小，再加上相关政策更加保护本土企业，缺乏对外资企业的扶植，外资企业的发展环境不够合理，因此，外资自然会流向更加开放的地区。

总体来看，三个地区的金融开放程度并不统一，这就影响了资源的有效分配，因此，难以形成相互促进的良好循环。

三、具有广泛的合作基础

虽然当前京津冀地区在金融资源分布和配置方面不尽合理，但是三地独特的区位优势使其存在广泛的合作基础。主要体现在以下五个方面：第一，京津冀区域产业密集，其规模排在华北地区首位；第二，区域内尤其是北京和天津的高等科研院校、单位较多，两地综合科技实力在全国数一数二；第三，很多极为重要的大中型企业云集于此，因此，区域工业基础雄厚；第四，区域内有故宫、天津之眼、北戴河等旅游热点地，旅游业的良好发展也可以带动经济增长；第五，京津冀地区与俄罗斯、日本、韩国等国邻近，具有良好的投资环境，也为东北亚跨国区域合作和产业分工提供了很好的平台。

从地理位置来看，北京和天津相连，河北又在外部包裹着北京和天津，这就为三地构成了相似的自然环境。除了空间上的紧密相连，三地在基础设施和社会文化等方面都具有连贯性。区域内交通便利且各地距离不远，来往都十分方便；亲缘关系较多，北京和天津的许多人都在河北有亲戚，民间交流非常紧密，这就在客观上将三地融合成了具有密切关系的经济政治文化统一体。对于在各方面差异比较大的不同地区来说，若进行区域间金融合作，合作过程中可能会造成误会，协调的增加会变相提高交易成本，但京津冀三地在环境、文化等方面差异较小，这为区域金融合作奠定了坚实的基础。

第三节 京津冀金融资源整合现状

全面细致地了解京津冀区域的金融资源整合现状，有助于进一步推动区域金融合理合作，对于京津冀地区的崛起有着十分重要的意义。唇齿相依的京津冀地区历来就保持很高的依存关系和关联度。目前，中央高度重视京津冀地区的经济一体化发展，而区域金融合作是其强有力的支撑。虽然金融资源在三地的分布并不平衡，配置不尽合理却又具有互补性，但随着协同发展态势的扩大，三地已经积极进行了金融资源的初步整合，并取得了一些较好的整合效果。

一、金融市场日渐融合，规模持续扩大

2010 年 8 月，津冀两地联手创立了天交所渤海股权交易中心。天交所即天津股权交易所，是遵循国务院指示精神，由天津政府批准设立的公司制交易所，是进行全国性场外股权交易的试点。天交所渤海股权交易中心是遵循河北省金融办、天津市金融办、沧州市政府和天津股权交易所四方框架协议精神共同发起设立的，目的是使华北地区的成长型中小企业获得低成本、高效率的融资服务，同时，交易中心会通过孵化和市场筛选机制将优秀、成熟的上市后备企业输送到沪深主板和创业板市场。交易中心的成立使得河北省的非上市公司有了更广阔的股权交易平台，为成长型中小企业拓宽了融资渠道，是河北省政府与天津市政府加强金融、经济合作的重要成果。在冀、津两省市领导关心支持下，交易所拓宽了中小企业的投融资渠道，为企业做优做强提供平台。

中信银行为响应京津冀协同发展，适当调整了公司的发展战略，成立了专门为协同发展提供服务的工作组，通过对优质项目的审批和办理程序进行精简，间接为协同发展相关项目的融资提供便利，从而促进了区域金融市场融合。

目前，北京的银行业存贷差在全国也处于较高的水平，但是受制于经济发展环境容量和有限的贷款额度，北京市存在大量放不出去的资金。为减少资金闲置的情况，一些金融机构已经将分支机构设立在了天津和河北。京津冀地区面积比较大、区域经济发展较快、金融业的贡献在不断提升，统一的地区性金融市场逐渐浮出水面。

二、区域间产业投资、信贷投入力度加大

（一）积极引导产业投资

华夏银行积极服务于京津冀环境治理，于 2015 年设立了“碧水蓝天”产业发展基金以为节能环保产业提供支持。基金一期规模为 50 亿元左右，整体规模达 100 亿元，主要投向于资源循环利用、污染治理以及新能源开发利用等领域。其核心目标是对三地的生态环境治理、资源循环利用等工作辅以绿色金融支持，保证工作更顺利高效展开，加快经济转型。

渤海银行通过债务融资工具、股债结合等方式，重点为非首都核心功能疏解的相关项目提供资金支持。京津冀区域内获得其支持的项目累计已达到 200 余个，其授信总额和投放总量均超过 1000 亿元。

国家开发银行北京市分行，以政策性金融的方式来引领同业推进类似首钢、北汽等总部集团优化产业布局。

农业银行北京分行以 35% 的贷款份额牵头，联合辖区内其他 7 家银行业金融机构，为新机场建设项目组成了银团贷款，金额总数约 400 亿元。

（二）鼓励支持信贷投入

在信贷投入方面，银行普遍聚焦于基建项目、迁移产业、新兴产业等。

华夏银行在重视生态环境治理的同时也重点关注基础设施互联互通、产业转移、信息科技和文化创意领域，在支持小微企业发展等方面也将加大服务力度。

河北地区，工商银行和建设银行分行为高效完成京津冀的产业协调与对接，均专门设立了协同工作领导小组，负责为开展区域协同发展相关项目的企业提供信贷支持。

北京银行也积极响应号召。银行内的京津冀一体化工作小组与天津的其

他银行共同组成银团，开始准备对京津冀基础设施的建设提供授信。北京银行此举在保障自身利益的同时，也为天津的基础设施建设提供了有力的支持。这种支持不光是资金层面的，还包括工程融资过程中的一揽子服务，这种积极的信贷投入在天津留下了很好的口碑。

三、金融机构调整战略布局，跨区设立分支机构趋势明显

（一）金融机构积极调整战略布局

协同发展战略提出后，各家金融机构更加重视促进区域经济一体化，主动调整战略布局，不仅纷纷增设服务网点，升级金融服务质量，还对沿海城市港口项目以及产业对接项目提供了更多支持，做到了在保持自身发展的同时促进京津冀一体化发展。

建设银行成立了京津冀协同发展委员会，为协同发展的相关项目提供支持。委员会下设协调办公室，专门负责协调和监督工作流程。建行这一部署能够有效避免不必要的冲突，促进三地的营业机构全面发展。

华夏银行也积极将自身发展和京津冀协同发展目标进行结合，决定主攻与协同发展相关的金融服务。银行为保证政策的有效执行，成立了专门的工作小组，全力负责交通项目的融资工作，为交通一体化的实现提供支持。此外，华夏银行也注重区域内的网点建设，计划增设上百个网点，从而为三地居民及企业提供更多便利。

（二）跨区设立分支机构

为了有效拓展业务，京津冀三地的金融机构很早便开始跨区设立分支机构。例如，天津于2006年成立了首家北京银行分行，且目前支行数量已扩展到了近30家；天津银行于2007年在北京设立了第一家分行，2008年在河北省唐山市建立了唐山分行；2009年，河北银行于天津设立了分行；2011年，廊坊银行也在天津成立了分行，并于2014年在北京成立了廊坊银行发展研究中心。随着越来越多的跨区分支机构成立，各银行的金融服务质量和效率纷纷有较大提高。各银行在拓展自身业务的同时也为京津冀金融一体化的真正实现打下了牢固的基础。

四、金融合作深化，金融产品创新活跃

（一）金融合作深化

为响应京津冀协同发展和金融一体化建设，拓宽跨区域的投融资渠道，三地拟在地区交会处合作探索建立金融综合改革试验区，目标是实现试验区内金融活动和票据交换的同城化，为生活缴费提供便利，为区域金融合作打下稳固的基础。

京津冀三地的人民银行共同建立了“京津冀票务清算运行体系”。该体系于2005年6月正式开始运行，三地近2000家金融组织的支票自此可以进行同城传输和使用。这一举措实现了区域内票据的同步结算、同步交换以及结算过程的网络快速信息化，提高了支票的使用效率，区域内的资金流通速度得以加快。体系的建立是推进京津冀金融合作的重要一环。

2011年10月21日，三地银监局齐聚河北廊坊，签署了京津冀银行业监管合作备忘录，加上之前签订的各项协议，共同构成了区域银行业监管方面的合作机制。构建合作机制的目的是打破金融合作过程中的信息不对称的壁垒，将优质资源汇聚起来，促进资源的合理配置。

2015年4月，中信银行和天津合作筹建的中信金融租赁有限公司于天津滨海新区正式开业，负责融资租赁、同业拆借、境外借款等业务。值得一提的是，公司从批准筹建到开业，耗时不到两个月，这是一个高效率金融业异地合作的典范案例。

（二）金融产品创新活跃

2011年，建设银行河北保定分行发行了“京津冀旅游一卡通”联名卡，该产品为跨区域旅游金融产品的创新开了先河。联名卡推出的一系列优惠减免政策为国内外旅游者提供了诸多便利条件。例如，对一些景区的门票进行减免或者适当降价、推出高性价比的旅游线路、提供吃住一体化的便民服务等。联名卡将旅游、消费和金融产品进行了有机结合，既活跃了京津冀区域的旅游业，又有助于推动经济发展。

2014年，华夏银行推出京津冀协同卡。该卡将人民币作为基本结算币种，集多种账户、币种于一体，具有存取现金、转账结算、消费支付、理财

投资、贷款发放等功能。在业务方面，协同卡客户在京、津、冀三地的营业机构均可免费办理存取款、转账、异地贷款审核等业务；在服务方面，推出了协同卡挂失、异地修改密码等个人账户相关服务。

票据方面，河北金融部门推出了“冀（廊坊）新版支票”、研发了“京津廊票据自动清分系统”，大大缩短了京津冀地区的异地资金结算时间，提高了资金周转速度，也推动了京津冀区域内的合作。

五、政府部门提供政策支持

（一）北京对京津冀一体化的政策支持

2008 年，北京市政府出台了《关于促进首都金融业发展的意见》，首次明确强调了要构建京津冀金融合作机制。

2015 年，《京津冀协同发展规划纲要》（以下简称《纲要》）正式出台，“京津冀协同发展”被提升为重大国家战略。《纲要》指出京津冀协同发展的一个重要环节是非首都功能疏解，即引导北京的非首都功能逐渐转移到天津和河北。这是一个三地共赢的过程，北京较重的金融和产业压力可以得到缓解，天津以及金融资源和政策优势相对匮乏的河北也能得到更多发展动力。产业转移和非首都功能疏解过程必然离不开资金支持，《纲要》提议：京津冀三地在实现产业与金融协同发展的过程中，可以通过联合出资的方式设立协同发展基金、产业结构调整基金等基金项目来对协同发展予以支持。同时，《纲要》还鼓励三地合力为产权交易、金融项目投资以及技术研发等工作构建统一平台，在区域协同发展以及资源信息共享等方面合作探索构建联动机制，共同出力推动区域内的协同发展。

（二）天津对京津冀一体化的政策支持

2006 年，国务院出台了《天津市城市总体规划》，将未来的天津定位为“生态城市、国际港口城市和北方经济中心”。2015 年 9 月，天津市政府出台了《天津市贯彻落实〈京津冀协同发展规划纲要〉实施方案（2015 ~ 2020）》（以下简称《实施方案》），将天津在区域协同发展中的定位设为“一基地三区”，其中，“一基地”代表全国先进制造研发基地；“三区”则为北方国际航运核心区、改革开放先行区和金融创新运营示范区。此外，为在 2015 ~ 2020 年期间实现金融、航运和改革开放三个领域的目标定位。《方案》还有针对性地给出了具体的量化指标，通过考核指标完成情况，来对各项工作进行及时调整。

2015 年底，国家批准设立了天津自贸区。自贸区涵盖了天津港片区、天津机场片区以及滨海新区中心商务片区三个功能区。对此，天津市金融部门提出，应适时调整天津自身的发展战略以及天津在京津冀区域金融发展过程中的战略布局，充分发挥自贸区的优势。此外，为保证区域内金融产业平稳发展，防止产生区域金融风险，天津表示应联合北京、河北两地共同构建监管机制，以对区域协同发展进行监督。在北京的非首都核心功能疏解过程中，天津要及时与北京进行高效的沟通，高效转移、对接金融及其配套产业和设施。例如，可以对在天津设立分支机构的金融部门以及在天津提供资产管理、支付结算、资金交易等服务的事业部门给予优惠政策，以此对产业转移形成吸引力，加强地区之间资本流动的自由度和效率，为推动京津冀区域的金融协同发展贡献力量。为推动区域内各类金融业务同城化发展，京津冀区域金融一体化也离不开各类金融体系制度的统一。因此，天津表示将在统一的信贷资金调配、质押抵押等制度方面进行探索完善，促进区域内异地储存、支付以及信用担保等业务的同城化。

（三）河北对京津冀一体化的政策支持

2014 年，河北省出台了《关于加快金融改革发展的实施意见》（以下简称《意见》），提到了要加快建立京津冀开发银行、着重支持建设回报期限较长的基础设施及重大项目等内容。《意见》提出，要与各金融机构总部形成密切的战略合作，争取扩大对本省的信贷投放，优化资金配置；在促进京津冀协同发展方面，本省要对京津地区的金融产业转移进行承接，在省内创建金融产业后台服务基地，积极引导各类型的金融总部在河北省设立后台机构，进行客户服务、数据备份和产品研发等工作；推动三省市实现抵押质押制度的统一化，实现支付清算、异地存储、融资租赁等业务的同城化。

2015 年 10 月 16 日，“2015 年京津冀协同发展峰会”在河北廊坊举办，来自京津冀三地的众多机构代表和研究学者在会上共同对京津冀一体化进程的发展进行了探讨。河北省金融办领导提出，在京津两地金融机构和产业转移问题上，河北省具有市场容量庞大、发展空间广阔以及产业基础深厚等优势，因此，有能力担任两地的金融后台服务基地。为协助转移，河北可以和京津两地共同建立互惠共赢机制，推动区域金融一体化的进程。在金融市场方面，北京市金融工作局局长王红建议三地要深入推动金融体制改革、创新金融产品与服务、优化金融资源配置、提高区域内金融资源的流动速度和利用效率等，从而为区域整体的金融和经济发展贡献更多力量；王红表示，一体化进程中三地政府的政策引导和支持固然重要，但也必须重视资本市场的作用，要充分借助这一点来进行资源配置；此外，在风险方面，王红对一体化进程中各类风险的产生及跨区域传播等问题十分重视，建议京津冀三地要合力构建风险防范与管理系统，共同预防和应对风险。

第四节　金融支持京津冀协同发展的制约因素

近几年，京津冀在金融业发展方面各自取得了很好的成绩，但有关区域金融合作的推进依然较多停留在倡议、研讨层面。从目前京津冀区域金融支持区域经济一体化发展情况来看，三个不同行政区的经济金融资源协调整合形势不容乐观，金融产业尚未形成整体布局和合力。

一、政策引导欠缺，政策落差不明显

新贸易理论认为，一个地区形成规模经济优势并非是依靠该地区的要素禀赋，而是依靠地区中某些要素的投入量，通过形成生产的规模经济，使分工更加合理。在这种理论下，偶然的因素决定了企业的发展方向，随之会引起路径依赖。因此，若要进行高质量的金融合作，分工合理有效是至关重要的，而这个过程中政府的引导作用必不可少。政府的引导是否得当直接决定了金融合作的效果，只有合理的引导才会真正促进金融合作，而不致使其演化为金融竞争。但就目前情况来看，京津冀三地在金融业发展的引导和统筹方面还有所欠缺。

此外，京津冀三地的金融政策没有明显落差，金融对产业疏解驱动力不强。京津冀三地都致力于构建“高精尖”的经济结构，各自的金融政策趋于同质化，对于高污染、高耗能、产能过剩严重的行业都存在一定的准入限制。北京是区域的金融业核心，对不符合核心定位的中端产业，需要进行对外疏解，津冀地区具有天然的比较优势，自然成为落地承接的首选地点，但是两地缺乏相应的引进政策，使得有效疏解的难度加大。

二、定位不明确，竞争大于合作

虽然京津冀三个城市已经形成了经济协同发展区域，但是相互之间的协调合作仍在少数，相反，地区之间的竞争情况越来越多，并且三地在金融一体化发展中并没有清晰的定位，而是纷纷抢占金融发展过程中的主导权和控制权。以前，三地分开发展，各地区各自办理本区域内的业务，业务数量是相对有限的，但是当协同发展区域形成之后，业务量逐渐增加，三地金融机构为占据有力的市场位置、获得更多发展空间，开始互相争抢资源。

其中当属北京和天津最为明显，河北的经济发展水平和综合竞争力不及北京和天津，因此，京津冀区域的定位和资源竞争主要集中在京津两地。例如，天津一直将发展目标定位于“北方经济发展中心”，北京市政府于2008年出台的《全面推进北京金融业发展的若干意见》，重点指出，要将首都打造为影响力强大的世界级金融发展核心。京津两地在地理上毗邻，发展目标又如此相似，这很容易使金融市场在建设上出现重叠，导致资源浪费，同时也加剧了两城市对于资源的争夺，造成了没有必要的竞争。

此外，三地的金融行业仍多以各自为主体进行经营发展，缺乏协调统一。金融机构合作的缺失导致三地的业务难以协调统一、共同发展。整体上三地的竞争大于合作，这不利于区域经济的发展。

三、跨区域信息互通机制不完善

在金融信息交流方面，三地之间的互通机制相对滞后，金融协同过程中的沟通渠道和信用信息系统都不够完善。例如，区域内的政府信息共享机制、社会信用信息征集系统等都还停留在初步构建阶段。信息互通不够顺畅也是区域金融一体化的制约因素之一，主要表现在以下几方面。

第一，三个地区信息体系的完善程度不同，细化到具体标准上，各地区的信息记录归集、信息公开形式和公开程度等都有较大差别，这些差别使得区域内信息互通的难度加大。

第二，在信用信息方面，区域内信用市场的行业规则不够完善，且信用评价标准不统一，各信用机构的发展水平也不均衡。对于信用中介机构的管理，还缺乏足够完善的监管体系和可以跨区使用的风险规范机制。每个机构在评级过程中掌握的财务数据可能不够全面和准确，这就掩盖了部分真实的风险，也导致不同信用中介机构的评级结果不同且不能互认，因此，使得各自地区的结果难以跨区使用，信用评级工作也因此难以完全在贷款决策和定价过程中发挥关键作用。

第三，对于京津金融数据信息，区域内尚未建立起共享机制。与珠三角地区等成功案例相比，京津冀区域还缺乏高效的采集渠道，数据指标也大多没有形成统一的标准。因此，企业在开展跨区业务过程中可能出现存贷信息的获取不对称、信息沟通不及时等问题。

四、跨区结算渠道不畅

结算手段与渠道是金融机构提高经营效益、加快区域金融服务融合的关键因素。畅通京津冀区域的结算渠道受到国家的高度重视。2005 年我国建立了京津冀区域票据清算系统，但是自推出的十余年来，系统在功能和便捷性方面并没有很大的提升，相比其他区域的结算系统也没有明显的优势，京津冀三地在跨区域结算中并没有享受到特别的优惠，尚未形成捆绑趋势。目前，三地都在积极调整优化跨区结算业务，但是仍然存在结算耗时过长、结算过程流畅度不高等问题，这些问题拖慢了京津冀金融一体化的进程。

五、金融资源利用不足

首先，分业经营间接增加了融资成本，降低了金融资源利用率。我国金融体系实行严格的分业经营制，各类金融机构在业务上互不交叉，不能形成范围经济。例如，企业若在贷款、发行股债和保险等方面均有业务需求，则需通过银行获得贷款，通过证券机构发行股票和债券，通过保险公司购买保险，而我国没有可以提供全套金融服务的金融机构，这无形中造成了资源的浪费，导致企业融资成本较高。

其次，三地的很多金融业务都不能跨区办理，只能在本地金融机构办理。例如，天津居民不能使用本地银行发行的信用卡在北京购房。这就对三地相互之间的正常资金流动形成了阻碍，使资金不能最大限度地被有效利用。

最后，三地在金融机构的划分上都遵循属地规划的方式，这种方式非常适用于同质区域，但是对于生态保护区、产业转型升级区等区域，更需要一套因地制宜的金融服务。目前三地在相关金融服务的制定上还有所欠缺。

六、欠缺利益协调机构，造成市场分割

区域经济协同发展需要各地政府、社会和企业相互配合、共同发力，但在实际过程中，很容易牵扯到各方的利益。利益分配得合理能促进一体化发展，分配不均则会阻碍一体化进程。

京津冀地区的协同发展必然离不开金融合作，而合作的基本要求是要实现一个统一的市场，保证生产要素能够跨越资源流动壁垒，实现有序流动。但是京津冀区域的行政区划设置决定了三地各自为政的局面，三地在考虑整体利益之前，均会先考虑自身的利益，当整体利益和自身利益难以协调时，会优先选择自身利益，这就对资源自由流动形成了较大阻力。地方政府想要推动经济的发展，除依靠本地区占优势的自然资源外，也要积极争取政策上的优惠，这就使得各地区最为重视本地区利益，将区域整体利益放在次要位置。例如，一个地区为了获得更多财政收入，可能会致力于在本地区设立更多金融机构和交易市场，从而在招商引资方面获得优势，这就容易导致地区冲突的发生。

长期以来，京津冀区域在金融方面一直缺乏一个协调机构对三地在合作过程中出现的矛盾进行调解，各方的利益冲突缺乏效果明显的化解途径和制度。

第五节　京津冀普惠金融发展现状

在2005年的国际小额信贷年上，联合国正式提出了普惠金融的概念。2013年，我国在十八届三中全会通过的《决定》中正式提出了“发展普惠金融”。普惠金融是指通过完善金融基础设施，在其成本可承受范围之内，为需求金融服务的全社会各个阶层、各种群体提供有效的金融服务。普惠金融作为一种特有的金融服务模式，有其重点服务对象，现阶段在我国主要包括贫困人群、农民、城镇低收入人群、小微企业等。而普惠金融旨在提升金融服务的覆盖率、可得性以及满意度。

在经济新常态和供给侧改革的背景下，发展普惠金融具有重要意义。一

方面，发展普惠金融是我国深化金融体制改革的重要内容；另一方面，发展普惠金融有利于各地区优化金融体系，建立健全金融服务网络，有效利用金融工具促进经济可持续发展，从而使社会所有群体获得高效便捷的金融资源和金融服务。

普惠金融作为我国金融发展的重要内容越来越受到国家的重视。同时，普惠金融也是京津冀金融一体化和京津冀协同战略中的重要组成部分。京津冀普惠金融协同发展既能促进三地金融一体化的进程，也能在一定程度上推进京津冀协同发展战略。加快推进京津冀普惠金融的发展，可以依托互联网等高科技手段，建立京津冀一体化普惠金融平台，共同防范金融风险。

一、北京普惠金融发展现状

（一）银监局积极推进普惠金融

2016 年银行业例行发布会指出，近年来，北京银监局引导银行业注重基础和重点领域金融服务的改善，并将两者有效结合，不断地提高金融服务的覆盖范围、可获得性以及满意程度，积极推动普惠金融进一步发展，有效实现保障民生、服务大众，且目前已初步建立了服务多方的综合性金融服务体系。

截至 2016 年上半年，北京市已经设有各类银行业机构网点 4729 家，针对服务“三农”、小微企业和社区方面，成立村镇银行 11 家，小微和社区支行共计 340 多个，这些各种类型的银行基本覆盖了农村地区和远郊区县，极大地方便了人们享有金融服务，全面提升了金融服务便利度。此外，为了使特殊人群享受同等的、便利的金融服务，现阶段辖区内所有的网点都有相应设施，为他们提供无障碍设施服务。北京银监局切实保护金融消费者权益，要求管辖内的银行机构为消费者提供投诉专线，并形成投诉快速处理的有效机制，使得大多数投诉事项能在较短时间内得到有效处理，大幅提升了客户对投诉处理工作的满意度。

（二）北京市各银行积极响应国家关于普惠金融的战略部署

对于国家有关普惠金融和精准扶贫的方针政策，北京市各银行均持有积极响应、坚决落实的态度，具有高度的社会责任感，坚持原则、积极创新，争取开展更多的普惠金融服务模式，而且就实际情况看，已经有了一定的效果。

1. 北京银行助力普惠金融发展

北京银行一直以来坚持创新金融服务模式，并以发展普惠金融为转型方向，力求提供更好的金融服务，满足客户的需求。2001 年以来，该行积极承办本地区的社会基本医疗保险基金的相关业务，为北京市社会保障事业提供强有力的服务支持。此外，对于农村供给侧结构型改革的相关政策，北京银行积极响应、落到实处，为能给服务“三农”提供更多的金融支持，不断创新产品。2014 年，北京银行推出了“富民直通车”特色项目，满足了郊区农民对金融服务的需求，为农户提供了包含多方面需求在内的金融服务。

2016 年，北京银行与津冀两地政府积极合作，借助于“富民直通车”这一品牌，结合线上、线下的渠道以及通过资源的共享、结算网络的有效连接、政策方面的及时沟通，使得京津冀在经验、服务、客户等方面互通，进而更有利于促进京津冀农村经济的协同发展。2017 年，北京银行进行了更进一步的尝试，将业务范围扩展至金融空白村和贫困村，并推出符合这些区域的服务模式——金融服务站。该模式借助各方优势，充分利用农村中的人力和场地资源以及北京银行发达的网络技术，并首先在一些具备条件的村镇进行实践，由此创造出了一种符合某些缺少金融服务地区的业务服务模式。

2. 招商银行助力普惠金融发展

招商银行北京分行全面推进普惠金融发展。小微企业的发展对于国计民生具有重要意义，招商银行北京分行始终致力于服务小微，不断创新金融产品、提高服务质量，力求为小微客户提供更好的普惠金融服务。招行北京分行已向 3 万多名小微客户发放贷款，金额超过 1250 亿元。

2018 年 6 月，招行北京分行成立了普惠金融服务中心。该中心成立了多个小微金融服务团队，并配备多名客户经理，旨在为普惠金融客户提供更加专业化的服务。招行北京分行致力于为小微客户提供贷款服务，同时，该行仍以客户需求为导向，提供多样化的金融服务。

随着科技的不断发展，各领域均借助于科技实现本行业的发展，作为我国领先的股份制商业银行，招商银行有效地将金融科技运用到实际业务中，极大地提高了业务办理的效率、服务的质量。截至 2018 年，招行银行完成了全行 44 家分行的集中审批，使得小微业务的办理更加便捷有效。具体操作为：对于金额较小、笔数较多的信贷，进行自动审批，进行贷款及时发放；对于大额的抵押贷款，实行的则是集中审批，在满足条件的情况下，可以实现全部贷款的“T+2”审结。

二、天津普惠金融发展现状

（一）政府制定普惠金融发展实施方案

天津市在普惠金融方面进行了积极的探索，并在2017年2月出台相关文件。此次发布的《实施方案》是统领性文件，对天津普惠金融发展而言意义重大。文件提出了天津普惠金融发展的总体目标，并对其他各方面内容进行了具体规划，这更有利于天津普惠金融的发展。

《实施方案》指出，一是构建多元化、广覆盖的普惠金融机构体系。二是提升小微企业金融服务效能。三是提高“三农”金融服务能力。四是加强民生领域金融服务。五是加强普惠金融政策引领和基础设施建设。六是加强金融风险监管和安全教育。具体情况来看，天津市各银行对于国家提出的有关普惠金融和精准扶贫的方针政策，均持积极响应、坚决落实的态度。

（二）天津市各银行积极推进普惠金融服务

1. 政邮银行大力支持天津市普惠金融发展

政邮银行作为银行业金融机构中性质较为特殊的一类机构，在普惠金融体系中扮演着重要角色，发挥着重要作用。目前，天津市共有四家政邮银行，分别为国家开发银行天津市分行、农业发展银行天津市分行、进出口银行天津分行和邮储银行天津分行，四家机构按照自身定位，不断支持普惠金融发展，为天津市经济发展做出贡献。

（1）市场定位各有侧重明确支持普惠金融。四家政邮银行机构在普惠金融领域中，各有不同侧重点。国家开发银行主要支持小微企业等经济社会薄弱环节金融服务；农业发展银行主要面向农村金融体系中的小微企业和扶贫小额信贷普惠金融服务；进出口银行主要开展对外经贸领域小微企业金融服务；邮储银行作为四家银行中唯一开展个人金融业务的机构，服务重点为支农、支小、服务社区，利用“自营+代理”服务模式和网点众多的优势，服务对象群体最为广大，提供的普惠金融服务也最为全面。四家机构相互补充，全面构建涵盖社会经济各个领域的普惠金融服务网络。

（2）多种方式支持中小微企业发展。

第一，投贷联动支持科技型小微企业发展。国家开发银行天津市分行通过投贷联动支持科技型中小企业发展。2016 年 12 月，该行与国家开发银行科技创业投资平台——国开科技创业投资有限责任公司以“贷款 + 认股期权的”方式，合作开展了天津久日新材料股份有限公司 1000 万元流动资金贷款项目。截至 2017 年 9 月末，贷款余额 500 万元。

第二，同业合作支持三农和小微企业发展。进出口银行天津分行与天津市中小银行业法人机构合作，探索建立“统借统还”模式，通过对金融同业授信，创新方式支持小微企业发展。目前，进出口银行天津分行已制定《天津分行境内小微企业转贷款业务手册》，并与天津农商银行、天津滨海农商银行、津南村镇银行、北辰村镇银行、武清村镇银行开展合作。

第三，创新模式为小微企业提供融资服务。进出口银行天津分行同天津市商务委、天津市财政局和中信保天津分公司联合确定了“银政保”合作模式，利用中央外经贸专项资金作为辅助担保，为天津外贸综合服务平台企业提供优惠利率出口卖方信贷，支持外贸中小微企业开展对外出口业务。

第四，创新业务品种助力小微企业发展。邮储银行天津分行为切实推进小微企业信贷业务发展，积极研究市场发展方向，深入了解目前小微企业融资需求，陆续推出了保证保险、担保公司担保贷款、税贷通等弱担保、信用类产品，切实解决小微企业缺乏抵押担保的融资难题，同时改善了客户体验，提升客户满意度。

（3）大力支持农村金融服务。

第一，为粮棉油肉重要物资提供资金保障。农业发展银行作为全国唯一的农业政策性银行，天津市分行切实做好政府主导的各项业务，做好粮棉油收购资金的供应和管理工作，确保粮油储备计划的顺利实施，做好国家和省级专项储备物资的资金支持，提高政府对市场的调控能力，加强对储备粮油销售的信贷监管，积极支持粮棉市场化收购，积极开展粮油全产业链信贷业务和农业科技贷款业务。

第二，积极支持国家农业重点项目建设。农发行天津市分行制定《关于实施“三四五”信贷模式助推特色小城镇建设的指导意见》，与市有关部门签订战略合作协议，明确“十三五”期间提供不低于 500 亿元信贷支持额度支持天津特色小镇建设，并对国家级特色小镇崔黄口电商小镇项目授信 6. 16

亿元、发放贷款1.02亿元。

第三，信贷支持偏远农户开展特色经营。邮储银行天津分行支持蓟县下营镇农户开展“农家乐”经营。

(4) 加大创新力度为更广大人群提供金融服务。邮储银行天津分行充分利用大数据、云计算、区块链等新技术，开展金融科技创新。新一代手机银行等重点系统投产上线，有效支撑业务发展，改善客户体验。电子银行加快构建金融和科技融合的新生态，积极与知名互联网企业合作，整合邮政资源，推出银联二维码支付、ATM手机无卡取现等新产品。

2. 农商行、天津银行助力天津市普惠金融

近年来，天津农商银行和天津银行积极推出各项金融服务，探索普惠金融发展新模式，为天津市普惠金融发展助力。具体表现为以下几方面。

(1) 天津农商行助力普惠金融。

首先，要以服务理念转变促普惠。为了使金融服务惠及更多的群体，天津农商银行优先关注“三农”和中小企业，以它们为重点服务对象。农商银行始终坚持“扶农助小”的经营定位，分别在静海、武清、宝坻和蓟县等涉农区县设立了兴农贷款公司，提供小额贷款给农户和中小企业，缓解了农户和中小企业融资难的问题。此外，这也是对农村新型金融服务平台的一种创新。

与此同时，农商行还高度重视经营服务理念和经营方式的转变。为了提供更加优质的金融服务，按就近、就熟原则对客户经理进行分配，每个人针对自己辖区内的客户提供专门的服务，并承担连接银行和区域内客户的职责。在日常的工作中，客户经理要致力于推进金融普惠工作，实现了解客户金融需求和银行金融服务的有效对接，并根据客户的需求反馈，定期对银行产品和服务进行改进。

其次，要以业务产品创新促普惠。为了使更多的人平等地享受到全面的金融服务，并进一步缩短“贫富差距、城乡差距、区域差距”，农商行作出了积极的创新。一方面，农商行坚持积极办理农信银、柜面通业务等传统结算业务，大力满足客户存贷款业务的需要；另一方面，农商行实行三大基本业务一体化服务，积极发展特色业务、开办新业务品种，重点拓展中间业务，提供更方便快捷的上门服务，开展社保、代发工资、代收水煤电费、理财、咨询等综合性服务。业务产品的不断创新，使得银行能为客户提供更优质的金融服务，进而使普惠金融理念得到更好的践行。

最后，要以农村诚信建设促普惠。良好的信用环境是推动普惠金融开展的前提条件，也是提高涉农金融服务质量的基本要求。自 2014 年起，天津农商银行开始建立覆盖主要城乡的个人信用信息档案，旨在形成良好的乡村信用环境，进而来解决阻碍涉农信贷投放和收回的问题。截至 2016 年末，全市主要的涉农区县均展开了信用档案的信息搜集工作，最终收集了超过 13 万份的个人信用信息档案，初步建立了包含天津市主要涉农区县的首个农村信用体系。这一举措为涉农信贷业务的发展奠定了基础，为农商行进一步在群众中开展业务提供了便利，也有利于客户获得更好的金融服务。

（2）天津银行助力普惠金融。

首先，支持农村金融服务。一是加快涉农网点建设。截至 2017 年末，天津银行涉农网点共有 32 家，实现了机构网点对天津市各区县的全覆盖；二是自天津市启动“两权抵押贷款”工作以来，天津银行积极创新，成功发放了首笔农村承包土地经营权抵押贷款；三是支持农民增收、农业增效，推出了农家院专属产品“蓟县农乐贷”，以信贷资金助推服务品质，促进农民增收、景区增效；四是大力推进精准扶贫工作，2017 年以来，天津银行大力推进个人创业小额担保贷款的开展，向下岗失业人员、自主创业人员提供创业资金支持，充分利用该贷款“小额、便捷”的特点，不断扩展惠农助农覆盖面。

其次，助推中小微企业发展。一是培育科技金融特色支行，优先服务科技型中小企业，打造专业化、差异化、特色化科技金融新亮点，助力科创企业的稳健成长；二是创新实践一系列特色产品和业务模式；三是拓宽渠道，实现中小微企业网上融资在线申请，为拓宽中小微企业授信业务受理渠道，天津银行开发了中小微企业网银在线融资申请相关管理模块，为中小微企业提供了自助操作的融资申请服务。

最后，为市民提供优质服务。一是开通社保卡即时发卡模式，参保人员可在天津银行配置即时制卡设备的网点一次性办理社保卡的申请、制卡、激活等业务；二是围绕市民百姓就医服务需求，积极探索银医合作新模式，推出手机银行预约挂号服务，建设“医付宝”自助挂号缴费系统，提高医疗服务便捷性和客户体验；三是与微众银行合作推出“微利通”线上信用贷款产品，满足了广大客户对快速、小额贷款的需求；四是提高服务质量，保护消费者权益，大力开展多项金融知识宣传活动，提升金融消费者的金融素养，构建和谐的金融消费环境。

三、河北省普惠金融发展现状

（一）政府部门大力扶持

河北省积极推动普惠金融的发展，为此其采取了一系列的措施，主要措施有：大力扶持处于领先地位的企业，注重加强政府、银行、企业三方的合作。中国农业发展银行是侧重于服务农村的政策性银行，河北省在农发行的带领下结合实际情况，首先在县域地区进行实践，并探索出了适合本地发展的信贷支持产业扶贫模式，这在很大程度上解决了信贷问题。

河北省发布了推进普惠金融发展的相关文件，各地区政府均积极响应和贯彻落实，并开展具体的工作。调查农户实际情况并建档，极大地提高了金融扶贫的精准度。相对于其他的银行，农村信用社是与农村联系最紧密并实际服务于农村的。河北省农信社也为其农村地区，尤其是贫困地区做出了极大的贡献，发放了大量的信用贷款。截至2017年1月，农信社累计为贫困地区发放信用贷款1848.5亿元，贷款余额高达1939.2亿元，较同期增长了13.06%。

（二）加强基础设施建设

对于各县域的经济建设，河北省政府依据实际情况积极转变思路，着重解决普惠金融薄弱的问题。一方面，加强各个县域地区的基础设施建设，以此为农村地区提供更多金融服务和公共产品，使得农村地区具备一定的条件来助力普惠金融的发展；另一方面，银行业也加强基础设施建设，借助科技技术着手重点建设移动金融，并取得了一定成效。银行业建设了以网络银行、移动银行为代表的服务平台，客户可以通过移动服务端进行一些小业务的办理。该服务平台为农户和小微企业办理业务提供了很大的便利，有效节约了客户办理业务时间，实现了真正的便民惠民。

（三）改进普惠金融发展模式

一直以来，农村金融发展都是我国金融发展的薄弱之处。与城市地区金融发展相比，县域普惠金融的发展比较落后，由于步调的不一致，两者之间无法实现同步发展，从而多数农户和小微企业的发展要求不能满足。为解决此问题，河北省进行了多方面的尝试，积极探索金融发展新道路，并根据各地区实际情况提出相应的解决方法。例如，为了解决抵押担保条件的问题，张家口农信社创新推出一系列小额贷款担保模式，这些模式进一步放宽和完善了抵押担保条件。农户可以通过更多的担保方式进行贷款，这在很大程度上有效解决了农户面临的担保难题，有利于促进农村经济的发展。此外，商业银行作为以盈利为目的的机构，更倾向于为大企业和资产信誉良好的客户发放贷款，而农户向金融机构借款则比较困难。为了解决农户向金融机构借款难的问题，邮储银行石家庄分行率先创新开展“金融+农户”的模式，根据央行规定，在规定范围内以相对较低利率发放贷款，体现了普惠金融为特殊人群服务的理念，有效缓解了贫困户融资难题。

四、京津冀普惠金融协同发展现状

（一）京津冀普惠金融协同发展的研究背景

京津冀普惠金融协同发展的提出是以多种因素为前提的，包括京津冀地区的协同战略、国家普惠金融发展战略以及共享金融理念。

1. 京津冀协同战略创造了前提条件

2015年审议通过了《京津冀协同发展规划纲要》（以下简称《规划纲要》），由此京津冀协同发展战略的序幕正式拉开。《规划纲要》确定了京津冀协同发展的顶层设计，随后的很长一段时间就是顶层设计的具体实施过程。京津冀协同发展包括多方面、多领域的内容，京津冀经济一体化是其重要组成部分，而实现经济一体化的关键在于金融一体化。为满足不同阶层、不同群体的金融服务需求，金融也在不断的创新发展。普惠金融是针对特殊人群提出的一种新的模式，金融一体化也包括发展普惠金融这一方面的内容。普惠金融是以贫困人群、农民、小微企业为主要服务对象的，且该体系最为重要的特征就是涵盖范围广、惠及人群多。因此，其十分有助于解决“三农”问题以及小微企业的融资难题。

在京津冀经济圈中，相对来说北京和天津均是大城市，两地的经济发展较快，金融业及其他领域均相对发达。其中，北京以其优势吸引了很多优质企业和金融机构，这些机构将总部设在北京。北京市资金量充裕，能较充分地满足本地区的资金需求；天津市具有港口优势，且借助滨海新区先行先试的特权，也表现出了对金融机构和资金足够的吸引力，由此也能更好地促进其普惠金融的进一步发展；而河北是农业大省，在各领域发展中均缺乏优势，对人才和资金的吸引力不足。针对京津冀存在的这种局面，则可以通过京津冀协同战略的实施有效缓解。实施京津冀协同战略使得三地在各方面有更紧密的联系。京津两地充裕的资金可以进行投资以获取更多的利润，而对于资金短缺的人群和地区来说，也获得了生存和发展所需的资金。京津冀协同发展战略，有利于加强三地在各方面的共享并促进共同发展；金融的一体化则可以进一步打破金融的地区分割，使得各地金融资源不再受到区域流动的限制，实现京津冀区域内整体的金融普惠。

2. 国家普惠金融发展战略指明了发展方向

普惠金融发展是关系到国计民生的大事，是党中央重点关注的领域。2015 年《政府工作报告》提出要大力发展普惠金融，为更广泛的阶层和群体提供金融服务。紧接着在 2016 年初，国务院发布了第一个国家级的战略规划，在文件中明确了接下来五年中我国发展普惠金融的相关内容，并要求各级政府及相关部门认真贯彻执行。同时也提到了要更好地推动普惠金融发展，一定要借助于现代信息技术的巨大优势。京津冀普惠金融要在党中央文件的指导下，通过借助互联网金融、区块链、云计算等工具，更好地实现三地协同发展。通过规模经济有效降低金融交易成本，深入金融服务空白区，扩大金融服务的范围，创新开展业务活动，为更多的人群提供综合性的金融服务。

3. 共享金融是可靠途径

近几年，共享经济给人们生活带来便利，作为一种新型的经济形式不断发展。而共享金融是共享经济发展的重要内容，涵盖了一系列的金融演进方向和理念。行政区束缚是京津冀协同发展中面临的一大问题，对三地各方面的发展均有影响，要实现普惠金融的真正发展，就要挣脱行政束缚，坚持三地整体的原则。随着科学技术的不断发展，大数据、云计算、区块链等技术均应用于金融领域，为三地实现金融一体化、共享金融助力。作为一种特殊的金融形式，共享金融具有区别于其他形式的优势，从而使其更符合普惠金融发展的要求。银行作为以盈利为目的的金融机构，更偏好于将资金借给大客户，因此，农户、小微企业面临融资难的问题。而共享金融能借助现代科技搭建平台，使得资金供需双方直接交易，从而减少不必要的费用，在此过程中必然会存在一定的风险，因此，也要有效防范金融风险。

（二）京津冀普惠金融协同发展的环境

1. 政治环境

京津冀普惠金融的发展，必然会受到其所处政治环境的影响，具体包括政策方针、法律法规在内的多方面的改变。早在20世纪80年代实施国土整改时期，京津冀协同发展战略就已经开始，之后又召开了京津冀区域合作论坛。然而这两次提出的协同发展只是针对某些具体方面的、倡导层面的，直到2015年《京津冀协同发展规划纲要》的出台才是真正意义上的协同合作。在此之后，京津冀三地政府审议通过各自贯彻《规划纲要》的具体实施方案，并开始着手积极推进协同发展战略，让顶层设计付诸实际行动。京津冀三地把发展普惠金融作为协同发展的一项重要内容，分别出台了相关文件，从政策层面制定出了普惠金融发展的具体实施方案。

2. 经济环境

金融发展促进经济增长，同时经济增长也会对金融发展产生一定的影响，因此，要全面了解普惠金融的发展必然要关注其所处的经济环境。相对于其他一些地区来说，京津冀经济圈有着良好的经济基础，且京津两地均拥有较雄厚的经济实力。根据经济总量数据可知，2017年京津冀国内生产总值高达80580.45亿元，其中，河北省总量最大，北京次之；从人均国内生产总值来看，北京、天津分别为128994元和118943元，河北为45387元；从产业结构方面分析，京津两地均是第三产业排在首位，而河北则是第二产业排首位，由此可知三地产业结构存在很大的差异。通过以上分析可知，京津冀的经济环境很好，更有利于普惠金融的发展。

3. 科学技术环境

科技是第一生产力，将科学技术应用到金融领域，有助于创新金融产品、有利于普惠金融的发展，因此，也必须考虑科学技术环境的影响。京津冀区域拥有较多的科技资源。2017年三地共有高等院校270所，其中，北京92所，天津57所，河北121所；专利审计受理数为33.4万件，京津冀三地分别为18.59万件、8.7万件、6.13万件。三地拥有较强的科技创新能力，北京有以中关村为核心的科技创新优势；天津有以滨海新区为主力的科研与科技转化能力；河北拥有巨大的技术承接的潜力。三地科技呈梯度发展，相互衔接，为推动京津冀科技创新协同发展创造了良好条件。普惠金融的主要服务对象包括农户、小微企业等，其技术环境也在不断改善。在农业方面，三地联合开展实验服务农业发展；对于小微企业，各地均积极引进先进科学技术，并鼓励进行自主创新。

（三）京津冀普惠金融协同发展概况

1. 三地金融机构积极展开合作

为了更好地推进京津冀协同发展战略，要加强三地在各方面的合作，包括金融一体化、交通一体化、打破行政束缚等。其中，在京津冀金融一体化方面，为推进京津冀金融合作，三地均积极参与、各金融机构制定具体的措施。例如，为有效解决农民贷款困难、小微企业融资难的问题，这些客户均能在三地办理贷款业务，不受地域限制。京津两地经济相对发达，金融发展良好、资金相对充裕，三地金融机构积极合作，引导资金投向河北省，不仅解决河北省面临的资金短缺问题，也可以提高京津两地资金利用效率。此外，三地政府也高度重视普惠金融的发展，均出台相关文件并制定具体措施。北京已经构建了综合金融服务体系，各银行也创新推出特色金融服务；天津各银行积极响应国家关于普惠金融、精准扶贫的政策方针；河北针对农民贷款困难的问题，积极创新小额信贷服务体系，使更大范围的农户享受金融服务。

2. 互联网金融助力普惠金融的协同发展

随着科学技术的迅速发展，各领域均享受到科技发展的好处。近年来，我国互联网金融发展态势良好，京津冀区域的互联网金融处于较领先地位，因此，要借助这个优势更好地促进普惠金融的发展。互联网金融可以打破行政束缚、摆脱地域限制，有效扩大金融服务范围，进而促进区域内金融的融合发展。三地金融机构积极合作，拓宽了金融服务的范围，而三地互联网金融业务的发展，则使得金融服务便捷高效、降低融资成本。

3. 三地普惠金融发展不平衡

要实现京津冀普惠金融的协同发展，则要求三地普惠金融可以同步发展，相互促进。实际情况表明，京津两地的普惠金融发展均处于较高水平，而河北省普惠金融发展水平相对落后。虽然河北省积极发展普惠金融，加强基础设施建设，创新业务模式，但不可否认其与京津两地依然存在较大差异。

（四）用普惠金融理念推动京津冀协同发展

区域发展不平衡是京津冀协调发展中面临的首要问题，要解决此问题就要充分发挥京津两地对河北及周边地区的带动作用。首先，应加快北京非首都功能的疏散，并借助于雄安新区建设，吸引更多的资源和人才，促进河北经济发展；长期来说，需要充分借助市场化手段，进一步加强三地经济的紧密联系。在京津冀协同发展进程中，河北省是各方面发展均相对薄弱的地区，因此，要注重其各个领域的发展，更好地发挥普惠金融的支持作用。

1. 完善普惠金融供给体系

首先，要促进经营多种业务的中小微金融机构发展，使得金融体系更加完善；其次，要重点关注“三农”、小微企业等贷款困难的群体，积极引导金融机构向这些资金缺乏方配置资源；再次，要借助于科学技术，充分发挥互联网金融等的作用，有效降低融资成本，扩大金融服务的范围；最后，要加强金融知识的普及，增强人们的金融意识，更好地了解和运用金融知识。

2. 适度配置京津的金融资源到河北

首先，要发挥河北地区自身的优势，借助于雄安新区的建设，鼓励和引导金融机构在雄安新区开展金融创新试点，吸引更多的资源和人才；其次，要将京津地区的金融资源向河北配置，缓解河北地区资金短缺的问题，使得更多群体能享受金融服务；最后，规范发展新型农村合作金融，并鼓励发展本地特色产业，进一步促进河北经济发展。

3. 进一步加强河北金融基础设施建设

首先，要重点关注农村地区金融设施建设，特别是贫困区、金融空白区，增设更多银行网点，积极创新金融产品，为农民、小微企业、个体工商户等群体提供更全面的金融服务，进一步扩大金融服务的覆盖范围；其次，要进行调查并根据实际情况，为农民、小微企业等建立信用档案，进一步建立健全农村信用体系；最后，要提高农民、小微企业等的信用意识，进而优化农村信用环境。

第五章　京津冀区域银行业结构对经济增长影响的实证研究

第一节　区域银行业结构对经济增长影响的理论分析

一、银行业结构对经济增长的促进机制分析

本节首先介绍最简单的单区域理论模式，以简单清晰地从理论上说明银行业结构是如何影响经济增长的。通常来说，一个区域的金融发展水平与该区域银行的产品种类以及银行机构的构成是成正比的。丰富的产品种类和多样化的结构代表着银行业较高的区域经济渗透力，进而代表了较高的区域金融发展水平。因此，通常所说的优化银行业结构就是从产品和结构两方面入手。产品的创新能力和银行结构的多样化都能显示出地区银行的竞争力以及该区域的金融发展程度对经济发展的贡献度。具体而言，银行业结构吸收储蓄再将其转为有效投资的过程，促进了金融资源的有效利用和合理配置，这是区域经济增长的重要推动力量。

为在理论上解释银行业结构对经济增长的影响原理，我们以单一区域为例，通过内生增长理论中的 AK 增长模型来进行说明。该模型具有以下假设条件。

第一，所考察的区域是封闭的；

第二，区域内人口数量、劳动力规模、资本折旧率等均保持不变，且不存在技术进步；

第三，区域内有且只有一种产品，并且这种产品同时具有投资和消费

功能；

第四，产品中用于投资的部分为 I，这部分产品的折旧率为 δ。

用 Y 代表总产出，K 代表资本总额，A 代表资本边际产出率，即每增加一单位资本所能增加的产出量。根据模型假设条件，总产出可以表示为总资本的线性函数，即：

$$Y_t = Ak_t \tag{5-1}$$

用 I 代表投资，t+1 时期的资本 K_{t+1} 等于 t 期的净投资减去折旧，即：

$$K_{t+1} = I_t + K_t - \delta K_t = I_t + (1-\delta)K_t \tag{5-2}$$

变形后可得：

$$\frac{K_{t+1}}{K_t} = \frac{I_t}{K_t} + (1-\delta) \tag{5-3}$$

前面提到银行可以将吸收到的储蓄转化为投资，但这种转化并不是完全的，因为一部分储蓄要被银行留存下来作为存款准备金，还有一部分要用以弥补银行的存贷款利差，所以在该转化过程中有一部分的储蓄会流于投资之外，这就使得投资部分小于储蓄部分。用 S 代表储蓄，ϕ 代表储蓄中可转化为投资的比率，即 $\phi S_t = I_t$，据式（5-1）和式（5-3）可以得出 t+1 时期经济增长率为，即：

$$g_{t+1} = \left(\frac{Y_{t+1}}{Y_t}\right) - 1 = \left(\frac{K_{t+1}}{K_t}\right) - 1 = \frac{I_t}{K_t} - \delta \tag{5-4}$$

由于 $\phi S_t = I_t$，储蓄率 $s = S_t/Y_t$，则式（5-4）又转化为：

$$g_{t+1} = \frac{\phi S_t}{K_t} - \delta = \frac{A\phi S_t}{Y_t} - \delta = As\phi - \delta \tag{5-5}$$

由式（5-5）可以看出，经济增长率 g_{t+1} 与资本边际产出率 A、储蓄率以及投资到储蓄的转化率 ϕ 密切相关，优化完善的银行业结构正是从这三个角度发挥促进经济增长的作用的。

第一，储蓄率角度。银行业结构合理有助于提高民众的储蓄欲望，增大储蓄率，进而积累更多的投资资源，促进区域经济增长。经验表明，营业机构分布的广泛度、密集度以及产品、服务类型的多样化水平会在一定程度上影响银行的储蓄量。居民普遍更愿意将业务委托给离居住地相对更近的银行，因此，营业网点的高密度设置为客户提供了更加便捷的储蓄投资渠道，一定程度上减少了客户的时间成本和其他相关费，这就间接降低了客户的交易成本。低成本会刺激大众对金融服务的需求的提高，银行因此吸收到更多的储蓄，投资所需的金融资源得以丰富。另外，银行业结构合理的优势不仅在于为客户提供舒适便捷的交易环境，更在于能不断激励金融创新，构建更具吸引力、居民储蓄收益更高的金融结构。营业机构密集度的提高形成了竞争性的银行业结构，激烈的竞争促使银行纷纷进行改革和创新以提高自身的优势。不断更新、种类丰富的产品和高水平优质化的服务能够提高客户的好感度，有助于提高储蓄率，银行在为客户提供便利的同时也提高了自身的竞争力。可以看出，通过不断的创新，银行机构可以抢占更多的市场占有比例，获得更高的发展地位，在竞争中共同促进经济的发展。总体来说，竞争性的银行业结构不仅可以充分提高大众的储蓄积极性，丰富金融资源，还可以推进银行业的改革与创新，使其在谋求自身长足发展的同时促进区域经济增长。

第二，储蓄投资转化率角度。完善的银行业结构可以在竞争中提高各机构储蓄转化为投资的比例，进而助力区域经济发展。银行本质上是进行资金融通的金融中介，其自有资金只占很小的一部分，绝大部分资金是由民众和企业等资金供给方提供的，随后这些资金会以借贷的形式提供给资金需求方并收取需求方一定的利息。通过这个过程，储蓄资金被转换为投资建设用款，银行也通过存贷款的利差创造了收入并得以发展。由以上过程可以看出，银行的投资放贷能力在很大程度上影响了储蓄投资转化率。早期中国的银行业结构具有较强的垄断性质，国有银行占据了主导地位，这种较为单一的结构不利于各银行开展合作与竞争，这就在很大程度上限制了这种能力的提高。垄断性银行不需要竞争以抢占市场地位，其资金流向基本明确，流动模式也比较单一，这就可能导致金融资源利用率不高，部分资金沉淀在银行无法投入到具有高回报率的项目中，储蓄投资转化率难以提高。而如今市场中的银行业结构逐渐完善，分布密度的提高和机构的多样化使得各银行展开竞争，在积极创新产品以吸收更多储蓄的同时，银行也会积极为资金寻找效益最大化的出路，储蓄投资转化率自然会得到提高，更多资金被用于投资建设项目，项目的顺利进行在很大程度上促进了区域经济快速增长。

第三，资本边际产出率角度。合理完善的银行业结构有助于信贷资金的合理配置，降低政府对信贷配给的干预，从而使资本边际产出率增大，促进区域经济增长。资金融通是银行业的一个重要功能，即银行综合考虑企业信用、风险、投资回报等因素后，将储蓄资金贷给有需求的企业和项目。如果一个地区的银行业结构过度集中，国有银行占据主要地位，那么就会存在较多的政府信贷配给行为，在信贷配给的干预下，国有企业更易获得贷款，而国有企业之间普遍缺乏竞争，这就是资本边际产出率难以提高的原因；另外，在这种干预下，非国营企业和中小企业从银行获得资金的机会减少，为解决资金需求企业只能进行内源性融资或者寻求非正规金融途径，这无疑提高了企业融资成本，一些项目即使有良好的发展前景，也可能因为缺乏资金或成本过高而无法开展，这就阻碍了生产效率的提高。相反，在一个合理的银行业结构中，竞争会促使银行对各个企业和项目进行充分的评估和比较，选择出低风险、高回报的项目进行投资。在竞争的环境中，信贷资金以更为合理的方式进行了配置，这促进了资本边际产出率的提高，从而促进了整个区域的经济增长。

二、区域经济发展对银行业结构的影响

银行业结构和区域经济增长之间并非只是单向作用的关系，两者是双向制约、互相影响的。完善的银行业结构在促进经济增长的同时，也会受到区域经济发展的引导。纵观中国经济的发展历史，在发展滞后的初级阶段，农业占据了主导地位，工业和服务业的发展还相对落后，这一时期的产品经济不发达，居民收入普遍偏低。一方面，较低的收入水平导致居民可用于储蓄或投资的资金十分有限，银行也就难以动员到大量的资金；另一方面，在偏重于农业的产业结构中，大型工业、服务业企业较少，金融需求相对简单，贷款需求通常只是小额度的，这就限制了银行拓展业务的空间。因此，在这一时期，银行业的经营范围较窄，缺乏创新动力，服务设施也有待完善，整体结构比较简单。

伴随区域经济的逐步发展，第二、第三产业的占比逐渐增加，大型工业、服务型企业开始增多，市场开放使得居民收入水平有所提高，对储蓄、投资理财等金融服务的需求逐渐提高；同时企业和项目的增加使得市场中出现大量的资金需求。两种需求的增加很大程度上活跃了银行业市场，促使其在产品和服务等方面主动创新，在最大限度上满足客户的投融资需求，银行业结构在此过程中得以完善。

第二节　京津冀区域银行业结构对经济增长影响的实证研究

习近平总书记提出推动京津冀协同发展，这是壮大京津冀经济圈的机遇。作为金融业的支撑，银行业对促进经济增长的作用是无可置疑的，适宜的银行业结构能够推动经济增长，反之则不利于经济快速发展。因此，尽快建立合理完善的银行业结构更能快速地壮大京津冀经济圈，响应国家的战略决策，服务京津冀发展。本节从实证角度验证银行业结构在区域经济增长中所起的作用。

一、模型构建与变量说明

为实证考察京津冀区域银行业结构对经济增长的影响，本节构建的回归模型如下：

$$\ln gdp_{it} = \alpha_0 + \alpha_1 conde_{it} + \alpha_2 conlo_{it} + \alpha_3 nsoe_{it} + \alpha_4 control_{it} + \varepsilon_{it} \tag{5-6}$$

以下对计量模型中选取的各项指标及其含义进行解释。

（一）被解释变量

人均国内生产总值即人均 GDP 可以用来准确衡量区域经济发展状况。人均 GDP 是一个国家或地区在一定时期内（通常为一年）实现的生产总值与该国家或地区的常住人口的比值。本书选取年度实际人均 GDP 作为被解释变量，考虑到数据间有存在异方差的可能，在带入模型时对各地的人均 GDP 进行取自然对数的处理，该变量以符号 lngdp 表示。其中，i 下标表示省份，t 表示时间。

（二）解释变量

本节将银行业结构指标和经济结构相关指标选为解释变量，来解释各省的实际人均 GDP。

1. 主要变量：银行业结构

银行业市场结构的代理指标有很多。例如用于衡量绝对集中度的市场份额、银行集中率指数（CRn 指数）以及用于衡量相对集中度的赫希曼—赫芬达尔指数（HHI 指数）、洛仑兹曲线和恩格尔系数等。其中，银行集中率不仅能够精确反映银行整体的体系结构，也能够客观地反映出各种规模的银行在整个体系中的地位。此外，在具体的统计研究中，CRn 指数在数据获取和计算方面都比较简便，是相对理想的衡量指标，本节将其选为模型的解释变量。对于 CRn，n 表示银行业中规模最大的几家银行的数量。本节以京津冀区域中的工、建、中、农四大国有银行的存、贷款集中度来作为银行集中度的数值，存贷款集中度是一家金融机构年末的存款额、贷款额在所有金融机构存款、贷款总额中的比重，其中，存款集中度记为 conde，贷款集中度记为和 conlo。

2. 主要变量：经济结构

京津冀区域的经济结构用非国有经济比重进行衡量，符号为 nsoe，考虑到数据的易获得性，本节提到的非国有经济比重用一省非国有企业职工人数与该省总职工人数之比表示。目前京津冀区域的非国有企业的效率普遍高于一般国有企业，其在经济增长中所起到的作用越来越大。因此，我们认为该变量的回归系数为正，即系数的数值越大越能促进经济增长。

3. 控制变量

在考虑了银行业结构、经济结构以及两者的匹配程度基础上，还添加了资本形成率、经济开放程度、外商直接投资占 GDP 比重等其他控制变量。在这里用 $control_{it}$ 代表控制变量。

（1）资本形成率（invr）。资本形成率也称投资率，是物质资本的代理变量，表示一定时期内资本形成总额占国内生产总值的比重。资本形成率会对各地区经济发展起到重要作用，因此，将其选取为控制变量，用符号 invr 表示。

（2）经济开放程度（open）。经济开放程度是指一个国家或者地区与其他地区的经济联系程度，该指标反映了一个区域与其他经济区域的交往。本节用京津冀三地各自的进出口总额与地区 GDP 总值的比值来表示各地的经济开放程度，用符号 open 表示。

（3）外商直接投资占 GDP 比重（fdi）。在经济全球化的背景下，中国作为经济增长的一个发展极，吸引了越来越多的外商直接投资。外商直接投资的增加对我国经济增长起到了积极的作用。本节中的 fdi 由外商直接投资额在

GDP 中的比重表示。

（4）政府财政支出在 GDP 中的比重（fsgdp）。用地方财政支出占当年名义生产总值的比重表示，该指标可以反映出地方政府对区域经济发展的参与程度。我国作为处在转型期的发展中国家，政府对经济发展的作用尤为重要。尽管发展经济学的一般观点认为地方政府过多参与经济活动往往会阻碍经济发展，但是，政府对经济活动的直接参与有助于资源的优化配置，在一定时期内会起到加快经济增长的作用。

（5）居民消费价格指数［cpi（上年 = 100）］。梳理以往相关文献可知，国内外学者对消费价格指数与经济增长之间关系的研究，已取得了一定的成果，但对于两者之间具体的相关关系，还没有一致的结论。因此，本节选取居民消费价格指数作为控制变量，以上年环比价格推算出各年的消费价格指数。

（6）农业化程度（agril）。农业是我国国民经济的基础，它是我国各层次产业中的第一产业，农业化程度和城市经济的增长息息相关。本节中的农业化程度指标用符号 agril 表示。

（7）城镇人口比重（urban）。城镇化是经济和社会现代化的产物，对经济增长具有正向的拉动作用。本节以城镇人口占总人口的比重来衡量城镇化水平，用符号 urban 表示。

（8）人口自然增长率（popul）。人口与经济是一个国家和地区发展的核心因素，两者又相互制约，相互影响，相互渗透。因此，本节将人口自然增长率选取为控制变量，用符号 popul 表示。

（9）老龄化程度（age）。人口老龄化已经成为制约经济增长的一个重要因素，其对经济增长的影响主要表现为适龄劳动力供给减少、劳动生产率水平降低、产业结构优化升级受阻以及物质和人力资本投资效率降低等。本节用 age 表示人口老龄化程度。

（10）参加城镇基本养老保险人数（万人）（urbaninsur）。城镇基本养老保险会对消费需求、居民储蓄、劳动力供求产生影响，进而影响经济增长。本节以参加城镇基本养老保险的人数作为该指标的衡量标准，用符号 urbaninsur 表示。

（11）参加失业保险人数（万人）（endowinsur）。为因失业而失去生活来源的劳动者提供失业保险金可以对其基本生活形成保障。本节选取参加失业保险的人数作为控制变量，用符号 endowinsur 表示。

（12）教育经费（educafunds）（亿元）。在强调经济效益、经济增长出政绩的时代，发展教育也有助于促进经济增长。因此，教育经费被考虑为控制变量，用符号 educafunds 表示。

（13）公共图书馆馆藏册数（librabook）（万册）。该指标用符号 librabook 表示。具体变量设置情况见表 5 - 1。

表 5 - 1　模型变量设置

变量	符号	含义
被解释变量	lngdp	人均国内生产总值取对数
解释变量	conde	存款集中度
	conlo	贷款集中度
	nsoe	非国有经济比重
控制变量	invr	资本形成率
	open	经济开放程度
	fdi	外商直接投资占 GDP 比重
	fsgdp	政府财政支出在 GDP 中的比重
	cpi	CPI（上年 = 100）
	agril	农业化程度
	indser	产业结构优化升级
	popul	人口自然增长率
	age	老龄化程度
	urbaninsur	参加城镇基本养老保险人数（万人）
	endowinsur	参加失业保险人数（万人）
	educafunds	教育经费（亿元）
	librabook	公共图书馆馆藏册数（万册）

资料来源：作者自制。

二、数据来源及处理

本节以 2003 ~ 2017 年京津冀三地的数据为样本，研究京津冀区域的银行业结构、经济结构对经济增长的作用。实证检验所需的银行业相关原始数据均来自 2003 ~ 2017 年《天津金融年鉴》、2003 ~ 2017 年《北京金融年鉴》、2003 ~ 2017 年《河北金融年鉴》、工农中建四大国有银行相应年份的年度财务报告以及各省市相关年份的金融运行报告。被解释变量经济增长，主要解释变量经济结构以及资本形成率、经济开放程度和政府财政支出等控制变量的数据均根据三地相关年份的统计年鉴以及2003～2017年各省市的国民经济和社会发展统计公报中的相关数据进行计算整理得出。

选取面板数据进行实证分析，可以在时间和截面两个维度上较好地得到反映，较多的数据信息和自由度可以减少各变量之间产生多重共线的可能，使实证结果更具有客观和可操作性，指导意义更强。计量软件采用Stata11。

三、变量的描述性统计分析

本节进行变量的描述性统计分析，以对上文选取的各变量有进一步的了解，为后文的模型分析做出铺垫。从结果中可以看出：变量的标准差均小于均值，说明数据不存在极端异常值，且离散程度不高，可以继续构建模型进行分析。具体结果见表5－2。

表5－2　各变量的描述性统计

变量名称	观测个数	平均值	标准差	最小值	最大值
gdp	45	59684.68	33779.1	10251	128927
lngdp	45	10.81223	0.653545	9.235131	11.767
conde	39	0.563445	0.0477197	0.4282139	0.5936302
conlo	39	0.4160615	0.0941261	0.2649908	0.5761676
nsoe	42	0.563445	0.155184	0.3038	0.761709
invr	42	0.512762	0.073081	0.392	0.644
open	42	0.733567	0.524362	0.096564	1.656472
fdi	42	0.039372	0.024408	0.012267	0.080781
fsgdp	42	0.159769	0.037228	0.088574	0.249591
cpi	45	102.4029	1.733675	98.46	106.2
agril	45	0.051482	0.050545	0.004304	0.161653
urban	45	68.732	18.62343	33.52	86.5
popul	45	3.445778	2.401274	－0.74	6.95
age	39	0.099277	0.011725	0.07986	0.1228
urbaninsur	42	784.9031	368.9909	283.3	1546.64
endowinsur	42	488.6602	263.518	193.46	1114.99
educafunds	42	582.9801	347.9442	111.86	1420.38
librabook	42	2504.929	1651.757	827	6229

资料来源：作者自制。

四、实证结果及分析

（一）计量方法

本节采取静态面板模型对计量方程进行估计。

所谓面板数据，是将截面和时间两个维度上的数据综合起来的一种数据类型，由截面上的个体在不同时点重复观测得出。相比于只从截面和时间中的一个维度进行分析，面板数据的优点得以显现：第一，面板数据的观测值多于单一维度数据的观测值，这就增加了自由度、降低了解释变量间的共线性，从而提高了抽样精度；第二，相比于单维度数据，用面板数据构建模型能够获得更多动态信息，因此，可以检验更为复杂的模型；第三，对于同一经济现象，面板数据的解释角度更加全面，一些单一维数据模型难以观测和估计的影响可以通过面板数据进行识别。

面板数据模型有静态和动态之分。我们所用到的静态面板数据模型的主要特征是：模型的各个解释变量中不含有被解释变量的滞后项（通常为一阶滞后项）。其中，固定效应模型和随机效应模型是最为常用的两种静态模型。

考虑以下模型：

$$Y_{it} = \beta X_{it} + \mu_{it} \tag{5-7}$$

$$\mu_{it} = a_i + \varepsilon_{it} \tag{5-8}$$

其中，i = 1，2，…，N；t = 1，2，…，T；X_{it} 代表 K 个解释变量，β 是相应的系数，a_i 表示个体效应，即一般不会随时间推移而变化的影响因素，例如个人消费习惯、一国的社会制度等，多数情况下个体效应是难以直接观测和量化的。处理个体效应可以通过以下两种方式：一是直接将个体效应视作固定性因素，这种因素不随时间发生变化，通过这种方式得到的模型称为固定效应模型；二是将其视作随机因素，通过这种方式得到的模型称为随机效应模型。

（二）Hausman 检验

在实际分析中，对固定效应模型和随机效应模型进行筛选的依据是个体效应 a_i 是否和其他解释变量具有相关性。Hausman 检验就是这样一个检验统计量。

依据本文建立的模型，应用计量软件 Stata11，利用 Hausman 检验对样本期内京津冀区域的面板数据进行随机效应以及固定效应估计，具体结果如表 5－3 所示。

表 5－3　Hausman 检验结果

检验方法	chi2 值	P 值
Hausman 检验	0.27	1.0000

资料来源：作者自制。

从表 5－3 中可以看出，模型检验结果对应的 P 值为 1.0000，通过 5% 的显著性水平检验，接受原假设，原假设为随机效应。因此，模型适用于随机效应模型。

（三）模型建立

本书将各控制变量逐步代入模型进行回归估计。模型架构如下：

$$\ln gdp_{it} = \alpha_0 + \alpha_1 conde_{it} + \alpha_2 conlo_{it} + \alpha_3 nsoe_{it} + \varepsilon_{it} \tag{5-9}$$

$$\ln gdp_{it} = \alpha_0 + \alpha_1 conde_{it} + \alpha_2 conlo_{it} + \alpha_3 nsoe_{it} + \alpha_4 invr_{it} + \alpha_5 open_{it} + \alpha_6 fdi_{it} + \varepsilon_{it} \tag{5-10}$$

$$\ln gdp_{it} = \alpha_0 + \alpha_1 conde_{it} + \alpha_2 conlo_{it} + \alpha_3 nsoe_{it} + \alpha_4 invr_{it} + \alpha_5 open_{it} + \alpha_6 fdi_{it} + \alpha_7 fsgdp_{it} + \alpha_8 cpi_{it} + \alpha_9 agril_{it} + \varepsilon_{it} \tag{5-11}$$

$$\ln gdp_{it} = \alpha_0 + \alpha_1 conde_{it} + \alpha_2 conlo_{it} + \alpha_3 nsoe_{it} + \alpha_4 invr_{it} + \alpha_5 open_{it} + \alpha_6 fdi_{it} + \alpha_7 fsgdp_{it} + \alpha_8 cpi_{it} + \alpha_9 agril_{it} + \alpha_{10} urban_{it} + \alpha_{11} popul_{it} + \alpha_{12} age_{it} + \varepsilon_{it} \tag{5-12}$$

$$\ln gdp_{it} = \alpha_0 + \alpha_1 conde_{it} + \alpha_2 conlo_{it} + \alpha_3 nsoe_{it} + \alpha_4 invr_{it} + \alpha_5 open_{it} + \alpha_6 fdi_{it} + \alpha_7 fsgdp_{it} + \alpha_8 cpi_{it} + \alpha_9 agril_{it} + \alpha_{10} urban_{it} + \alpha_{11} popul_{it} + \alpha_{12} age_{it} + \alpha_{13} urbaninsur_{it} + \alpha_{14} endowinsur_{it} + \varepsilon_{it} \tag{5-13}$$

$$\ln gdp_{it} = \alpha_0 + \alpha_1 conde_{it} + \alpha_2 conlo_{it} + \alpha_3 nsoe_{it} + \alpha_4 invr_{it} + \alpha_5 open_{it} + \alpha_6 fdi_{it} + \alpha_7 fsgdp_{it} + \alpha_8 cpi_{it} + \alpha_9 agril_{it} + \alpha_{10} urban_{it} + \alpha_{11} popul_{it} + \alpha_{12} age_{it} + \alpha_{13} urbaninsur_{it} + \alpha_{14} endowinsur_{it} + \alpha_{15} educafunds_{it} + \alpha_{16} librabook_{it} + \varepsilon_{it} \tag{5-14}$$

（四）实证结果及结论

由实证结果可以看出，计量模型在总体上对我们所研究的问题具有较强的解释作用。具体结果如表 5 - 4 所示。

表 5 - 4　　京津冀区域银行业结构与经济增长实证研究结果

	(1) lngdp	(2) lngdp	(3) lngdp	(4) lngdp	(5) lngdp	(6) lngdp
conde	-3.423 *** (-3.64)	-1.165 (-1.03)	0.554 (0.57)	1.525 * (2.08)	1.853 ** (2.83)	1.667 ** (2.93)
conlo	-0.451 (-0.67)	-2.845 ** (-2.92)	-1.932 * (-2.39)	-1.572 (-1.92)	-3.148 *** (-3.67)	-2.228 * (-2.51)
nsoe	2.875 *** (5.57)	2.317 *** (4.41)	1.473 ** (3.27)	1.832 *** (5.32)	1.673 *** (5.24)	1.532 *** (4.69)
invr		0.242 (0.51)	0.872 * (2.31)	0.971 ** (3.00)	-0.130 (-0.26)	0.543 (1.09)
open		-0.278 * (-2.11)	-0.285 * (-2.25)	-0.182 (-1.82)	-0.250 ** (-2.67)	-0.256 *** (-3.30)
fdi		5.620 ** (2.88)	4.894 (1.76)	6.386 * (2.21)	9.694 * (2.50)	0.323 (0.07)
fsgdp			6.228 *** (3.94)	4.578 *** (3.82)	2.655 (1.69)	2.116 (1.63)
cpi			0.0422 *** (3.96)	0.0242 ** (3.02)	0.0211 ** (2.96)	0.0206 *** (3.48)
agril			-1.994 (-0.92)	-3.002 (-1.36)	-4.352 * (-2.21)	-6.260 *** (-3.46)
urban				0.00250 (0.38)	-0.000112 (-0.02)	0.00851 (1.52)
popul				0.0675 *** (3.88)	0.0752 *** (3.87)	0.0301 (1.46)
age				-0.739 (-0.32)	-2.726 (-1.25)	0.789 (0.35)

续表

	(1) lngdp	(2) lngdp	(3) lngdp	(4) lngdp	(5) lngdp	(6) lngdp
urbaninsur					0.000594 * (2.31)	0.000222 (0.68)
endowinsur					-0.000832 ** (-2.83)	0.000511 (1.13)
educafunds						0.000198 (0.88)
librabook						-0.000223 *** (-3.39)
_cons	11.09 *** (12.30)	11.09 *** (12.52)	4.813 ** (3.09)	5.623 *** (4.33)	7.659 *** (5.94)	7.023 *** (5.45)
N	39	39	39	36	36	36

注：系数下方括号内数值为标准差； ***、**、*、分别表示在 1%、5%、10% 的统计水平上显著。

资料来源：作者自制。

根据以上的回归结果，我们可以得出如下结论。

1. 主要解释变量分析

根据模型估计结果我们可以看出，京津冀区域贷款集中度与经济增长呈反向相关关系，而且，在控制变量未加入和加入部分变量时区域经济增长与存款集中度也呈负相关。呈现这种负相关关系的原因产是：过去京津冀区域的银行业结构十分集中，四大国有银行在市场中占据主导地位，并且受政府干预较多，导致贷款多流向效率较低的国有企业，许多民营企业和中小企业的融资渠道十分狭窄，经济增长放缓。如今，银行业集中度有所下降，这使得市场中的竞争加强，股份制银行等新型银行得以快速发展，中小企业有更多途径可以得到贷款，同时国有银行和其他银行也会积极提高自身效益，合理利用资金，将其提供给低风险、高收益、高效率的企业，这更有助于促进区域经济增长。在过去的 15 年，京津冀区域的银行业市场集中度整体呈下降趋势，从很大程度上促进了区域经济增长。

此外，由结果可以看出，京津冀区域经济结构与经济增长呈正相关关系，由此可知，京津冀地区现行经济结构能够较好促进该区域的经济协同发展。

2. 控制变量分析

资本形成率在模型 2 中被引入，结果显示其与经济增长呈正相关关系。资本形成率亦称投资率，根据经济增长的经典理论，物质投资资本水平和经济增长率呈正相关关系。京津冀地区近年来加大基础设施建设力度，从而改善了当地投资环境，带动了地区经济加速发展。

经济开放程度在模型 2 中被引入，结果显示其与经济增长呈负相关关系。经济开放反映了不同区域间的经济交往，涉及进口和出口两个方面。理论上较高的经济开放程度会促进经济发展，但在实际情况中，不同的进出口贸易的发展程度会对区域经济产生不同的影响。京津冀三地出口贸易发展程度的差异可以用来解释这种负相关关系。北京和天津因其地理位置享有独特的港口优势，再加上政策上的支持，京津两地的经济开放更具有便利条件，而河北的临海城市很少，再加上该省经济发展水平相对滞后，导致整个区域的经济开放程度不高，经济开放的积极作用显现不出来。因此，总体上看，京津冀区域现有经济开放程度会对经济发展产生阻碍作用。

外商直接投资占 GDP 比重在模型 2 中被引入，结果显示其与经济增长呈正相关关系。外商直接投资能够增加地区资本供给、促进经济结构的调整和优化，对区域经济增长起到促进作用。

政府财政支出在 GDP 中的比重在模型 3 中被引入，结果显示其与经济增长呈正相关关系。在区域建设方面，政府财政支出的增加有利于基础设施的建设，为各行业工作的顺利开展建立了基础；在人口方面，财政支出增加会吸引地区周边人口流入，人口流入带来的充足的劳动力和消费动力提升了地区经济实力，有助于提高地区生产总值。

农业化程度在模型 3 中被引入，结果显示其与经济增长呈负相关关系。京津冀地区农业基础设施薄弱，农业总体利润水平低，分散的经营模式导致整体力量薄弱。农业发展较为缓慢，对经济的贡献远不及现代服务业，这使得其对经济增长产生了负面影响。

对于其他控制变量，如居民消费价格指数、人口自然增长率和参加城镇基本养老保险人数都与经济增长呈正向相关关系，说明其对经济增长起到促进作用；参加失业保险人数、公共图书馆馆藏册数与经济增长呈负向相关关系，说明其对经济增长起到阻碍作用。

城镇人口比重、老龄化程度和教育经费几个变量在统计上不具有显著性。

第三节 京津冀区域银行业发展的政策建议

通过本章前两节的理论和实证分析，得出了银行业集中度偏高会阻碍地区经济增长的结论。银行业结构过于集中可能会引发银行服务效率低下、资本匹配不合理、居民风险意识不强等诸多问题，从而降低了经济发展速度。由此可见，只有适当降低银行集中度并使其与当地目前经济状况相匹配，才能在最大程度上促进经济增长。想要快速推动京津冀都市圈的经济发展，关键在于构建合理区域银行业结构。

然而，京津冀区域地理位置优越，属于我国北方经济的核心区域，其银行业结构必然具有一定的独特性。京津冀区域一直受到较多的政策支持，经济发展速度较快，这使得其银行业结构的集中度相比于其他地区要低。要加快京津冀区域的经济增长速度，我们需要在认清经济结构的前提下，选择合适的银行结构，这意味着仅仅降低大银行垄断程度是不够的，更关键的是要以合理的方式促进银行之间的有效竞争与合作，防范金融风险，为区域经济的发展添砖加瓦。为此，针对如何在京津冀区域内合理优化银行业结构提出以下建议。

一、深化金融体制改革，保持适宜的银行业集中度

（一）深化国有商业银行改革

我国自 1993 年起开始实行金融体制改革，而深化国有银行改革就是体制改革中的一项重要任务。自改革实施以来，四大国有银行相继稳步推进股份制改革，在经营方面取得了良好的成绩，但同时仍存在一些滞后问题，如管理体制僵化、资本充足率不高等。因此，未来应在继续保持股份制改革的效果的同时，强化总体设计，高效转变治理结构，提高业务经营能力，力求进一步促进区域经济发展。

（二）为非国有商业银行的上市提供支持

国有银行股份制改革取得了很好的效果，因此，其他商业银行的上市也

应该得到鼓励。这不仅有助于提升银行自身效益，更能促进银行业市场结构的完善。在此过程中，可以推动银行实现自主经营、自负盈亏，鼓励银行升级运行模式。商业银行的积极发展有助于完善银行业结构，从根本上改善我国银行业的垄断性，促进市场间的合理有效竞争。

二、支持中小银行发展

（一）鼓励银行民营化

所谓民营资本，包括除国企和外企之外的中小企业资本和居民手中的闲置资本。随着市场经济体制的完善，民营经济在我国经济系统中的位置越来越重要，其对经济增长已经起到十分重要的促进作用。目前我国经济发展较快的区域已纷纷鼓励中小企业的发展，但中小企业的资金获取渠道较为狭窄，在高集中度的银行体系下更多资金可能流向国有企业，且银行贷款成本偏高，使得企业发展受到阻碍。京津冀区域的中小企业多位于城市周边地带，而银行则更集中于中心地带，渠道狭窄加上距离限制使得企业融资难的问题难以有效解决。相对于国有银行，中小企业更易从中小银行处获得资金，所以，想要保证中小企业顺利经营，拓宽其融资渠道，就应该打破垄断体系，合理引入民营资本。对于政府而言，可以鼓励银行民营化，这一方面有利于改善金融业的竞争格局，引导其良性发展；另一方面丰富了金融资源，有助降低中小企业的融资成本，促进企业健康发展。具体而言，首先可以从政策上提供优惠，例如放宽准入机制、加大扶植力度等，以促进民营银行的申请和成立；其次，合理扩大城市银行的经营规模，合理利用资源，推进其向民营方向转变。

（二）明确城市商业银行的市场地位，优化其发展模式

十几年来，我国城市商业银行的经营和发展已经逐渐成熟，但是发展程度有好有坏，那些存在大量不良资产、产品缺乏创新力、市场定位不清晰的银行，发展程度必然会落后。为解决该问题，城商行应定位于服务地方经济，积极探索符合自身情况的发展模式，保持产品和业务的持续创新，争取凭借自身优势与中小企业形成长期合作，为区域经济增长贡献自身的力量。

三、促进银行间形成良性竞争

（一）保持适当的网点数量

如果区域内的网点数量过少，不仅会降低银行的经营效率，还难以给客户满意的体验，容易造成客户流失；相反，如果无节制地增加网点，无疑会浪费一些资源，更可能引发网点之间的恶性竞争，对经济发展起到制约作用。这说明，合理设置区域内的网点数量显得十分重要，在增设网点之前，应该对该区域的现有情况进行充分考察，全面了解已有网点的设施完备情况、现有网点数量和区域经济发展的匹配程度、现有网点之间的距离等情况，避免因考察不充分而设置不恰当的网点。在综合分析各方面信息后，以合理的方式进行布局，力求在节约自身成本、提高办理业务效率的同时，最大限度地达到提高客户好感的效果，在良性的环境中促进经济发展。

（二）规范银行产品及业务

在竞争的环境下，区域内各大银行为提升自身业绩、在竞争中展现出优势，纷纷引入多元化产品，这虽然促进了银行间的竞争，但也存在一些隐患。例如在理财业务方面，银行为吸收更多资金可能会夸大其预期收益率，然而理财产品的收益可能会受到市场导向等因素的影响，过分夸大预期收益率可能会导致投资者的信任度下降，导致银行出现信用危机。又如网上银行业务，如果技术不到位或者监管不够严格，就可能会存在信用诈骗等情况。因此，政府应该运用政策手段来规范银行业务。而从银行的角度来说，也应该在考虑实际情况的前提下，合理制定业务，完善各项设施，最大限度地降低经营风险。

四、强化金融监管，防范金融风险

（一）加强风险监管力度

银行业的平稳发展离不开全面细致的风险监管。监管机构应该合理制定各项业务在各环节的监管措施，完善细则，明确各部门的职责分工，对于可能发生的突发状况制定相应的应急预案；完善监管处罚制度，加大处罚力度的同时提高透明度；定期对银行从业者进行专业培训，从而间接确保监管的有效进行。

（二）建立风险预警机制

当前京津冀三地合力协同发展，彼此不分的观念日渐深入，这就需要将三地视为一个整体，构建与整体情况适宜的金融风险预警体系，并及时根据市场情况调整预警体系中的各项指标。

（三）健全信息披露制度

为保障消费者的投资安全性，监管当局应该及时、完整、准确地披露有关信息。首先，信息披露方案应该因地制宜，针对不同地区要制定符合各自情况的披露方案，保证披露的合理性；其次，要强化区域金融体系，保证监管机构严格监管的同时，也要发挥市场纪律的约束作用，使信息披露更加透明化；最后，银行方面也应规范经营核算，保证所提供的基础信息真实完整。

第六章　京津冀股票市场对经济增长影响的实证研究

国内外学者对于金融发展与经济增长的关系进行了大量研究，无论是在理论还是在实践方面，研究均表明金融市场发展能够促进经济增长。而对于资本市场来说，其中的股票市场在直接融资上处于主导地位。股票市场与债券市场、银行信贷渠道均有很大的区别。在经济全球化的大背景下，各国为促进经济发展均逐渐放松对资本市场的限制，由于资金具有逐利性，股票市场则成为跨境资本投资的重要途径，这就使得股票市场承担了更多的市场功能。因此，股票市场在促进经济发展、优化市场结构等很多方面均有重要的理论意义和实际价值。

第一节　区域股票市场对经济增长影响的理论分析

一、金融交易过程中存在的冲突

在实际的生产过程中，一般对技术、设备等方面均要求连续性，在此过程中需要大量资源的投入，因此，不可避免地会引起对外部融资的需求。特别是考虑到技术创新型的投资项目，这种类型的项目对资金的需求更强烈。然而在进行外部融资时，无论是哪种融资方式，在金融交易过程中都会存在两个基本冲突，如图 6－1 所示。

这两种基本冲突产生的原因：一是信息的不对称；二是当事人的机会主义。

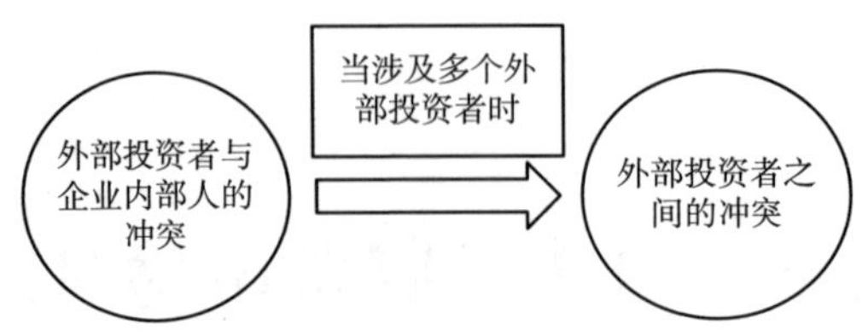

图6－1　金融交易基本冲突

资料来源：作者自制。

（一）外部投资者与内部人之间的冲突

在金融交易过程中，参与交易的双方当事人之间会存在一些问题。在投资项目中，投资者与内部人之间就存在着信息不对称的问题。产生这种信息不对称问题的具体原因是，在签订相关合约前，相对于外部投资者来说，内部人更加了解投资项目的相关信息，因此，会引起交易中出现逆向选择问题；随着投资项目的不断推进，在实际的执行过程中，内部人为了谋取利益或为满足其他需求，可能会出现道德风险问题，最终使得投资者利益受损。

（二）多个外部投资者之间的冲突

企业进行融资时，不可能只有一个投资者，当存在多个投资者时，他们之间必然也会有一些问题，其中可能出现的两种冲突如下。

1. 在签约后，需要监督投资项目的执行情况，但不可避免地会面临一些问题。当选择由谁来进行监督以及监督的成本要如何分配时，不可避免地会出现“搭便车”的问题。具体分析来看，当同时存在大小投资者时，小投资者想要将监督成本转嫁给大投资者；当投资者比较分散时，每个投资者都想逃避责任，期望其他投资者承担监督成本。这些问题会使监督的效果达不到最优状态。

2. 当投资项目失败，企业陷入财务困境时，那么对于众多投资者来说，谁应该来进行相关的调查、挽救或者清算，并承担相关的费用。如果投资者是分散的，“搭便车”问题会使得一些想要采取措施的投资者产生放弃的想法，从而最终无法形成有效的重组或清算计划，使企业丧失通过重组进行挽救的机会；此外，当存在无法对债权人的权利有所保障时，一些债权人会采取行动来保障自身利益，甚至可能会与股东进行一些交易，以牺牲其他债权人的利益而使自己获利。由以上分析可知，外部投资者之间存在的冲突不仅会使自身利益得不到有效保障，还会对企业经营的监督效率、股市协调冲突等产生影响。

二、股票市场协调金融交易冲突的功能

（一）流动性效应

1. 股票市场创造了资产的流动性，进而有了以下的流动性效应。股票市场具有较强的流动性，从而使得该市场具备了期限转换的功能，这一功能有效地解决了金融交易中存在的实际问题。例如，该功能可以解决投资者要规避流动性风险与某些项目对大规模、长期资本的需求之间的问题。因此，可以给技术创新以资金支持，进而促进实体经济更好地发展。此外，对于参与股票市场的投资者来说，他们可以借助股市的流动性，将其盈余资金与所投项目进行期限错配，使得投资者以较低成本在不同的投资项目间转换。由此可以看出，股市的流动性能有助于一些创新型项目的筹资。

2. 股票市场的流动性具有的另一个效应是，其能够有效降低接管的成本，而且，接管机制不仅可以有效约束经理人的道德风险，还能够在很大程度上降低代理的成本。

（二）双向信息传递

股票价格可以反映出有关企业价值的信息。这种信息有两种：前瞻信息与后顾信息。前瞻信息是还没有开始实施的有关投资项目的相关信息，该信息存在着信息不对称的问题，也即某些信息只是由股票交易者或者内部人其中一方所拥有。当前瞻信息在众多股票交易者、企业内部人间传递时，会使得一些决策更加有效。具体来说，股票交易者向企业内部人传递信息，有利于企业内部人的投资决策；众多股票投资者之间传递前瞻信息，有助于未掌握信息的投资者进行投资判断。后顾信息是一种股票交易者对企业已做出的投资决策的事后判断。无论是前瞻信息还是后顾信息，股市传递的这两种信息均有一定的作用，可以帮助企业和投资者进行相关分析。具体分析，企业可以借助于前瞻信息对目前的投资决策进行判断，并做到进一步完善，促进企业更好的发展；投资者或其他监管机构可以借助于后顾信息对企业历史业

绩进行判断，从而决定是否进行投资或衡量管理人经营绩效。

一般来说，由于企业职业经理与股东之间的委托—代理关系，职业经理可能在具体经营过程中考虑自身利益，进而不以企业价值最大化为经营目标。但如果企业让职业经理持股，并以此建立其报酬机制，这时股价传递的两种信息就能使职业经理按企业价值最大化的经营目标进行管理。由于股票市场上存在着大量的信息动机交易者，所以股价就具有传递企业历史与未来价值信息的功能。信息动机交易者以其所拥有的私人信息，可以在股票市场上寻找机会进而获得利润。此外，关于发现股市信息的程序，股市交易者与企业内部经理之间存在着很大差别。股市交易者是通过对相关信息搜集、分析，进而对整个企业的价值进行定价；而企业内部经理则是通过对每一个投资项目进行信息发现和判断。

（三）风险管理功能

除了以上分析到的功能，股市还具有风险管理功能。相对于其他金融市场，股市具有较高的风险，但股市也存在分散风险的机制，这种机制通过进行多样化的投资和衍生金融工具发挥作用。对于股市的风险管理，要明确理解并不是在整体上消除风险，而是在不同风险偏好者之间进行风险的重新分配。

三、股票市场促进经济增长的机制分析

（一）股票市场有助于动员储蓄，便利交换

股票市场的功能在于，它可以有效地减少信息成本和交易成本，并且能够通过增加资本积累和促进技术创新，进而加速经济发展。从本质上看，居民储蓄是资本的来源，但是居民不一定有储蓄的意愿。因此，要想动员众多分散的居民进行储蓄不可避免地需要付出一定的成本。此成本可以分为两部分：一是将分散客户的资金进行集中储蓄时的交易成本；二是为了解决信息不对称问题，向居民所支付的信息成本。希瑞和提法诺认为，可以将动员储蓄的这一过程看作一个签订多方双边契约的过程。从技术方面进行分析，小面值股票的发明给储户提供了更多的机会，投资者不仅能持有多样化的资产，还能够根据自己的偏好投资于效益好的企业，并可以进一步增加其资产的流

动性。

亚当·斯密认为，进行劳动分工有诸多好处，其中一点就是有利于提高专业化水平。当专业化水平达到一定程度时，工人就可以进行创新创造，从而产生更先进的机器设备和工艺，使得劳动生产率大幅提高。但是，要想提高专业化水平，就必须进行更多的交易，此时面临的交易成本就是一个需要解决的问题。通过一系列的金融安排可以有效降低交易成本，进而促进专业化水平的不断提高。斯密认为，货币作为一种交易媒介，能有效解决“双重耦合问题”，进而降低交易成本和信息成本。

（二）股票市场的发展可以降低流动性风险，促进经济增长

流动性是指经济主体将某种资产转换为购买力的便利程度与速度。由于将某种资产转换成交易媒介时存在不确定性，于是就会产生流动性风险。有一些因素会影响流动性风险，如信息不对称、交易成本，且两者均会对流动性产生不利影响，进而增加流动性风险。对于信息不对称和交易成本问题，金融体系中所具有一定的功能可以有效解决，进而为风险交易、套期与集中提供便利。通常情况下，投资者如果想要投资高收益的项目，那么将会面临流动性风险的问题，此时客户投资于该项目的意愿可能会降低。因此，对于长期投资项目来说，如果不能很好地提高其流动性，这类项目只能得到很少的投资。

达蒙德、德布维格和利文认为，资本市场可以有效减少信息成本，进而降低流动性风险。为分析此问题，他们设定了经济模型，投资者有两类投资项目可以选择：第一类是非流动的、高收益项目；第二类是流动的、低收益项目。并假定之后他们均受到了不利冲击。当冲击来临时，储户们首先会考虑如何保障自身利益，从而会重点关注投资于非流动项目的资金，期望可以在项目开始运营前收回资金。此外，由于受到各方面因素的限制，分散的单个投资者无法知晓他人是否也受到冲击，从而使得投资者之间无法达成一致，共同规避风险。而资本市场具有一定的特点和功能，有利此问题的解决。因为在资本市场中，投资者可以自由买卖自己持有的权益，进而做到合理分散自身资产的风险。所以对于上述问题，受到不利冲击的投资者可以选择出售其非流动性的权益。此外，投资者的交易对象是证券交易所，故也没必要去了解市场中其他投资者的情况。由此可以看出，流动的资本市场为交易双方提供了便利，投资者可以根据自身需要持有流动性较强的资产；企业也可以

保持其原有的投资资本。借助于资本市场的交易机制，大幅度降低了流动性风险。

对于同一个问题，不同的学者会选择从不同的角度进行研究。关于资本市场作用的研究，宾西温格、史密斯和斯达三位学者选择了交易成本这一角度。考虑到回收期这一方面，其与收益具有正相关关系，也即回收期越长收益越高。而储户并不愿意投资于长期的项目，因此，要求长期投资的权益能在回收期内通过二级市场不断交易。相对来说，资本市场越发达，交易成本就越低，人们就更愿意持有长期投资项目。因此，要通过金融深化，不断促进股市的发展，进而为长期投资项目提供有效的资金支持。与此同时，分散风险也会对技术革新产生一定的影响。成功的创新不仅能够为创新者带来更多的利润，也能进一步促进生产率的提高。创新肯定会存在一定的风险，但其会增加用于创新方面的投资。

（三）股票市场机制可以优化资源配置，促进经济增长

储户在投资前，需要对众多企业或项目进行评估和选择。但是，实际上单个储户没有足够的能力，无法搜集和了解有关企业、经理和市场状况的信息，而且这个评估过程需要支付大量的成本，因此，储户很难掌握可靠的信息。由于面临缺乏有效信息的问题，因此，资本无法得到充分的配置，降低了资金使用效率。

股票市场有其自身的优势，会对有关企业信息的搜集和传播产生影响。霍姆斯托姆和泰勒尔提出，股市规模越大、流动性越高，参与其中的经济主体越可以更好地隐藏其掌握的信息，并以此来获得更多的利润。根据此观点，股票市场具有的流动性，能够有效地鼓励投资者进行信息搜集。金森和莫菲认为，股市可以使投资者更加清晰地了解企业的经营状况。他们认为，企业的各种信息均能从股市上的股份交易中得出，投资者可以将管理状况和股价联系起来，从而判断管理者是否尽责。

格林伍德和吉文诺维克认为，发展股票市场会产生一个固定成本，但是随着经济的增长，这一固定成本的重要性会逐渐降低，这也会对股票投资者参与股市并支付相关成本的意愿产生影响。由此可知，金融深化能够增加资本积累、加快技术创新，并进而促进经济的迅速发展，但经济增长也会对股市发展产生影响。除了以上的金融因素外，股市的发展也会受到其他非金融因素的影响，例如技术的进步、国家相关政策、法律法规等因素。总体

分析可知，股市的发展与一国经济的发展紧密相关，两者之间存在一定的联系。

第二节　河北地区实证分析

本节通过运用向量自回归模型对河北地区进行实证分析。向量自回归模型简称为 VAR 模型，在 1980 年由学者克里斯托弗・西姆斯（Christopher Sims）提出，用于研究不同变量之间的互动关系，但其实际上是一种非结构性的方程组模型。

VAR 模型是由多个自回归模型联立得到的。该模型假定全部变量为内生变量，进而对全部变量的滞后项进行回归，从而估计全部变量的动态关系。自回归模型的形式一般是 $Y_{t,1} = f(y_{1,t-1}, y_{1,t-2}, \cdots)$，即被解释变量是各个变量的当期值，用其 n 阶滞后变量作为解释变量进行回归，于是 VAR 模型的一般形式为：

$$Y_t = c + \sum_{i=1}^{p} A_i Y_t - 1 + \varepsilon_t \tag{6-1}$$

其中，A_i 为系数矩阵；ε_t 为残差。VAR(p) 模型是由 AR 模型（自回归模型）推广而来的，在模型中共有 m 个方程，m 表示变量的个数，每一个方程都是一个 AR 模型，联立便得到 VAR(p) 模型，p 代表滞后阶数。

关于 VAR 模型的构建，包括两个重要的步骤：一是明确具有内在关联的变量；二是确定模型的滞后阶数。在 VAR 模型中，滞后阶数的选择至关重要，它不仅直接影响模型的形式，还对所选模型是否适用有决定性作用。选择的滞后阶数无论较大还是较小，均会产生一定的影响。具体分析，所选滞后阶数较大时，会增加待估参数的个数，使得模型的自由度降低；滞后阶数较小时，则可能会出现残差自相关等问题。通常情况下，根据信息准则来确定 VAR 模型的滞后阶数，在实际操作中常用的判定准则主要有赤池信息准则（AIC）和施瓦茨准则（SC）。在利用 AIC 和 SC 准则进行判断时，如果两准则在不同阶数取到最小值，则根据 LR 准则判定。

一、指标选取及数据来源

本模型采用河北省 2005 ~ 2017 年的季度数据进行 VAR 回归分析，并采用两个主要解释变量——资本率和交易价值，分别代表股票市场规模和活跃程度。

（一）经济增长指标

季度国内生产总值：选择用 GDP 来表示，反映每个季度的经济增长。一般情况下，普遍选取国内生产总值这一指标衡量一国的宏观经济发展水平。在本节的实证研究中，选取以季度为基本时间单位的 GDP 名义值。选择采用名义 GDP 基于以下两方面的原因：一方面，由 GDP 的名义值转换为实际值时，需要考虑一个因素即剔除 GDP 平减指数，进而以不变的基期价格计算，但是这一指数的获取比较困难且易产生争议；另一方面，在进行数据处理时，要保持所有的数据进行相同的处理，如果对宏观经济剔除通胀影响，那么股市相关数据也需要同样处理，然而在实际操作中，对于如何剔除价格对股票市场相关指标的影响，学界现在还没有明确的方法。基于以上原因，本节选取的所有指标均为名义值。

（二）股票市场发展指标

资本化率（CAP）：用 CAP 表示，代表着股票市场规模，数值上等于季度上市股票的市价总值与季度实际 GDP 的比值。

交易价值（VAL）：用 VAL 表示，具体衡量的是市场交易相对于经济总量的活跃程度，等于季度股票市场总成交额与季度实际 GDP 的比重。

本模型数据主要来源于 Wind、国家统计局网站及上海证券交易所和深圳股票交易所网站。

二、实证分析

（一）季度数据处理

对于季度数据来说，其本身会有很强的季节性影响，进而会在一定程度上影响结果的可靠性，因此，首先要对所选用的数据进行季节调整。在实际操作中，通常用以下三种方法来处理季度特征：第一种方法相对来说最为简便，直接将季节虚拟变量引入到模型中；第二种方法是利用变量的动态变化来消除回归中的季节性，比如以变量之间的差分序列作为回归方程中的被解释变量；第三种方法是在建模前对每个时序进行季节的滤波。本节在实证研究中主要采用第三种方法，且对季节调整后的数据取对数形式，使得实证结果能更直观地反映各个指标对经济增长的影响。在研究经济领域的问题时，对时间序列取对数是比较常见的做法。这样做的主要目的是缩小不同序列之间的绝对数量级。在进行传统模型回归时，如果变量之间的绝对数值相差太大，就可能会导致运用 OLS 法计算逆矩阵时产生不可靠结果，进而提升出现的错误的概率。另外，对序列取对数的一个优点是可以消除序列异方差，有利于回归方程中的残差项保持稳定。对数据进行取对数不仅不会影响原序列的变化趋势，还可以进一步放大序列中被折叠的信息，并且有利于修正暂时偏离的序列数据，使得数据不断接近中性无偏的正态分布。

1. 对 GDP 进行季节性调整

河北地区 GDP 的趋势如图 6-2 所示。

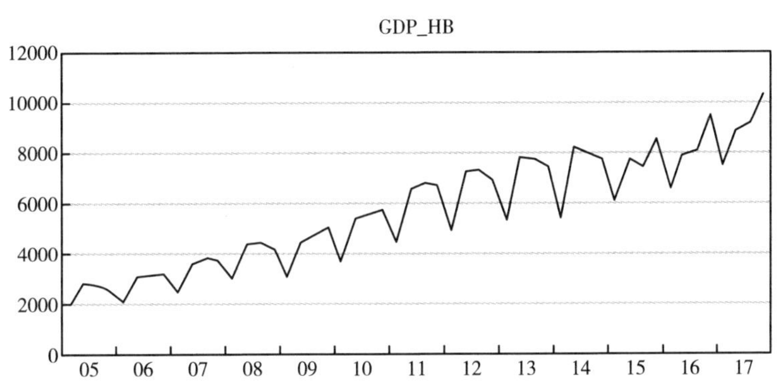

图 6-2　河北地区 GDP 的趋势图

资料来源：作者自制。

从图 6-2 中可以看出，河北地区的 GDP 表现出较为显著的季节性，因此，首先需进行季节调整。

如图 6-3 所示，在进行季节调整后 GDP 序列更加平滑。

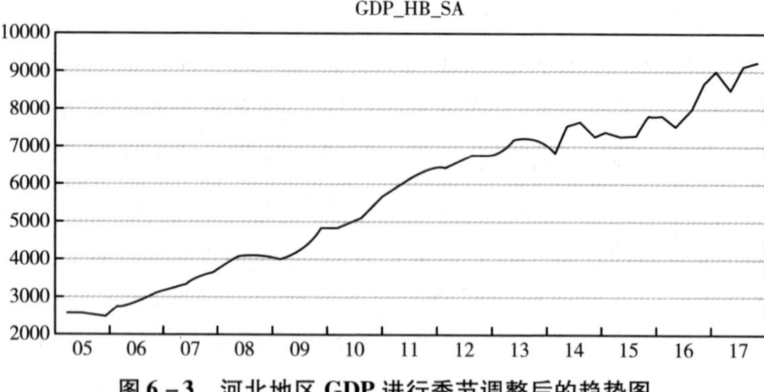

图 6-3 河北地区 GDP 进行季节调整后的趋势图

资料来源：作者自制。

2. 对资本率进行季节性调整

资本率（CAP）的趋势如图 6-4、图 6-5 所示。

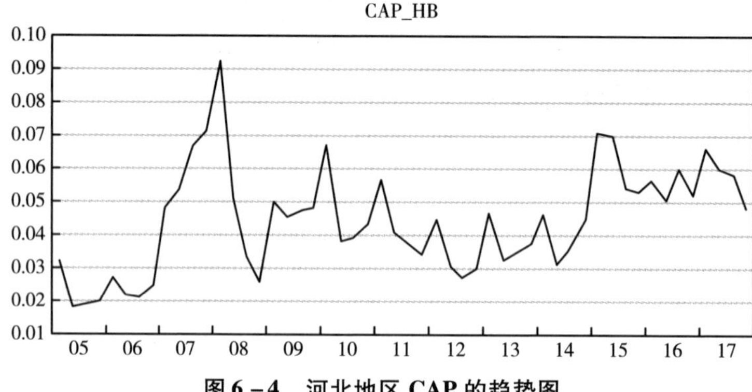

图 6-4 河北地区 CAP 的趋势图

资料来源：作者自制。

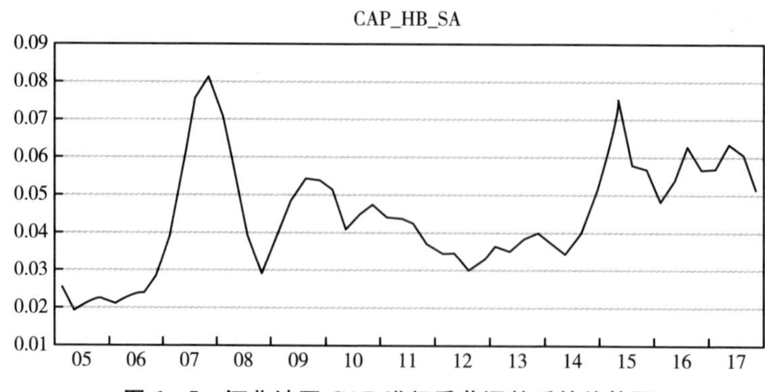

图 6-5 河北地区 CAP 进行季节调整后的趋势图

资料来源：作者自制。

3. 对交易价值进行季节性调整

交易价值（VAL）的趋势如图 6－6、图 6－7 所示。

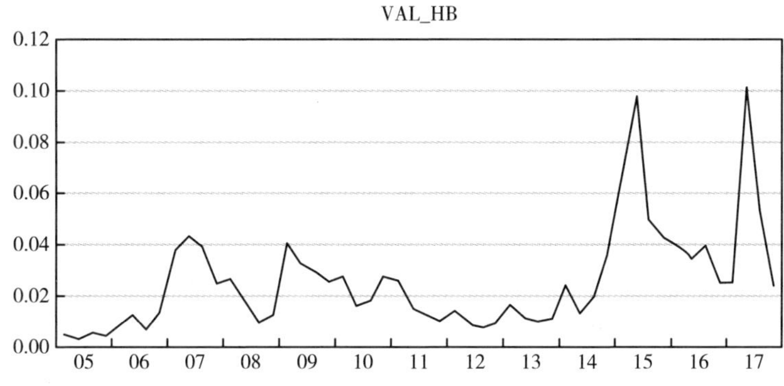

图 6－6　河北地区 VAL 的趋势图

资料来源：作者自制。

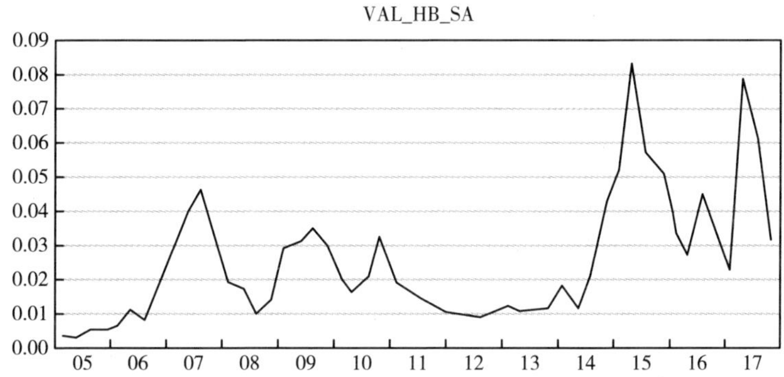

图 6－7　河北地区 VAL 进行季节调整后的趋势图

资料来源：作者自制。

（二）数据的单位根检验

在对所有数据进行 VAR 方法分析之前，首先要对 VAR 模型中所运用的数据进行单位根检验。

单位根检验是指检验序列中是否存在单位根。若一个时间序列有单位根，则该序列是非平稳的。如果直接对非平稳序列进行回归会产生伪回归现象，进而使得 t 值、F 值、DW 统计量等指标均出现误差，最终导致结论不可靠。此外，单位根检验也是进行协整分析的前提。在进行协整检验时，要求各时间序列均有相同的单整阶数，也即需要时间序列经过相同次数的差分后保持平稳。由此可知，在进行实证分析之前，应先对所选的时间序列数据进行单位根检验。

经过学者们的不断研究，产生了多种单位根检验方法，如 ADF 检验、DFGLS 检验、PP 检验、KPSS 检验、ERS 检验和 NP 检验等。其中 ADF 检验，是在实际应用中运用最多的一种单位根检验方法。ADF 检验是以 DF 检验为基础发展而来的。在 DF 检验中，设定被检验序列的形式为 $y_t = \beta y_{t-1} + \mu_t$，这个形式是带有截距项的一阶自回归模型，该检验的原假设为 $H_0: \beta = 1$；备择假设为 $H_1: \beta < 1$。进而通过 *OLS* 方法计算 *t* 统计量，并与临界值进行比较，如果 *t* 值小于临界值，则拒绝原假设，表明所选数据平稳；如果 *t* 值大于临界值，则接受原假设，序列非平稳。在 *DF* 检验中，只有当序列为 *AR*(1) 时才有效，当序列是高阶滞后相关时，就无法满足独立同分布这一假设条件，此时，就可以选择运用 *ADF* 检验方法进行检验，将设定的一阶自回归模型扩展到多阶，则为 *ADF* 检验。

本节实证选择用 *ADF* 检验来对数据进行单位根检验。首先对所选时间序列进行取对数处理。通过对比观察发现，取对数前后序列的形态均发生了一些变化，但是其主要的变化趋势并不显著，只是较之前来看上升或下降的幅度变小了，且绝对数量级也有所下降。分别对选取的时间序列进行 *ADF* 检验，得到了表 6－1 的结果。

表 6－1　　单位根检验结果

变量	检验形式（C，T，K）	T 统计量	1% 临界值	5% 临界值	10% 临界值	检验结果
lngdp_hb_sa	（C，T，0）	－1.322218	－4.148465	－3.500495	－3.179617	不平稳
lncap_hb_sa	（C，0，0）	－3.683579	－3.568308	－2.921175	－2.598551	平稳
lnval_hb _sa	（C，0，0）	－2.713084	－3.565430	－2.919952	－2.597905	不平稳

资料来源：作者自制。

分析上述检验结果可知，关于经济增长和交易价值这两个指标的相关时间序列为非平稳序列，而资本率这一指标的原序列为非平稳序列。分别对以上三个序列进行一阶差分，并相应的用 Dlngdp_sa、Dcap_sa 和 Dval_sa 来表示处理后的数据。进一步对一阶差分后的数据做 ADF 检验，得到的结果如表 6－2 所示。

表 6-2 经过一阶差分后的单位根检验结果

变量	检验形式（C，T，K）	T 统计量	1%临界值	5%临界值	10%临界值	检验结果
Dlngdp_hb_sa	（C，T，1）	-6.779502	-4.156734	-3.504330	-3.181826	平稳
Dlncap_hb_sa	（C，0，1）	-4.962500	-3.577723	-2.925169	-2.600658	平稳
Dlnval_hb _sa	（C，0，1）	-7.267677	-3.568308	-2.921175	-2.598551	平稳

资料来源：作者自制。

三个序列在 1% 的显著性水平下都是平稳的，即表明在 5% 的显著性水平下，所有的序列均为一阶单整，满足协整检验的前提要求。因此，我们可以进行 VAR 模型的建立。

（三）确定滞后阶数

在建立 VAR 模型有两个至关重要的步骤，第一是要分析出存在内在关联的变量；第二是要确定模型的滞后阶数。

根据 VAR 模型自身的特点，此节建立以 lngdp_sa、cap_sa 和 val_sa 这三个序列为参与变量的 VAR 模型。EViews 中提供了判定 VAR 模型滞后阶数的方法，结果如表 6-3 所示。

表 6-3 确定 VAR 滞后阶数

Lag	LogL	LR	FPE	AIC	SC	HQ
0	-50.68301	NA	0.001879	2.236792	2.353742	2.280988
1	116.5450	306.5847*	2.58e-06*	-4.356042*	-3.888242*	-4.179260*
2	124.9113	14.29237	2.66e-06	-4.329637	-3.510986	-4.020267
3	134.3392	14.92755	2.65e-06	-4.347467	-3.177966	-3.905511
4	142.2914	11.59694	2.83e-06	-4.303808	-2.783457	-3.729265

资料来源：作者自制。

在进行最佳滞后阶数的判定时，根据上述的结果可知，最终选取模型滞后阶数为 1 阶，进而建立关于 lngdp_hb_sa、lncap_hb_sa 和 lnval_hb_sa 的 VAR(1)模型。

（四）协整检验

经典回归理论分析只适用于平稳变量的分析，然而在经济学领域，经济数据相对来说是非平稳的，因此，无法利用经典回归方法对经济学方面问题进行分析。为了解决此问题，学者们不断探索新方法，1987 年格兰杰和恩格尔（Granger and Engle）两位学者提出了协整检验。

协整关系表明的是，变量之间存在的一种长期稳定的均衡关系，它不仅适用于平稳变量分析，也适用于非平稳变量分析。通常情况下，如果多个变量之间存在协整关系，从短期表现来看可能会出现偏离均衡值的情况，但是此时会有一种调节机制，使得偏离值回到均衡值，从而恢复长期均衡关系。

在宏观经济计量分析中有许多种的经典分析方法，协整检验是其中一种运用比较广泛的方法，主要用来研究分析非平稳序列的数量关系。对于协整检验，依据其分析的变量数量的差异，将其分为 EG 两步法和 Johansen 协整检验两种。前者的原理为检验残差序列的平稳性，主要用来确定两变量是否有协整关系。而后者主要用来检验两个以上变量之间是否存在协整关系，同时也适用于两变量的检验。在 Johansen 协整检验中，协整向量的个数并不一定是 0 或 1，整个检验过程也不是一次完成的，而是需要对不同取值进行连续检验。具体来说，Johansen 协整检验的原假设是存在零个协整关系，备择假设为有 N 个协整关系，其中，N 代表的是协整向量的个数。接下来进行 LR 统计量的构造，或直接运用迹统计量，其定义为：

$$LRm = -n\sum_{i=m-1}^{N}\log(1-\lambda_i) \tag{6-2}$$

其中，m、n 分别是协整向量个数与样本的容量；λ 是系数矩阵的第 i 个特征值。每次检验都会得到 LR 统计量，并比较该统计量值与相对应的临界值的大小，进而检验是否拒绝原假设进行判断，最终得到是否存在 N 个协整关系的结论。

在部分的实证研究中，构造的是包含三个变量的 VAR 模型，经过验证分析都是 I(1) 序列，因此，本节的检验选择运用 Johansen 检验来进行分析。

Johansen 检验是一种以 VAR 模型为基础的检验方法，对于 VAR 模型来说其没有任何约束条件，但是协整检验是有约束的。因此，协整检验的最优滞后阶数是 VAR 模型的减去 1，故此时的滞后阶数按 1 阶确定。在模型的设定中，借鉴相关分析资料，并依据所选数据的实际情况，确定选择数据具有线性趋势，并且协整过程有截距和固定趋势的情况，具体的结果如表 6 - 4 所示。

表 6 - 4　　**Johansen 协整检验**

Hypothesized No. of CE (s)	Trace		Max-Eigen	
	Statistic	Prob. **	Statistic	Prob. **
None *	45. 58587	0. 0004	30. 46053	0. 0018
At most 1	15. 12534	0. 0568	11. 02739	0. 1529
At most 2	4. 097953	0. 0429	4. 097953	0. 0429

资料来源：作者自制。

由结果可知，由迹统计量得到的关系个数是 1 个，表明在 5% 的显著性水平下，没有协整关系、至多具有一个协整关系与至多具有两个协整关系的检验都拒绝了原假设。

协整检验是用来判断变量之间是否存在一种长期稳定的均衡关系的，就本节具体分析看，是检验河北地区的股市指标与经济增长指标间是否存在协整关系的。经过实证分析，两类指标之间确实存在稳定关系，这也是本节实证的结论。虽然变量通过了协整检验，但是具有协整关系并不能代表具有其他任何关系，因此，关于变量之间是否存在因果关系，以及其他方面的量化关系，需要借助于其他计量工具进一步分析。

（五）格兰杰因果检验

克莱夫·格兰杰（Clive Granger）和西姆斯（C. A. Sims）两位学者共同提出了一种重要的计量经济学工具——格兰杰因果检验。该检验给出了时间序列之间的另外一种新的相互关系，即因果关系。最早时并没有直接提出该检验方法，而是经过不断地完善最终得到的该方法。一开始研究分析的是非因果性这样一个概念，在短期内，任何两变量之间的关系均能够由非因果性描述，表达式为：

$$f(Y_t \mid Y_{t-1}\cdots, X_{t-1}\cdots) = f(Y_t \mid Y_{t-1}\cdots) \tag{6-3}$$

其中，式子的左侧是包含 Y 和 X 的 p 阶滞后变量的条件分布，右侧为只包含 Y 的 p 阶滞后变量的条件分布。具体分析其含义，如果只有 Y 的 p 阶滞后变量的条件分布与包含了 X 的 p 阶滞后变量的条件分布一样，也就是说，加入 X 的滞后变量后对当期 Y 的取值不产生任何影响，那么称 X 的滞后变量与 Y 存在格兰杰非因果关系，反之，则存在格兰杰因果关系。

依据上述提出的格兰杰因果关系，格兰杰和西姆斯探索研究并提出了格兰杰因果检验。检验的方程式表示为：

$$Y_t = \sum_{i=1}^{p} \alpha_i Y_{t-i} + \sum_{i=1}^{p} \beta_i X_{t-i} + \mu_{1t} \tag{6-4}$$

$$X_t = \sum_{i=1}^{p} \alpha_i X_{t-i} + \sum_{i=1}^{p} \beta_i Y_{t-i} + \mu_{2t} \tag{6-5}$$

根据检验方程式可知，实际来看该检验是检验两次的，每一次检验均需要对两个方程式进行回归，其原假设均为 $\beta_i = 0$，如果检验得到的 t 值不显著，则无法拒绝原假设，反之则有充分理由拒绝原假设。

格兰杰因果检验共有四种结果，一是 X 与 Y 互为格兰杰因果关系；二是 X 对 Y 有单向格兰杰因果关系；三是 Y 对 X 有单向格兰杰因果关系；四是 X 与 Y 没有格兰杰因果关系。本节对北京市和河北省数据采取滞后 2 期期限，首先对原序列进行二阶差分，其次用得到的平稳序列进行格兰杰因果检验；对天津市数据采取滞后 1 期期限，以一阶差分后的时间序列为基础进行格兰杰因果关系检验，结果如表 6 - 5 所示。

表 6 - 5　　　　格兰杰因果检验结果

假　设	观察值	F 统计量	P 值
LNCAP_HB_SA does not Granger Cause LNGDP_HB_SA	51	4. 58627	0. 0373
LNGDP_HB_SA does not Granger Cause LNCAP_HB_SA		0. 09977	0. 7535
LNVAL_HB_SA does not Granger Cause LNGDP_HB_SA	51	6. 79528	0. 0121
LNGDP_HB_SA does not Granger Cause LNVAL_HB_SA		0. 21027	0. 6486
LNVAL_HB_SA does not Granger Cause LNCAP_HB_SA	51	19. 1541	6. E - 05
LNCAP_HB_SA does not Granger Cause LNVAL_HB_SA		2. 67367	0. 1086

资料来源：作者自制。

从表 6 - 5 可知，在滞后期为 2 的情况下，cap_sa 不是 lngdp_sa 的格兰杰原因的概率为 0. 1332，故接受原假设，即在 5% 的显著性水平下河北的资本价值不是 GDP 的格兰杰原因。

在滞后期为 2 的情况下，val_sa 不是 lngdp_sa 的格兰杰原因的概率为 0. 1235，故接受原假设，即在 5% 的显著性水平下，交易价值不是 GDP 的格兰杰原因。这说明交易价值和 GDP 之间不存在因果关系，两变量指标中任何一方发生变化均不会引起另一方发生变化，说明河北股票市场活跃程度对经济增长的解释力不足。

为何在河北地区会出现这种现象呢，我们知道股票市场，相对于其他债券市场、银行信贷渠道等具有很大优势，它是上市公司进行直接融资的重要途径。股票投资额这一指标，体现了一国或者地区借助于金融市场直接融资的能力。在2006年之前，京津冀的股票筹资额均是不足的状态，但相对来说，京津的筹资额均高于河北。根据具体数据，关于2001年的筹资额，北京地区远远超过了河北，在数值上表现为：北京是河北的17.84倍。而且两地的历年筹资额分布都是无规律可循的。

在2006~2011的几年中，随着北京股票市场的快速发展，其股票筹资额也迅速增加，而津冀两地股市发展缓慢，这就使得三地之间差距进一步加大，且有更多的资源不断流向北京。

2011年以后，三地股市均取得了一定程度上的发展，此时京津冀筹资额差距也在逐渐缩小，这个时期北京的筹资额比重有所下降，但相对来说其仍占有较多的资源。对比北京和河北两地来看，北京经济发达，所占金融资源较多，而河北地区对各方面资源的吸引力都弱，资本市场竞争力更是处于劣势地位。

由于河北的经济基础差，严重缺乏金融资源、人才资源等，因此，其经济的可持续发展受到严重影响。因此，在河北地区，股票市场对经济增长的作用并不明显。

（六）建立VAR模型

在系统下进行计量检验的结果对滞后期的选择有很大的依赖性，本节选择滞后阶数为2。得出的VAR模型如下：

$$
\begin{aligned}
LNGDP\_HB\_SA = & 0.923219177087 * LNGDP\_HB\_SA(-1) \\
& + 0.0408380117775 * LNGDP\_HB\_SA(-2) \\
& + 0.023888697859 * LNCAP\_HB\_SA(-1) \\
& - 0.0201854583207 * LNCAP\_HB\_SA(-2) \\
& + 0.0120616908075 * LNVAL\_HB\_SA(-1) \\
& + 0.00363856805474 * LNVAL\_HB\_SA(-2) \\
& + 0.408605640962
\end{aligned}
\quad (6-6)
$$

（七）脉冲响应

由前面的协整检验结果可知，变量之间存在长期均衡关系，虽然在短期内受到干扰可能会偏离均衡值，但偏离是暂时的，经过调整变量最终会回到均衡值。而脉冲响应就是对各变量的短期互动关系进行的分析。分别给各变量一个单位大小的冲击，相应的可以得到其他变量的脉冲响应函数。在脉冲响应图中，横纵轴分别代表了冲击作用的滞后期数、因变量对自变量的响应程度，图中实线代表脉冲响应函数，表现了因变量对冲击变量的响应。

脉冲响应分析，是建立在 VAR 模型基础上，一种用来分析脉冲响应函数（Impulse Response Function）的方法，主要分析的是当 VAR 模型受到外部冲击时，在相应未来期间会做出怎样的反馈。其主要原理为，假设存在两变量的 VAR(2) 模型：

$$\begin{cases} x_t = a_1 x_{t-1} + a_2 x_{t-2} + b_1 z_{t-1} + b_2 z_{t-2} + \varepsilon_{1t} \\ y_t = c_1 x_{t-1} + c_2 x_{t-2} + d_1 z_{t-1} + d_2 z_{t-2} + \varepsilon_{2t} \end{cases} \tag{6-7}$$

在进行脉冲响应分析之前，要先检验模型的稳定性，只有稳定的模型才能做脉冲响应分析。利用单位根检验模型的稳定性，如果模型的特征根都是小于 1 的，或者从图中看，所有根的倒数值都是落在单位圆内的，表明模型是稳定的。模型的稳定性检验如图 6－8 所示，可以看出模型中不存在大于 1 的根，所有根的倒数值均在单位圆内，故该模型满足稳定性条件，可以进行脉冲响应分析。

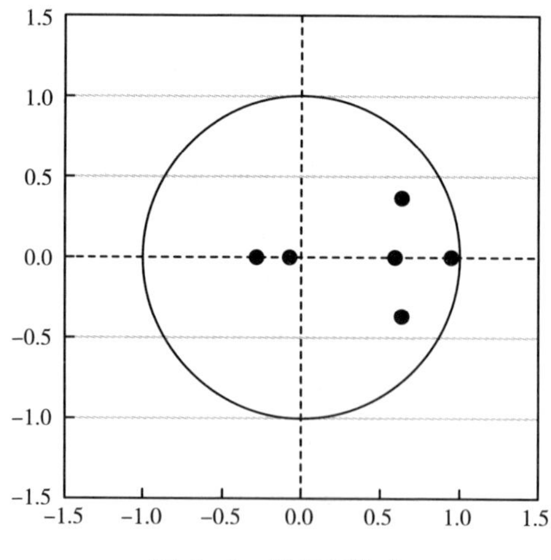

图 6－8 特征根检验

资料来源：作者自制。

在检验中，选择的时间区间为10期，并运用有自由度调整的 Cholesky 分解法转换脉冲。得到的结果如图6－9所示。

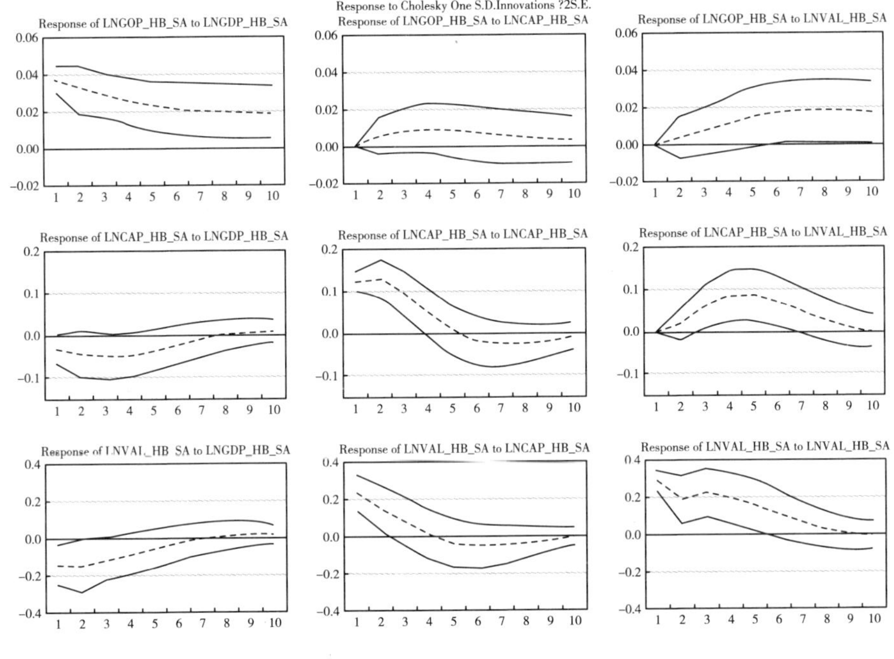

图6－9　脉冲响应结果图

资料来源：作者自制。

脉冲响应函数图6－9中，上下两条虚线代表的是正负两倍标准差的置信区间。

我们首先分析各变量对 GDP 的脉冲响应。通过对 GDP 施加一个标准差的冲击后，资本化率（cap）对 GDP 具有显著的正向作用，并且从趋势上看，这种正向作用随着时间的推移正逐渐减缓，而交易价值（val）一直有一个稳定的正向作用。

从各变量对资本化率的影响来看，GDP 在第1期与第7期之间一直对资本化率具有反向作用，第7期后具有正向作用；交易价值在第1期与第3期之间，对 CAP 具有反向作用，而在第3期开始具有正向作用，并在第4期达到峰值，随后逐渐消失，第9期以后又具有反向的作用趋势。

从各变量对交易价值的影响来看，GDP 在第1期与第6期之间对交易价值具有递减的反向作用，第6期后开始具有正向作用；资本化率在第1期与第 8 期之间，对 CAP 具有递减的正向作用，这种作用已经接近于 0，表明随机扰动产生的影响已经消除。

三、结论分析

首先，河北国内生产总值与资本化率和市场价值在 2005 ~ 2017 年第二季度间存在协整关系。在数据选取期间，河北地区股票市场规模、活跃程度与宏观经济之存在一种长期的均衡关系。这表明河北地区存在一种调节机制，使得其相关指标之间的短期偏离会得到恢复。总体进行分析可知，河北股票市场和宏观经济之间有一种稳定的关系，两者有一定的内在关联性，但这不表明股票市场对经济具有理论上的积极作用。

其次，可以对协整方程进行相关分析。由其系数可知，股票市场规模指标的协整系数为正，即具有长期上同增同减的趋势。这说明了在一定程度上，股市发挥了直接融资与资源配置的功能，具体表现为，能够为河北的上市公司提供资金，进而能使企业扩大生产规模，进一步促进该地区经济的发展。股市活跃指标的协整系数为负，表明了其与宏观经济具有反向的协整关系。这在一定程度上说明在河北地区，股市与实体经济之间可能存在一定的挤出效应，当股市回报率较高时，资金会由实体经济流向股市，而当实体经济向好时，资金则会由股市流回实体经济。因此，在资金的占用上，两者之间存在一定的冲突。

再次，从指标的短期关系方面看，河北股市的规模、活跃程度在滞后 2 期时与宏观经济均不具有格兰杰因果关系，表明在短期内，股市的规模数据对宏观经济未能有一定预测作用。这一点与 2005 ~ 2015 年河北自身经济基础薄弱、金融资源较为短缺及缺乏竞争力相符。

最后，通过分析脉冲响应结果图可知，股市规模这一指标在出现一个扰动的冲击后，会对宏观经济产生一个促进作用，但这种作用会随着时间推移而逐渐减弱。因此，未必股票市场规模越大，对经济的正面作用就越显著；同时，股票市场活跃指标会对经济产生长期稳定的正向作用。

第三节　北京地区实证分析

一、实证分析

（一）季度数据处理

1. 对 GDP 进行季节性调整

北京地区 GDP 的趋势图如图 6－10 与图 6－11 所示。

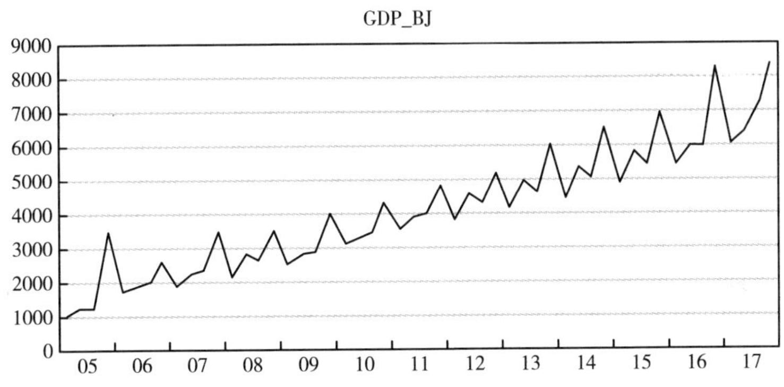

图 6－10　北京地区 GDP 的趋势图

资料来源：作者自制。

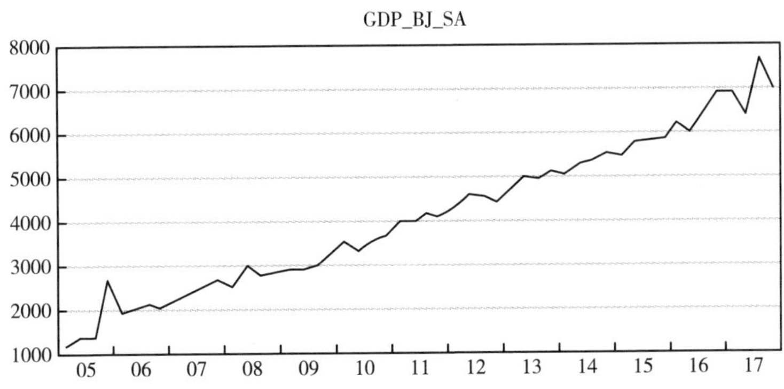

图 6－11　北京地区 GDP 进行季节调整后的趋势图

资料来源：作者自制。

2. 对资本率进行季节性调整

资本率（CAP）的趋势图如图 6－12 与图 6－13 所示。

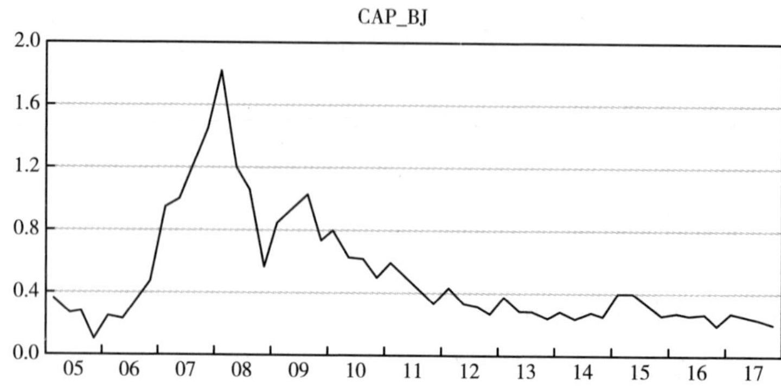

图 6－12　北京地区 CAP 的趋势图

资料来源：作者自制。

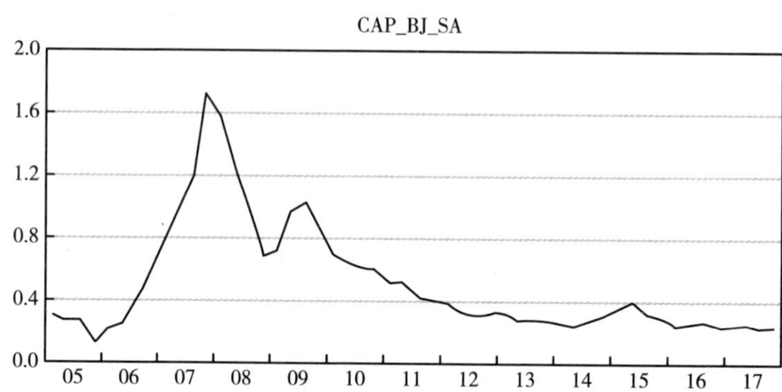

图 6－13　北京地区 CAP 进行季节调整后的趋势图

资料来源：作者自制。

3. 对交易价值进行季节性调整

交易价值（VAL）的趋势图如图 6－14 与图 6－15 所示。

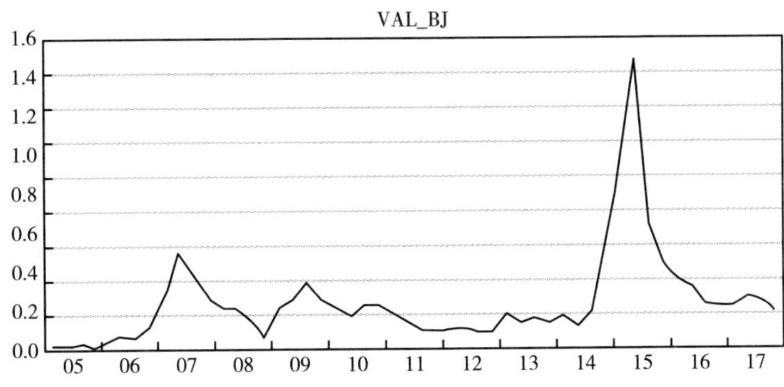

图 6－14　北京地区 VAL 的趋势图

资料来源：作者自制。

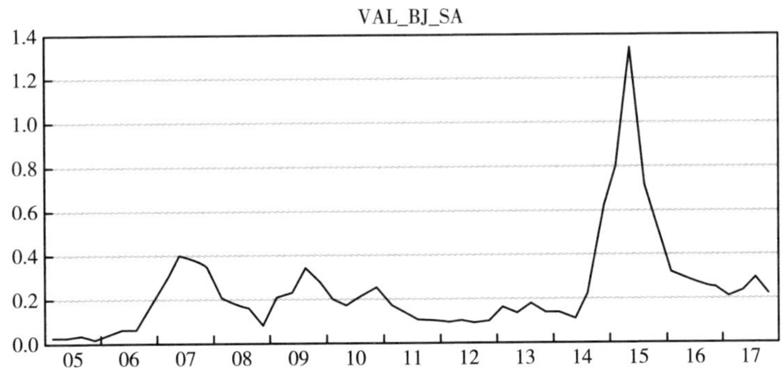

图 6－15　北京地区 VAL 进行季节调整后的趋势图

资料来源：作者自制。

（二）数据的单位根检验

对三个序列分别进行 ADF 检验，得到的结果如表 6－6 所示。

表 6－6　单位根检验结果

变量	检验形式（C，T，K）	T 统计量	1% 临界值	5% 临界值	10% 临界值	检验结果
lngdp_bj_sa	（C，T，0）	－5.138987	－4.152511	－3.502373	－3.180699	平稳
lncap_bj _sa	（C，0，0）	－1.199987	－3.565430	－2.919952	－2.597905	不平稳
lnval_bj _sa	（C，0，0）	－2.416497	－3.565430	－2.919952	－2.597905	不平稳

资料来源：作者自制。

由上表可知，第一个时间序列的原序列为平稳序列，后两个时间序列的原序列为非平稳序列。以上三个时间序列的原序列均为非平稳序列。对上述三个序列进行一阶差分，处理后的数据分别用 Dlngdp_sa、Dlncap_sa 和 Dlnval_sa 表示。对三个处理后的数据分别进行 ADF 检验，检验结果如表 6 - 7 所示。

表 6 - 7　　经过一阶差分后的单位根检验结果

变量	检验形式（C，T，K）	T 统计量	1% 临界值	5% 临界值	10% 临界值	检验结果
Dlngdp_bj_sa	（C，T，1）	-11.01154	-4.161144	-3.506374	-3.183002	平稳
Dlncap_bj_sa	（C，0，1）	-3.409748	-3.577723	-2.925169	-2.600658	平稳
Dlnval_bj_sa	（C，0，1）	-6.581775	-3.568308	-2.921175	-2.598551	平稳

资料来源：作者自制。

三个序列在 1% 的显著性水平下都是平稳的，即所有序列在 1% 的显著性水平下都是一阶单整序列，满足协整检验的前提。

（三）确定滞后阶数

根据 VAR 模型自身具有的特点，建立以 lngdp_bj _sa、lncap_bj _sa 和 lnval_bj _sa 三个序列为参与变量的 VAR 模型。EViews 中提供了判定 VAR 模型滞后阶数的方法，结果如表 6 - 8 所示。

表 6 - 8　　确定 VAR 滞后阶数

Lag	LogL	LR	FPE	AIC	SC	HQ
0	-87.17822	NA	0.008598	3.757426	3.874376	3.801622
1	84.53424	314.8062	9.78e-06	-3.022260	-2.554460	-2.845477
2	105.3755	35.60384	6.00e-06	-3.515646	-2.696996*	-3.206277*
3	117.4988	19.19525*	5.34e-06*	-3.645784*	-2.476284	-3.203828
4	120.6088	4.535329	6.98e-06	-3.400365	-1.880014	-2.825822

注：* 表示在 10% 的统计水平上显著。

资料来源：作者自制。

在进行最佳滞后阶数的判定时，根据上表的实证结果，最终选取的模型滞后阶数为 3 阶，并建立关于 lngdp_bj_sa、lncap_bj_sa 和 lnval_bj_sa 的 VAR(3) 模型。

（四）协整检验

在建立起 VAR 模型的基础上，对以上 3 个指标进行 Johansen 协整检验。由于 VAR 模型是没有前提条件的，但是协整检验具有协整约束，所以协整检验的最优滞后阶数为 VAR 的滞后阶数减去 1，故滞后阶数按照 2 阶确定。另外在模型设定中，根据数据的实际情况，选择具有线性趋势的数据，且协整分析过程带有截距与固定趋势的假定情况，结果如表 6－9 所示。

表 6－9　　Johansen 协整检验

Hypothesized No. of CE (s)	Trace		Max-Eigen	
	Statistic	Prob.	Statistic	Prob.
None	37. 63625	0. 0051	29. 59298	0. 0026
At most 1	8. 043266	0. 4608	7. 443272	0. 4381
At most 2	0. 599994	0. 4386	0. 599994	0. 4386

资料来源：作者自制。

由检验结果可知，通过分析迹统计量，可以确定的协整关系个数是 3 个，也就是说在 5% 显著性水平下，在没有协整关系、至多具有一个协整关系与至多具有两个协整关系的检验都拒绝了原假设。

（五）格兰杰因果检验

从表 6－10 可知，在滞后期为 3 的情况下，cap_sa 不是 lngdp_sa 的格兰杰原因的概率为 0. 9209，故接受原假设，即在 5% 的显著性水平下 cap_sa 不是 lngdp_sa 的格兰杰原因。在滞后期为 3 的情况下，val_sa 不是 lngdp_sa 的格兰杰原因的概率为 0. 8849，故接受原假设，即在 5% 的显著性水平下 val_sa 不是 lngdp_sa 的格兰杰原因，这表明 cap 和 gdp 之间不存在因果关系。股票市场规模的变化对经济增长的变化没有影响，同时经济增长的变化对股票市场规模的变化也没有影响。

表 6－10 格兰杰因果检验结果

假设	观察值	F 统计量	P 值
LNCAP_BJ_SA does not Granger Cause LNGDP_BJ_SA	49	1.47064	0.2363
LNGDP_BJ_SA does not Granger Cause LNCAP_BJ_SA		3.65201	0.0199
LNVAL_BJ_SA does not Granger Cause LNGDP_BJ_SA	49	0.50723	0.6794
LNGDP_BJ_SA does not Granger Cause LNVAL_BJ_SA		0.66958	0.5755
LNVAL_BJ_SA does not Granger Cause LNCAP_BJ_SA	49	1.98480	0.1309
LNCAP_BJ_SA does not Granger Cause LNVAL_BJ_SA		0.97674	0.4128

资料来源：作者自制。

（六）建立 VAR 模型

在系统下进行计量检验的结果对滞后期的选择依赖性很大，本节选择滞后阶数为 2。得出的 VAR 模型如下：

$$\begin{aligned}LNGDP\_BJ\_SA = & -0.309291082473 * LNCAP\_BJ\_SA(-1)\\ & +0.384371925987 * LNCAP\_BJ\_SA(-2)\\ & -0.161305193956 * LNCAP\_BJ\_SA(-3)\\ & +0.0599069466714 * LNGDP\_BJ\_SA(-1)\\ & +0.631320501178 * LNGDP\_BJ\_SA(-2)\\ & +0.0923897037645 * LNGDP\_BJ\_SA(-3)\\ & +0.0901752555537 * LNVAL\_BJ\_SA(-1)\\ & -0.112451577154 * LNVAL\_BJ\_SA(-2)\\ & +0.0702320750783 * LNVAL\_BJ\_SA(-3)\\ & +1.86028842207\end{aligned} \tag{6-8}$$

（七）脉冲响应

模型的稳定性检验如图 6－16 所示。由图 6－16 可以看到，模型中不存在大于 1 的根，所有根的倒数都包含在单位圆内，表明模型满足稳定性条件，可以进行脉冲响应分析。脉冲响应结果如图 6－17 所示。

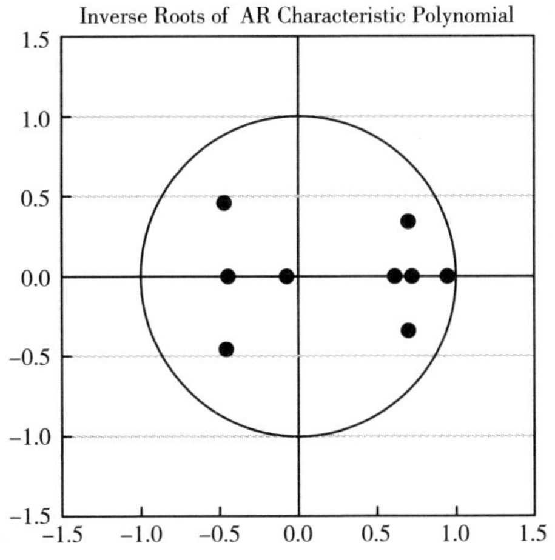

图 6－16　特征根检验

资料来源：作者自制。

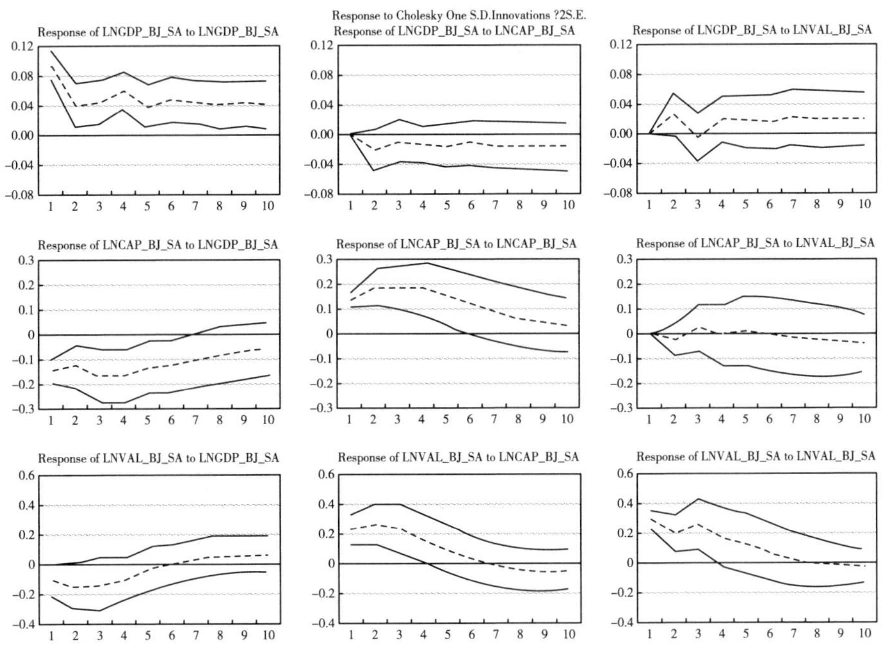

图 6－17　脉冲响应结果

资料来源：作者自制。

我们首先分析各变量对 GDP 的脉冲响应。通过对 GDP 施加一个标准差的冲击后，资本化率（cap）对 GDP 表现出明显的正向作用，但在第 1 期与第2期之间有一个短暂的下降趋势，并且在第2期达到低值，之后迅速回升。而交易价值（val）一直有一个稳定的正向作用，但这种影响并不显著。

从各变量对资本化率的影响来看，GDP一直对资本化率具有反向的影响。交易价值对CAP几乎没有影响。

从各变量对交易价值的影响来看，GDP对交易价值几乎没有影响。资本化率在第1期与第8期之间，对CAP具有递减的正向作用，而在第8期这种作用已经几乎没有，表明随机扰动产生的影响已消除。

二、结论分析

首先，通过对各变量及其一阶差分后的数据进行单位根检验，可以发现它们构成的时间序列均为非平稳序列，均为一阶单整变量，这表明它们是单位根过程。

其次，对变量进行Johansen协整检验，结果显示经济增长与股票市场的规模以及活跃程度之间存在着一个长期的稳定关系。宏观经济增长与股票市场发展之间存在长期均衡关系，表明股票市场规模对宏观经济已经有了稳定的内在影响机制，股票市场规模对经济增长有着微弱的促进作用。

再次，由格兰杰因果检验结果可知，在5%的显著性水平下，股票市场规模、活跃程度指标与经济增长之间均互不为格兰杰原因。这表明北京地区股票市场规模对经济增长的解释力度相对不够。

最后，从脉冲响应结果图可以看到，当北京地区股票市场规模受到外部条件的冲击时，经传递最初给国内生产总值带来明显的正向冲击，冲击逐渐减缓并在第2期达到最低，之后又逐步上升，其正向冲击表现出较长时期的持续效应。综合以上分析，经过几十年的发展，北京股票市场不断发展、规模逐步扩大并对经济增长起到一定的促进作用。虽然这种促进作用在随后的一段时间里有所下降，但由于市场机制的灵活调整，股市规模的扩大对经济增长始终保持着稳定的促进作用。

同时，当外部条件对股票市场活跃程度产生冲击时，经传递后，该冲击给国内生产总值带来的影响并不显著。原因可能是受到国家政策的调控和投资者情绪的影响，对国内生产总值的冲击在传导过程中受到了抑制。

第四节 天津地区实证分析

一、实证分析

（一）季度数据处理

1. 对 GDP 进行季节性调整

天津地区 GDP 的趋势图如图 6－18 与图 6－19 所示。

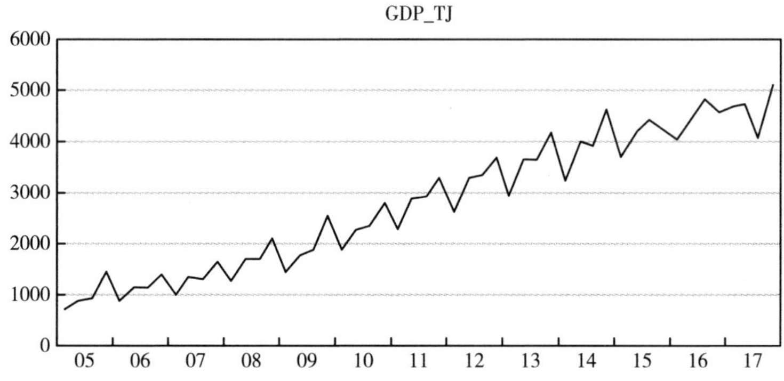

图 6－18 天津地区 GDP 的趋势图

资料来源：作者自制。

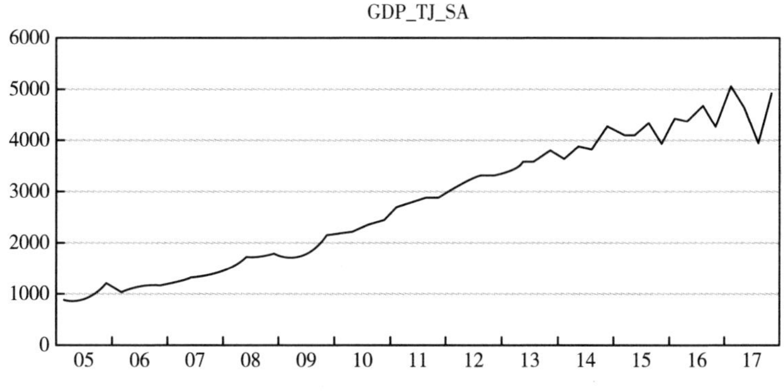

图 6－19 天津地区 GDP 进行季节调整后的趋势图

资料来源：作者自制。

2. 对资本率进行季节性调整

资本率（CAP）的趋势图如图 6－20 与图 6－21 所示。

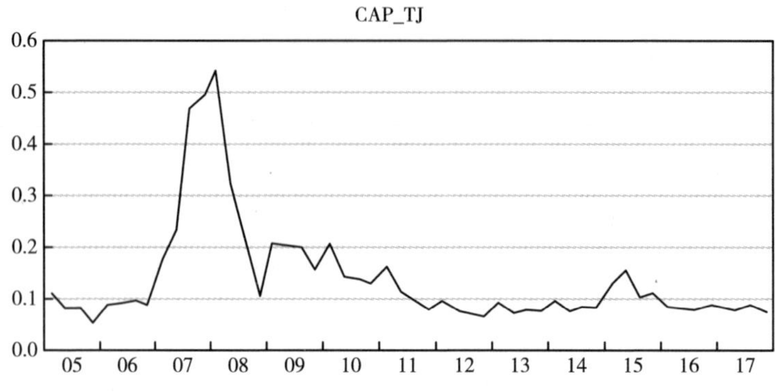

图 6－20　天津地区 CAP 的趋势图

资料来源：作者自制。

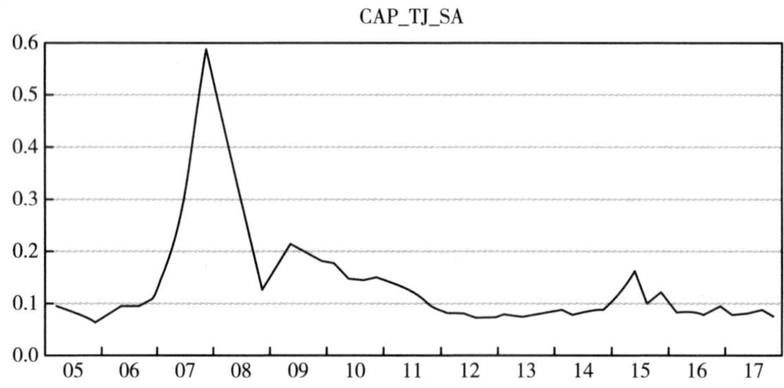

图 6－21　天津地区 CAP 进行季节调整后的趋势图

资料来源：作者自制。

3. 对交易价值进行季节性调整

交易价值（VAL）的趋势图如图 6－22 与图 6－23 所示。

（二）数据的单位根检验

对三个序列分别进行 ADF 检验，得到如下结果。

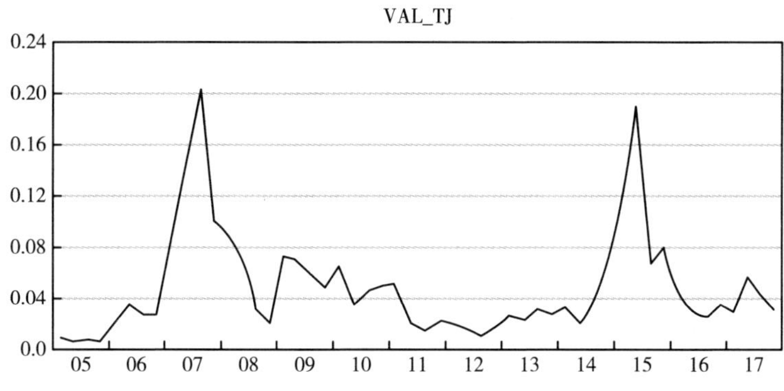

图 6－22　天津地区 VAL 的趋势图

资料来源：作者自制。

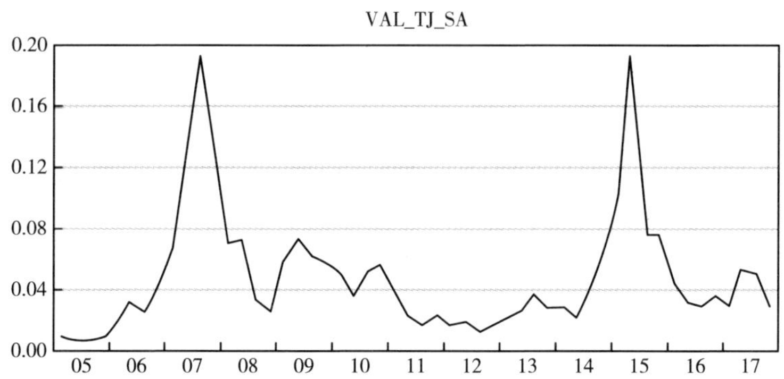

图 6－23　天津地区 VAL 进行季节调整后的趋势图

资料来源：作者自制。

表 6－11　　单位根检验结果

变量	检验形式（C，T，K）	T 统计量	1% 临界值	5% 临界值	10% 临界值	检验结果
lngdp_tj_sa	（C，T，0）	－1.089331	－4.152511	－3.502373	－3.180699	不平稳
lncap_tj_sa	（C，0，0）	－1.452747	－3.565430	－2.919952	－2.597905	不平稳
lnval_tj_sa	（C，0，0）	－2.534145	－3.565430	－2.919952	－2.597905	不平稳

资料来源：作者自制。

从表 6－11 中的检验结果能够看出，这三个时间序列的原序列都是非平稳序列。所以首先对上述三个序列进行一阶差分，处理后的数据分别用 Dlngdp_tj_sa、Dlncap_tj _sa 和 Dlnval_tj _sa 表示。对一阶差分后的相关数据分别进行 ADF 检验，得到如下检验结果，如表 6－12 所示。

表 6－12　　经过一阶差分后的单位根检验结果

变量	检验形式（C，T，K）	T 统计量	1% 临界值	5% 临界值	10% 临界值	检验结果
Dlngdp_tj_sa	（C，T，1）	－8.063597	－4.156734	－3.504330	－3.181826	平稳
Dlncap_tj _sa	（C，0，1）	－5.133566	－3.568308	－2.921175	－2.598551	平稳
Dlnval_tj _sa	（C，0，1）	－5.974838	－3.568308	－2.921175	－2.598551	平稳

资料来源：作者自制。

三个序列在 1% 的显著性水平下都是平稳的，即所有序列在 1% 的显著性水平下都是一阶单整序列，满足协整检验的前提。

（三）确定滞后阶数

根据 VAR 模型所具有的特征，建立以 lngdp_tj_sa、lncap_tj _sa 和 lnval_tj _sa 三个序列为参与变量的 VAR 模型。EViews 中提供了判定 VAR 模型滞后阶数的方法，结果如表 6－13 所示。

表 6－13　　确定 VAR 滞后阶数

Lag	LogL	LR	FPE	AIC	SC	HQ
0	－87.99013	NA	0.008894	3.791255	3.908205	3.835451
1	74.43435	297.7782	1.49e－05	－2.601431	－2.133631＊	－2.424649
2	88.64666	24.27936＊	1.21e－05＊	－2.818611＊	－1.999960	－2.509242＊
3	93.22602	7.250655	1.47e－05	－2.634417	－1.464917	－2.192461
4	97.67398	6.486610	1.82e－05	－2.444749	－0.924398	－1.870206

注：＊表示在 10% 的统计水平上显著。

资料来源：作者自制。

在进行最佳滞后阶数的判定时，根据上表中的结果，最终选取模型的滞后阶数为 2 阶，接下来建立关于 lngdp_tj_sa、lncap_tj _sa 和 lnval_tj _sa 的 VAR(2) 模型。

（四）协整检验

在建立起 VAR 模型的基础上，对以上三个指标进行 Johansen 协整检验，此时确定的协整检验的滞后阶数为 1 阶。此外，在模型设定中，选择具有先行趋势的数据，且协整分析过程带有截距与固定趋势的假定情况，协整检验结果如表 6－14 所示。

表 6－14　Johansen 协整检验

Hypothesized No. of CE（s）	Trace		Max-Eigen	
	Statistic	Prob. **	Statistic	Prob. **
None *	35. 84070	0. 0089	17. 28289	0. 1591
At most 1	18. 55781	0. 0167	14. 26606	0. 0500
At most 2	4. 291753	0. 0383	4. 291753	0. 0383

注：*、** 分别表示在 10%、5% 的统计水平上显著。

资料来源：作者自制。

从结果中可以看出，迹统计量给出的协整关系个数是 3 个，表明在没有协整关系、至多有一个协整关系与至多有两个协整关系的检验，都在 5% 显著性水平下拒绝了原假设。

（五）格兰杰因果检验

从表 6－15 可知，在滞后期为 2 的情况下，cap_sa 不是 lngdp_sa 的格兰杰原因的概率为 0. 5808，故接受原假设，即在 5% 的显著性水平下 cap_sa 不是 lngdp_sa 的格兰杰原因。在滞后期为 2 的情况下，val_sa 不是 lngdp_sa 的格兰杰原因的概率为 0. 8417，故接受原假设，即在 5% 的显著性水平下 val_sa 不是 lngdp_sa 的格兰杰原因，这表明 cap 和 gdp 之间不存在因果关系，股票市场规模的变化不会引起经济增长的变化，经济增长的变化也不会引起股票市场规模的变化。

表 6－15　格兰杰因果检验结果

假　设	观察值	F 统计量	P 值
LNCAP_TJ_SA does not Granger Cause LNGDP_TJ_SA	50	0. 63206	0. 5361
LNGDP_TJ_SA does not Granger Cause LNCAP_TJ_SA		4. 25315	0. 0203
LNVAL_TJ_SA does not Granger Cause LNGDP_TJ_SA	50	0. 57528	0. 5666
LNGDP_TJ_SA does not Granger Cause LNVAL_TJ_SA		1. 19957	0. 3108
LNVAL_TJ_SA does not Granger Cause LNCAP_TJ_SA	50	1. 28850	0. 2857
LNCAP_TJ_SA does not Granger Cause LNVAL_TJ_SA		0. 26117	0. 7713

资料来源：作者自制。

（六）建立 VAR 模型

在系统下进行计量检验的结果对滞后期的选择依赖性很大，本节选择的滞后阶数为 2。得出的 VAR 模型如下：

$$
\begin{aligned}
LNGDP\_TJ\_SA = & 0.543098219383 \times LNGDP\_TJ\_SA(-1) \\
& + 0.448083210656 \times LNGDP\_TJ\_SA(-2) \\
& + 0.171097211961 \times LNCAP\_TJ\_SA(-1) \\
& - 0.107393659161 \times LNCAP\_TJ\_SA(-2) \\
& - 0.0742442374004 \times LNVAL\_TJ\_SA(-1) \\
& + 0.0322351047061 \times LNVAL\_TJ\_SA(-2) \\
& + 0.116524135559
\end{aligned}
\tag{6-9}
$$

（七）脉冲响应

模型的稳定性检验如图 6－24 所示。由图可知，模型中不存在大于 1 的根，全部根的倒数值都落在单位圆内，即模型满足稳定性条件，可以做脉冲响应分析。脉冲响应结果如图 6－25 所示。

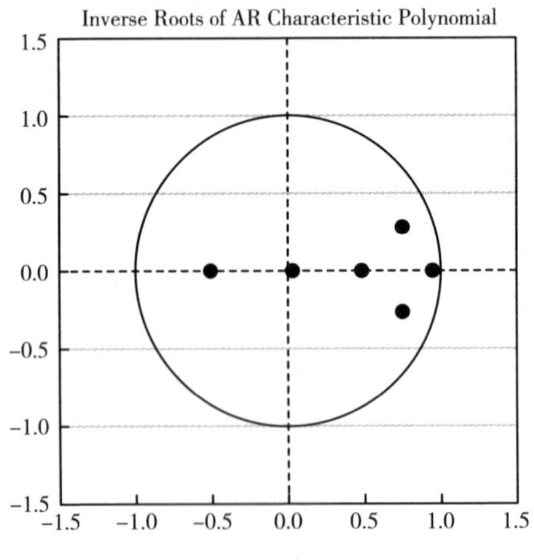

图 6－24 特征根检验

资料来源：作者自制。

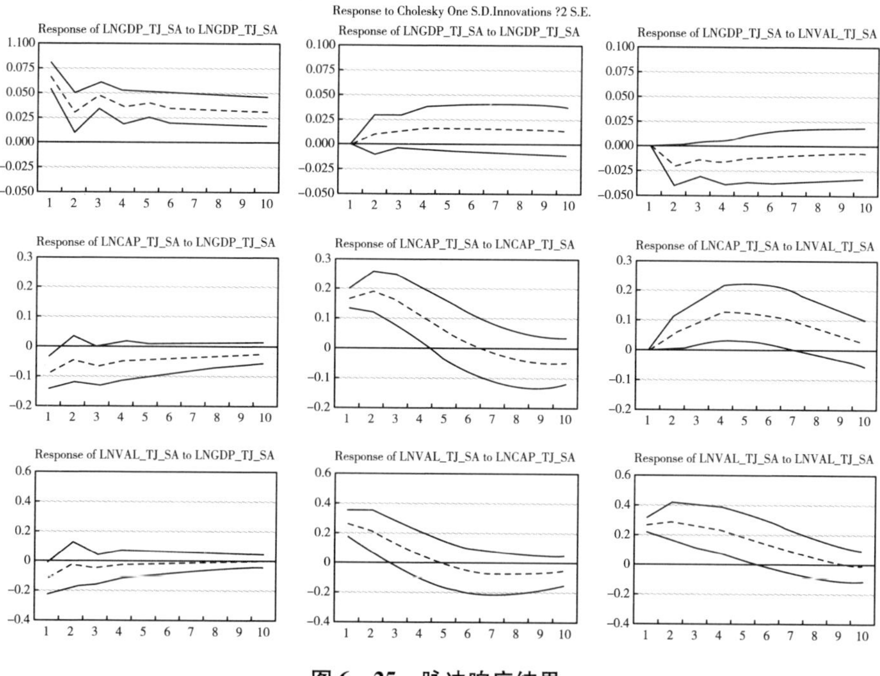

图 6－25　脉冲响应结果

资料来源：作者自制。

我们首先分析各变量对 GDP 的脉冲响应。通过对 GDP 施加一个标准差的冲击后，可以看出资本化率（cap）对 GDP 具有显著的正向作用，但在第 1 期与第 2 期之间有一个短暂的下降趋势，并且在第 2 期达到低值，第 2 期与第 3 期之间迅速回升，之后趋于平稳有一个持续的影响。而交易价值（val）一直有一个稳定的反向作用，但这种影响并不显著。

从各变量对资本化率的影响来看，GDP 在受到冲击的初期对资本化率具有微弱的反向的影响，并随着期数的增加，这种微弱的影响逐渐消失。交易价值在第 1 期与第 3 期之间对资本化率具有递增的正向的影响，并在第 3 期这种影响达到顶峰；第 3 期以后正向作用逐渐下降至 0，表明冲击的影响逐渐消失。

从各变量对交易价值的影响来看，GDP 对交易价值在最初时期具有微弱的反向影响，随着期数的增加，这种微弱的影响逐渐消失。资本化率在第 1 期与第 7 期之间，对交易价值具有递减的正向作用，在第 8 期这种作用已经接近于 0，表明随机扰动产生的影响已经消除。

二、结论分析

首先，通过对股票市场发展的规模和活跃程度两个变量进行实证研究可得：股票市场规模、活跃程度与经济增长之间均为负相关关系，且活跃程度与经济增长之间没有明显的关系。在本节实证分析选取的期间内，经济状况和股市规模、活跃程度之间存在长期均衡关系。也就是说，存在这样一种调节机制，当变量之间的关系在短期内偏离长期稳定关系时，调节机制对其进行调节使其回到均衡状态上。整体分析可知，对于天津来说，其股票市场与经济增长之间有一种稳定关系，但是这并不意味着股票市场会在理论上对经济发展有促进作用。

其次，通过分析实证研究得到的协整方程可知，股票市场规模所对应的协整系数为负，说明其与经济增长之间是反向的协整关系。具体分析天津出现这种情况的原因，可能是因为股市规模的增大，对国民经济的发展产生了一定的影响，进而使得整体经济出现下降的趋势。

股票市场的活跃程度的协整系数为正，即具有长期上同增同减的趋势。这表明股价的上升，意味着股市的繁荣，投资者对上市企业未来表现的预期也会上升，由此，上市企业能募集更多资金，进而促进企业的良好发展。由此可知，两者之间是相互促进的关系。

再次，从对短期关系的分析可知，天津股市规模、活跃程度在滞后 2 期时与宏观经济不存在格兰杰因果关系，这表明在短期，股市的规模数据对宏观经济不具有一定预测作用。这一点可能与 2005 ~ 2015 年天津产业结构有关。具体来看，对比天津的重化工业与服务业可知，后者占比较小，特别是现代服务业的发展更加不尽如人意。北京具有多方面的优势，其服务业发展良好。而相对来说天津缺乏更多长期的支持，因此，天津要大力发展服务业也存在着一些实际的困难。

此外，天津地区经济发展的一大特点是民营经济占比较低。根据相关数据，天津现阶段的 50 家 A 股上市公司中，实际控制人为以个人为代表的民营资本的有 19 家，所占比例不高。从全国经济发展的实际情况来看，除了作为首都的北京，其他国企占比较高的地区，经济发展均有滞缓的现象。

最后，由脉冲响应分析图可知，在出现一个扰动的冲击后，股市规模会对宏观经济有一个促进作用，但随后这种作用会逐渐减弱。因此，未必股票市场规模越大，对经济的正面作用就越显著；同时，股票市场活跃指标对经济的作用并不明显。

第五节　京津冀地区面板实证分析

为了保证统计模型的可比性和一致性，京津冀面板模型的解释变量和被解释变量的指标选取和处理同 VAR 模型大致相同。变量选取 2005 ~ 2017 年季度数据，采用 Stata 软件进行非平衡面板模型的构建。

为进行实证研究，考察京津冀银行业结构对当地经济增长的影响，建立如下的回归模型：

$$\mathrm{lngdp}_{it} = \alpha_0 + \alpha_1 \mathrm{capi}_{it} + \alpha_2 \mathrm{val}_{it} + \alpha_3 \mathrm{control}_{it} + \varepsilon_{it} \tag{6-10}$$

一、指标选取

表 6 - 16　变量符号以及含义

变量	符号	含　义
被解释变量	lngdp	名义 GDP 取对数
解释变量	capi	资本率（CAP）：代表股票市场规模， 资本率 = 季度市价总值/季度名义 GDP
	val	交易价值（VAL）= 季度股票市场总成交额/季度名义 GDP
控制变量	agril	农业化程度
	indser	产业结构优化升级
	govrev	公共财政收入在 GDP 中的比重
	socsec	社会服务经费实际支出/GDP
	fixassprice	固定资产投资价格指数
	fixasscompt	固定资产投资完成额：实际当季同比

资料来源：作者自制。

二、指标描述性统计分析

具体如表 6 - 17 所示。

表 6 - 17　　　　变量统计性描述

变量	观察值	平均值	标准差	最小值	最大值
lngdp	156	8. 196687	0. 559515	6. 726088	9. 129473
capi	156	0. 230297	0. 296442	0. 019229	1. 726844
val	156	0. 101986	0. 162283	0. 002229	1. 351831
agril	152	0. 045679	0. 054348	0. 00225	0. 199001
indser	152	0. 970995	0. 1335	0. 595893	1. 967127
govrev	156	0. 124727	0. 056652	0. 043479	0. 263876
socsec	132	0. 004593	0. 001891	0. 001681	0. 01027
fixassprice	156	101. 8343	3. 439372	94. 5	112. 5
fixasscompt	156	0. 171477	0. 197883	-0. 4628	1. 6306

资料来源：作者自制。

三、Hausman 检验结果

Hausman 检验是对同一参数的两个估计量差异的显著性检验，用于对个体效应采用固定效应或随机效应进行检验，是面板数据模型实证研究中非常重要的检验工具。下面通过 Stata 软件对各数据变量进行 Hausman 检验。检验结果如表 6 - 18 所示。

表 6 - 18　　　　Hausman 检验结果

检验方法	chi2 值	P 值
Hausman 检验	37. 59	0. 0000

资料来源：作者自制。

根据检验结果我们可以看出，将随机效应作为原假设，最终 P 值为 0. 0000，因而拒绝原假设，模型最终选择为固定效应。

四、建立面板模型

本节运用计量软件 Stata11，将控制变量逐步代入模型进行回归估计。模型架构如下：

1. $lngdp_{it} = \alpha_0 + \alpha_1 capi_{it} + \alpha_2 val_{it} + \varepsilon_{it}$

2. $lngdp_{it} = \alpha_0 + \alpha_1 capi_{it} + \alpha_2 val_{it} + \alpha_3 agril_{it} + \varepsilon_{it}$

3. $lngdp_{it} = \alpha_0 + \alpha_1 capi_{it} + \alpha_2 val_{it} + \alpha_3 agril_{it} + \alpha_4 indser_{it} + \varepsilon_{it}$

4. $lngdp_{it} = \alpha_0 + \alpha_1 capi_{it} + \alpha_2 val_{it} + \alpha_3 agril_{it} + \alpha_4 indser_{it} + \alpha_5 govrev_{it} + \varepsilon_{it}$

5. $lngdp_{it} = \alpha_0 + \alpha_1 capi_{it} + \alpha_2 val_{it} + \alpha_3 agril_{it} + \alpha_4 indser_{it} + \alpha_5 govrev_{it} + \alpha_6 socsec_{it} + \varepsilon_{it}$

6. $lngdp_{it} = \alpha_0 + \alpha_1 capi_{it} + \alpha_2 val_{it} + \alpha_3 agril_{it} + \alpha_4 indser_{it} + \alpha_5 govrev_{it} + \alpha_6 socsec_{it} + \alpha_7 fixassprice_{it} + \varepsilon_{it}$

7. $lngdp_{it} = \alpha_0 + \alpha_1 capi_{it} + \alpha_2 val_{it} + \alpha_3 agril_{it} + \alpha_4 indser_{it} + \alpha_5 govrev_{it} + \alpha_6 socsec_{it} + \alpha_7 fixassprice_{it} + \alpha_7 fixasscompt_{it} + \varepsilon_{it}$

统计结果如表 6－19 所示。

表 6－19　　面板模型结果

解释变量	被解释变量 lngdp						
	模型 1	模型 2	模型 3	模型 4	模型 5	模型 6	模型 7
capi	－0.642***	－0.638***	－0.645***	－0.506***	－0.611***	－0.600***	－0.521***
	(－3.94)	(－4.11)	(－4.30)	(－3.80)	(－5.79)	(－5.61)	(－5.15)
val	0.863**	0.814**	0.765**	0.480*	0.0559	0.0303	0.0236
	－3.24	－3.2	－3.11	－2.18	－0.34	－0.18	－0.15
agril		－3.924*	－4.639**	－3.775**	－0.197	－0.23	－0.349
		(－2.55)	(－3.09)	(－2.85)	(－0.16)	(－0.19)	(－0.31)
indser			－0.950***	－0.988***	－0.421	－0.415	－0.462
			(－3.41)	(－4.03)	(－0.75)	(－0.74)	(－0.88)
govrev				6.049***	4.183***	4.086***	3.577***
				－6.6	－5.56	－5.34	－4.95
socsec					79.35***	78.13***	65.27***
					－4.91	－4.8	－4.22
fixassprice						－0.00473	－0.0145*
						(－0.75)	(－2.31)
fixasscompt							－0.488***
							(－4.39)

续表

解释变量	被解释变量 lngdp						
	模型 1	模型 2	模型 3	模型 4	模型 5	模型 6	模型 7
_cons	8. 256 ***	8. 451 ***	9. 413 ***	8. 641 ***	7. 982 ***	8. 478 ***	9. 713 ***
	(-147. 63)	(-95. 11)	(-31. 93)	(-30. 39)	(-13. 91)	(-9. 67)	(-11. 23)
观察值	156	152	152	152	132	132	132
调整的 R 平方	0. 111	0. 152	0. 21	0. 389	0. 517	0. 515	0. 578

注：括号里是 t 值；*** 、** 、* 分别表示在 1% 、5% 、10% 的统计水平上显著。

资料来源：作者自制。

首先，我们对模型 1 进行分析。模型 1 是在未引入控制变量的情况下呈现的结果，其中股票资本化率对国内生产总值具有负向影响，而市场价值对国内生产总值具有正向影响，且影响结果显著。同时，参考引入其余控制变量后的结果，发现股票资本化率与国内生产总值始终呈现负相关关系。其次本节引入控制变量的检验结果显示，对于我国现阶段股票市场的发展程度来说，股票市场与经济增长之间还不存在相互促进的关系，这与国外学者的主流观点一致；但我们未引入其他控制变量的结果与哈里斯（Harris，1997）的实证结果较为吻合，表明在发展中国家，股票市场发展对经济增长的效应至多是非常弱的正效应。

对于京津冀地区来说，股票市场发展情况严重分化。

河北的证券市场起步比较晚、发展比较快，但仍很落后。省内上市公司数量少，在全国范围内排名靠后，且与其自身经济总量不相适应。虽然河北省积极发展证券市场，并通过证券市场募集资金，为本地区企业发展提供资金支持，但是其融资手段比较缺乏多样化，因此，其股票市场的发展远不及京津两地。因此，京津冀发展的不协调使得股票市场无法更好地发挥其对经济增长的促进作用，进一步甚至可能会对经济增长有负向影响。这些均反映了京津冀三地股市发展的实际情况，即虽然我国自股市成立以来发展迅速，但依然过于年轻，尚且处于发展的初级阶段，与欧美较成熟的股票市场相比，无论是交易品种、组织机构、投资结构、监管水平还是市场规范化程度，甚至交易者的投资能力都有所欠缺。因此，我国的股票市场运行效率较低，无法充分发挥优化资源配置的功能，不能有效拉动经济增长。

其次，我们在模型 2 中引入农业化程度指数。发现资本化率和市场价值对国内生产总值的影响与模型 1 大致相同，农业化程度对国内生产总值的影响呈现反向作用，且结果依然显著。

农业化程度对经济增长的消极影响可以从北京地区得到很好的解释。由于外来人口的大量涌入，北京地价飞涨；此外现代服务业的飞速发展大大占用了农业发展的资源；特别是农民和土地关系越来越紧张，随着人口数量的增加以及垦地面积有限性因素的制约，人均土地占有率在逐渐下降。

京津冀地区农业基础设施薄弱，农业总体利润水平低。长期以来，中国农业生产者绝大部分是分散经营的，而且力量薄弱，不具备产业链的议价能力，且政府长期实施农业支持工业发展战略，使得农业发展较为缓慢。农业对经济的贡献远不及现代服务业的贡献水平，使得其对经济增长产生了负面影响。

再次，我们在模型 2 的基础上加入产业结构指标构建模型 3。结果显示，资本化率和市场价值对国内生产总值的作用方向没有发生变化，但作用强度减弱，产业结构指标对国内生产总值产生反向影响，结果显著。

最后，加入公共财政收入指标构建模型 4。资本化率和市场价值对国内生产总值的作用继续减弱，公共财政收入对国内生产总值的促进作用十分显著。

财政收入占 GDP 的比重是一种相对指标，可以用来反映财政的规模，其更进一步的含义是以财政方式所占有的社会资源份额。这一指标的数值越大，则说明政府可以运用越多的社会资源，相对来说，其他阶层可以得到的社会资源越少。此指标可以反映与政府相关的两个方面：一是政府以财政方式所占有的社会资源的比例是否恰当；二是反映政府对经济发展的宏观调控能力的大小。财政收入占 GDP 比重的高低，与区域内的产业结构以及经济运行质量、税收征管强度等有着直接的关系。一般来说，像京津地区产业运行质量高、第一产业比重低、新兴行业、资源型行业和高附加值行业比重大的地区，财政收入占 GDP 的比重也比较高。

一方面政府可以通过社会再分配对资源进行优化配置，从而提高经济效率，对经济起到促进作用；另一方面，税收政策的调整会对股市产生一定的影响，过紧的财政政策会抑制股票市场的发展，减轻其对经济增长的影响程度。因此，呈现出在引入公共财政收入之后，资本化率和市场价值对国内生产总值的作用继续减弱的结果。

五、结论分析

根据文章理论分析可知，股票市场作为银行信贷间接融资的有效配置渠道，其在经济发展过程中有着举足轻重的作用。股票市场既能通过市场机制给企业提供直接融资渠道，又能通过市场定价机制引导经济体系的产业结构升级，保证经济的平稳增长。

但实证研究的结果并未显示出对此观点的支持，结合股票市场发展阶段，实证的结论理解起来相对容易得多。在国际市场上，对于成熟资本市场来说，其各方面发展都比较成熟，且其资本积累量也必然远远高于欠发达国家，因此，其股票市场在金融体系的融资作用有所减弱。而对于京津冀地区来说，股票市场发展并未完全成熟，未必会对经济增长产生显著的促进作用，这一点通过协整检验系数和面板模型结果就可以看出。基于资本积累程度、在金融体系中作用这两个方面进行分析，股票市场相对于债券市场、银行信贷等渠道来说，其本身具有较大的风险性与投机性，这也使得股票市场能进行更多的金融创新，但也使得其降低交易成本的功能大幅度减弱。由此分析可知，股票市场对经济增长的促进作用也变得无法确定。

第六节　京津冀区域股票市场发展的政策建议

为了充分发挥股票市场在金融体系中的融资作用，并降低投机行为对促进经济增长的影响，本节特对京津冀地区股票市场的发展提出几点政策建议。

一、规范上市公司行为，增强社会责任感

通过规范上市公司的行为，可以有力保障京津冀股票市场的规范性，为投资者提供良好的证券环境。

为了对上市公司形成行为规范，要加强对其信息披露方面的要求。

（一）要加强信息披露的全面性和时效性

对于上市公司，要规范信息披露的内容，防止其对于不同方面的信息披

露程度不同，进而误导投资者；还要要求上市公司及时进行信息披露，且要做到对于重大的事件随时报告，让社会和公众有知情权。

（二）要进一步规范信息披露的形式和渠道

要明文规定所允许的信息披露的形式和渠道，上市公司不得通过未规定的渠道发布相关信息，做到公开、公正，进一步提高市场透明度。

（三）要引导上市公司分红

对于分红的问题，要根据实际情况从各个方面进行具体规定，有分红条件而未分红的公司，应该具体阐述这样做的原因；还可以制定相关的税收优惠政策，进一步鼓励上市公司进行分红。

二、完善证券交易市场，创新交易产品

为了维护京津冀资本市场的稳定运行和健康发展，要积极采取措施解决其目前面临的新情况和新挑战。如：中小企业融资难融资贵问题突出，融资融券规模快速增长，交易杠杆率显著提高，资本市场面临较大的流动性风险隐患等问题。

对此应该对股票交易市场进行创新与改革。

（一）积极推进股票市场健康发展

全面推动股票发行制度的改革，不断引导长期资金入市；在稳定市场预期的前提下，根据实际情况适时适度增加新股，促进更多资本的形成。

（二）加强建设多层次股权市场的体系

发展主板市场、创新创业板市场、完善“新三板”市场，对于区域性股权市场进行规范要求，积极开展股权众筹融资的试点，努力改善并购重组的市场环境，为各个方面的深入发展提供强有力支持。

（三）发展证券交易所间债券市场

建立健全公司债券发行制度，力争有效缓解各类企业，尤其是中小微企业融资难的问题。

（四）要积极推动私募市场的发展

建立健全发行制度，并有效推进私募基金规范发展，进而调动民间投资的积极性。

（五）适度放宽证券期货服务业准入限制

允许证券期货经营机构创新业务产品，更好地促进市场的发展。

（六）要加强风险的防范

以法律法规严格要求市场参与主体的行为并进行监督，督促其履行信息披露义务。健全风险监督预警机制，有效处理违约事件。

关于证券业务发展，天津、河北两地的证券业务主管部门要借助于北京中关村科技型创新企业可在新H板上市的有利条件，加强与新H板监管部门的沟通与合作，为津冀两地初创型企业今后发展提供机会。

三、转变监管理念，完善相关法律法规

除了针对上市公司的行为进行规范，监管者同样需要作为市场参与者参与建设资本市场。为了更好地为京津冀的市场主体提供良好的监管环境，降低和防范投资者投机行为，需要做到以下几点：首先，对于监管机构而言，应该积极转变其监管理念。考虑将监管重点由事前转变为事中、事后监管。其次，要进一步完善相关法律法规。对于违反市场规律、不遵守市场法律法规的行为，加强监管，严肃惩处，绝不允许存在扰乱市场秩序的行为。最后，要加大监管范围和力度。在科技迅猛发展的现代社会，实施监管时可以借助于科技工具，有效地扩大监管范围，并且对于违法行为，要坚决严惩、绝不搞特殊化，切实保障相关者的利益。

同时为了防止投机过热，对于风险意识较为淡薄，风险承受能力低的中小投资者应加强教育，来保护他们的利益。为此要采取积极的措施，首先，要向中小投资者普及相关金融知识。每一位投资者都应该具备一定的经济、金融知识，树立正确的投资理念，选择业绩优秀的上市公司进行投资，而不是盲目投资、跟风投资。其次，要提高中小投资者的风险意识、使其拥有正确投资心态。投资者应对所进行的投资有足够的了解，全面理解投资的利润

和风险相伴而生，培养良好的风险意识，秉持分散投资的理念，逐步成长为理性的投资者。最后，要建立健全相关维权法律机制，为中小投资者提供维权方式和渠道，使投资者的利益能够得到保障。

第七章　京津冀保险市场对经济增长影响的实证研究

第一节　区域保险业对经济增长影响的理论分析

本章首先介绍什么是区域保险业；其次根据前文所提到的影响区域经济的因素来分析其经济增长机制；再次利用实证检验理论模型；最后对京津冀区域保险业提出发展建议。

一、区域保险业

区域保险是指借助于市场机制以及宏观政策工具大力发展区域内的保险行业，从而让保险业整体得到可持续的发展。

（一）保险的概念

保险，作为一种经济补偿制度，主要通过将同类风险单位集中起来的方式，来分摊少数人的风险损失，以实现投保人规避风险的目的。由于在经济市场中存在对保险的需求和供给，保险行业才能日益发展起来。一方面从需求角度考虑，社会中有很多面对相似风险的独立主体存在，这些人愿意先付出一些经济代价，而在未来真正遭受风险损失时，能获得全额或一定的经济补偿；独立的主体与保险公司签订合同，投保人先向保险公司支付保险费，投保之后发生意外损失，在保险公司的工作人员核保后，他们就能够获得经济补偿，从而投保人将发生意外、造成损失的风险转移给了保险公司。在投保之前，投保人会对其成本收益进行考量，先付出的保险费成本一般小于未来风险事故造成的损失额，基于此，投保人才会进行投保。因此，保险公司的产品在社会上有着广泛的市场。另一方面从供给角度考虑，保险公司运用专业化的技术手段，比如大数法则，计算其未来要付给被保险人的经济补偿。一般来说，保险公司向投保人收取的保费完全可以涵盖对被保险人进行的经济补偿，而且还有剩余，也就是说保险公司是有利可图的。现在保费流入带来的收益一定大于未来支付给被保险人的经济支出，基于此，保险公司才会推出保险产品，在市场上形成供给。但是保险公司承担了巨大的风险，他们通过建立保险基金来应对风险。保险公司通过收取保费把大量面临同类风险的社会主体集中起来，其中保费金额是依靠损失分摊原则计算得出，再将保费集中起来建立保险基金。当被保险人真的发生风险损失后，保险公司利用保险基金对被保险人进行补偿。

（二）保险的职能

基本职能与派生职能是两项保险职能。其中，基本职能又分为分摊职能和补偿职能，分摊职能指的是把参加保险的少数成员因灾害事故发生的损失分摊给所有投保人；补偿职能指的是把所有投保人支付的保费集中起来建立保险基金，用保险基金补偿少数投保人遭受灾害事故的补偿。分摊和补偿职能两者之间是相互联系、相互补充的，分摊职能是前提，补偿职能是目的。保险的派生职能是在基本职能的基础上衍生出来的。保险公司收取保费设置保险基金、进行经济补偿是其负债业务，而利用保险基金进行融通资金活动是其资产业务。负债、资产业务相互联系，使得资金形成良性循环，负债业务即利用保费建立保险基金为资产业务提供了大量资金，资产业务利用资金投资所获得的收益又可以弥补负债业务的不足。此外，保险的派生职能还包括防灾防损，防灾防损是全社会所有主体都需要引起重视的工作，保险公司尤其要督促被保险人进行防灾防损，可通过降低保险费率的手段激励被保险人关注防灾防损。

保险对于全社会提高经济效益都发挥着重要作用。首先，保险对于社会再生产起到了良好的保障作用，在经济生活中，经常会出现经济主体遭受灾害或事故的情况，使得人们的支出增加以及收入减少，破坏了社会再生产的顺利进行，保险的存在使得风险从被保险人转嫁到保险公司，因此，保证了社会再生产的正常运转；其次，保险对被保险人应当享有的利益进行了良好保障，原本被保险人的风险损失是无法准确量化的，但可以通过保险以保费这种已知支出的形式确定下来，当被保险人发生保责范围内的损失时，可以从保险公司得到经济补偿或保险金，因此，保险保障了被保险人的经济利益或权益；再次，保险有效促进了风险管理和防灾防损活动，保险公司对于风险非常熟悉，有着丰富的风险管理和防灾防损经验，他们可以通过积累的统计资料，通过保险费率激励与督促被保险人进行防灾防损；最后，保险推动了科技转化成生产力，对于落后的技术来说，新技术虽然更能提高生产率，但同时新技术存在着巨大的风险，通过保险对新技术进行保障，为公司研发新技术、新专利都起着巨大的推动作用。

（三）保险区域划分

保险区域是一种较为抽象的概念，它产生于社会主体所开展的保险活动，是以保险活动为中心形成的一种区域。保险区域是经济社会中较为常见的区域经济。区域经济的环境存在差异，不同区域的风险也存在差异，这些都导致不同区域的保险活动存在不同的发展情况。因此，要依据一定的划分标准对国内的保险区域进行仔细划分。

二、保险业促进经济增长的机制分析

随着世界经济的飞速发展，保险业在我们日常生活中发挥着越来越重要的作用，国内外关于保险的功能研究也日趋多样化。较早的学者多关注其经济补偿功能。随着金融市场的迅速崛起，保险公司将保险资金进行广泛的投资，通过投资赚取的收益可以作为未来支付给被保险人的经济补偿，即发挥了保险的资金融通功能。而在“二战”后，在社会管理领域中出现了各种市场化机制，此时保险被赋予了社会管理功能。可以看出，保险的功能被不断拓展，功能从单一趋向于复合，从单一的补偿职能慢慢渗透到社会各领域。因此，保险在我们的日常生活中扮演越来越重要的角色。至2003年，中国保险业向外界真正明确了保险的三大功能，即经济补偿功能、资金融通功能以及社会管理功能，保险通过这三个功能促进一国的经济增长，具体来说包括以下几点。

（一）风险转移和管理

保险首先对风险进行评估，然后通过聚集、分散风险，极大地降低了市场运行的不确定性。一国的保险体系越是完善，保险公司对经济社会的风险转移与管理越是有经验，对发生的风险事故越能有效处理，对投保人的吸引越大，越能促进保险业的储蓄和投资，促进资源有效配置。在所有功能中，风险转移和管理是最基础的，保险是风险转移机制，分散和转移风险是对保险的本质要求。

1. 风险和风险管理

在如今的经济社会中，人们每天都面临着风险，比如社会风险、经济风险、自然风险等。随着经济发展，社会中将会产生更多的风险载体。因此，发生风险的可能性与次数也会有所增长。保险通过转嫁风险的职能，对被保险人发生的风险事故进行经济补偿，使发生灾害事故主体的生活不至于有太大的波动，从而达到稳定社会和经济的目的。同时，保险把社会闲散资金集中起来建立保险基金，某些难以预料的损失也可以得到补偿，从而达到多数人分散个别人的风险损失，使个别人得到迅速的恢复，降低了市场整体的不确定性，增强了全社会应对风险的能力。

2. 保险的风险管理机制

（1）风险评估定价。保险人与投保人在建立保险合同前，保险公司会先评估被保险人各种潜在的损失，运用科学方法进行度量后，预测被保险人遭受损失的概率，然后为被保险人确定保险费率。如果风险事故发生的概率极高或根本无法确定，保险公司一般都会拒绝承保。保险公司也会通过降低费率等手段鼓励被保险人对风险进行量化、对风险引起重视，日后减少风险行为。如果被评估的主体是企业，则保险公司出具的评估定价对于企业的潜在投资者、客户以及企业所有者等都具有一定的参考价值，让他们对企业的风险有更清晰的认识。

（2）风险转移。一些希望避免承担风险损失的主体会有意识地进行风险转嫁，具体分为非保险转移方式和保险转移方式。非保险转移方式主要是指承包、转包、承租和转让等行为。保险转移方式指的是通过与保险公司订立保险合同，企业或个人将其面对的风险损失，比如财产风险、人身风险等，直接地转嫁给保险公司。在保险公司集中和分散可保风险的过程中，体现出其风险管理功能；被保险人通过支付保费的方式提前将其财产、人身等风险损失转嫁给保险人，改善自身的风险情况。

（3）风险的汇集和降低。风险是客观存在的，保险通过将同类风险个体集合在一起，让多数个体承担其中少数个体的风险损失。因此，保险对经济具有保障功能。再保险指的是保险人把原来承保的全部或部分保险转让给其他保险人。原保险是再保险的基础，由于原保险人需要分散经营中的风险，因此，再保险的出现有效地解决了保险同业的保险需求。通过再保险，可以对风险标的比较大的保险进行承保，而且保险的可保风险不断扩大，原保险人的风险大大降低。

保险公司通过大数法则来预测承保的总体损失，不用预测单独的被保险人的损失。一般来说，投保集体的数量越庞大，被保险人实际出现损失的记录越完备，保险人的预测将越准确。保险人掌握着大量出损记录，他们在风险评估和风险管理方面有着深厚经验，可通过统计分析造成损失事件的原因、被保险人的行为等信息，告知与协助被保险人进行风险预防与降低。而且可通过风险记录的分析结果来制定保费费率，激励被保险人主动参与防损降灾。保险人可以开展有关防火防盗、预防汽车损毁、注意健康安全等宣传活动，让被保险人加强风险意识，促进其防损行为，有效减少企业和个人乃至全社会的风险损失。

3. 保险的风险管理类型

保险可以进行风险转移和管理，但保险并不适合于一切类型的风险，风险损失发生的频次和大小决定了用何种方式进行风险防范。如图 7 - 1 所示，对于损失程度较低和损失程度较高的事件来说，商业保险并不是最好的选择，但保险对于中等损失的事件十分有效。如图左下角所示，如果低损失、低频率事件无法避免，可以选择由企业或个人的自有资金弥补损失。如图右上角所示，对于高风险、高频率的事件，商业保险无法完全承担其风险时，需要由政府出面作为最终保险人来承担风险，比如自然巨灾、恐怖主义袭击、核能泄漏风险等。如图右下角所示，对于高损失、低频率的风险，可以由国家发行事后公债来解决，也可以由巨灾债券或（再）保险来应对。如图右上角所示，对于高损失、高频率的事件，应采取措施来试图避免，比如对于每年都有洪灾的地区，建造防洪大坝，疏散居民等。对于中等损失和中等频率的风险，可以通过保险和再保险的方式进行风险管理。国家不能承担的风险损失可以借助于全球保险系统。

4. 保险的风险管理功能的演变

随着经济社会的不断发展，保险业的风险管理功能也在不断提高。一开

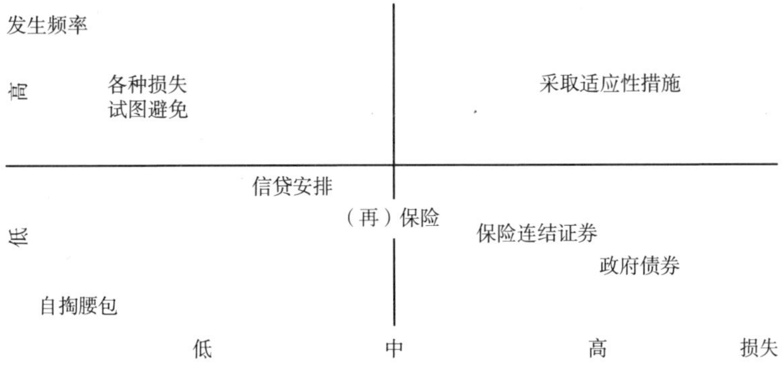

图 7-1 如何应对不同的风险

资料来源：李香雨．中国保险业促进经济增长的路径研究［D］．长春：吉林大学，2012.

始，保险公司主要通过大数法则来集中和分散大量同类型的风险主体，由多数人分散少数人的风险损失。后来，随着金融市场的逐渐强大，保险人承保的风险范围与风险规模不断扩大，保险的风险管理已不仅仅局限于保险业自身，保险人开始将风险向金融市场转移，各种创新型保险投资产品陆续出现，比如巨灾期货等产品。可以看出保险公司逐渐转变成了风险的搬运工。

（二）经济补偿和储蓄替代

1. 保险的经济补偿功能

经济补偿功能是保险最本质、最基础的功能，经济补偿就是对财产保险进行赔偿、对人身保险进行给付。补偿功能是在保险合同约定的风险发生时，在保额范围内，保险人对被保险人的风险损失按照实际损失金额进行赔偿给付。补偿的范围包括财产损失和责任损害。给付职能是针对人身保险的，由于货币是无法准确度量出人的价值的，因此，通过保险公司和投保人双方协商、约定，来确定人身保险的给付。投保人通过支付保险费来转移自身风险，保险人将收取的保险费集中起来建设保险基金。在少数成员发生约定的保险事故时，保险人按照财产保险的实际损失或人身保险约定的给付金额对被保险人进行赔付。保险的经济补偿功能，不仅保障了被保险人的生活稳定，社会再生产的连续进行，还促进了社会经济的健康发展。

2. 保险的储蓄替代功能

有众多学者对我国储蓄率高居不下的现象进行研究。很多学者认为，不能只从消费角度解释居民银行储蓄高企，解决这一问题需要发展储蓄的替代产品、增加可投资的渠道。保险的储蓄替代在一定程度上缓解了银行储蓄率高的情况，保险的筹资方式决定了保险储蓄替代发挥作用的大小。如果保费是居民通过额外的收入支付的，则没有储蓄替代发生；如果保费来源于一家金融中介，就发生了储蓄替代。通过把保险与投资结合在一起，保险人利用风险防范和投资来吸引客户，增加保险范围，提高整体保险费收入。随着寿险公司在国际储蓄市场中的份额越来越大，储蓄替代经常出现于人身保险中。目前很多寿险产品对储蓄存在替代作用，可以通过银行储蓄比上保险资产的结果来衡量保险的储蓄替代效应，通过保费收入（或寿险保费收入）占 GDP 的比重和储蓄占 GDP 的比重来衡量保险对经济的影响。

（三）资金融通

保险的资金融通功能分为广义和狭义两个层面。广义的资金融通指的是保险人通过保险机制为被保险人提供中介服务，促进了被保险人之间的风险融资；此外，还指保险人将保费集中起来进行资金运用。

狭义的资金融通只指对保险资金的运用，即对保险资金的集中和投资运用。一是对资金的集中。保险公司通过向社会公众销售保险产品，让社会上各个行业的闲散资金以保费的形式流向保险公司。保险集中闲散资金的功能促进了居民储蓄转化为投资，分流了部分社会储蓄。二是对资金的运用。保险公司是盈利性公司，为保证未来有足够的资金支付给被保险人以及保证公司正常的生存经营，保险公司会将保险资金投资于资本市场以获得收益。在资金运用中，保险公司要遵循安全性、流动性、收益性原则。安全性指的是资金在运用时必须保证可以安全地收回，这是最为重要的原则；流动性指的是在保险公司需要时，资金可以变现，以应对补偿风险损失的需要；收益性指的是对资金的运用要有收益，投资收益是保险公司收入的重要组成部分。

再保险作为对保险的保险，不仅具备上述的资金融通功能，还可以缓解保险公司的资本约束、增强其偿付能力。保险公司的财务状况对其承保范围起约束作用。如果保险公司已经承保了很多业务，尤其是存在较大风险或较高保险金额的标的，这种情况非常不利于其经营的稳定性，而且也不被法律认可和允许。为了降低保险人的经营风险，保证保险人的偿付能力，很多国家都出台了一系列法律法规。我国出台的《保险法》明确规定，在一次保险事故中，保险公司承担的赔付责任不得超过公司实有资本与公积金之和的10%，对于超过部分，保险公司必须买入再保险，且保险公司的业务量比上资本额不得超过 1/4。可以看出，再保险存在的重要意义是，不仅降低了原保险人的风险，还使得原保险人在不增加资本金的前提下，增加了业务量。

（四）信息生产和降低交易成本

1. 信息生产

随着信息经济学的兴起，金融中介的专业代理人功能逐渐被人接受。信息经济学理论认为信息不对称的存在，造成了逆向选择和道德风险，因此，对能够提供专业信息的代理人的需求出现了。代理人生产、传递信息有利于投融资的发展，对经济增长有着重要的推动作用。由于市场上需要资本的企业数量十分庞大，通过金融中介可以更好地引导资金流向，使资本得到合理配置。金融中介都具有一定的信息生产能力。作为经常与风险接触的中介，保险公司主要是通过统计分析被保险人过往的经验数据、搜集被保险人的详细信息，通过全方位地了解被保险人的风险状况来谨慎承保，对于超过公司风险承担范围的风险标的，拒绝承保，从而降低自身经营风险，保证公司正常运转。

保险公司作为金融中介，其生产信息的功能表现在以下三点：第一是生产风险知识。保险公司在开展经营活动之前，要对风险有一个较为深刻、清楚地认知。一般的企业或个人对风险的了解是浅显的、不完整的，但保险公司掌握着大量的历史数据与资料，做过很多关于风险的研究分析，更为了解风险发生的规律。第二是改善逆向选择问题。保险里的逆向选择是指由于高风险人群对于投保更积极，往往还有隐瞒自己实际风险的倾向，因此，保险公司很有可能在不了解内情的情况下，对高风险人群承保。保险公司应对被保险人的风险状况进行认真考察，严格控制逆向选择问题。第三是减少道德风险。保险中的道德风险指的是被保险人故意让风险损失发生的可能性增加，以获得保险利益。保险公司可通过降低保费等手段鼓励被保险人进行风险防范，发生保险事故后通过调查取证，来降低道德风险。

2. 降低交易成本

1976 年，史密斯（Smith）等认为，与制造业生产产品类似，金融业制造金融产品同样需要投入大量的资源，对金融产品的定价应弥补其生产时的成本，而且相较于普通产品，金融产品的产生需要更多地利用金融中介提供的信息与证据。在金融市场上，金融中介提供金融服务、降低交易成本、达成金融交易。降低交易成本的功能让金融中介机构得以长久存在。保险公司降低交易成本主要是通过公司经营规模化、请专业人士运作公司。保险公司通过降低保费来吸引更多的企业或个人参与投保。

亚当·斯密在其著作《国富论》中曾经提到，降低交易费用可以带来更高的专业化程度，因为交易费用的降低会吸引更多交易者达成交易，更多的交易有利于提高专业化水平。对于想要降低交易成本的保险公司来说，有三个方式可以达成目标：一是公司经营规模化。通过吸引更多的参与者，使多数人分散其中少数人的风险损失，从而实现投保人之间的风险融资，降低整个社会的风险。二是加强风险防范和风险监督。保险公司通过丰富的专业知识和实际经验，加强对各类风险的认知，监督被保险人的风险行为，督促被保险人进行风险防范，减少保险事故发生的可能性和损失金额。三是降低保险价格。保险公司通过合理运用资金获取收益，提高公司整体的偿付能力，进一步降低保险费率，吸引更多的投保人参加保险。

（五）社会管理功能

社会管理作为保险的一大功能，于2003年由中国保险业正式颁布。保险的社会管理功能指的是通过发挥保险的其他功能，以促进社会所有领域的合理运行与稳步发展，即让保险发挥社会润滑剂的中间作用。由于社会分工越来越细化，一般的行业服务于社会的某几个方面或单一方面，而保险业却不同，因为几乎所有社会主体都面临着或大或小的风险，社会主体规避、分散风险的需求促使着保险业不断发展。保险业作为统筹管理风险的行业，为社会所有主体提供着风险管理、风险转移的服务。保险已成为社会不可或缺的风险管理方式。目前，保险通过社会管理功能在不断推动社会经济发展，主要体现在以下四方面。

1. 社会保障管理

因为此功能，保险被称为“社会减震器”，成为维持社会稳定的一大手段。一方面，目前大部分劳动者都参与到社会基本保险中，没有参与社会基本保险的劳工，也可通过投保商业保险来保障自己的权益，保险具有多层次的服务；另一方面，多层次的保险产品可以满足不同人群的保险需求，在居民社会保障方面让政府的压力有所减轻。

2. 社会风险管理

保险公司是最经常与风险打交道的公司，从研发保险产品、制定保费率到制定保险合同、评估风险、制定费率，再到管理风险、损失理赔等环节，保险公司全程参与，因此，掌握了大量风险事故数据，积累了大量风险管理经验。同时，保险公司提示和促进被保险人以及有关部门树立风险防范意识，减少风险发生的可能性，实现有效的风险预防和风险管理。

3. 社会关系管理

被保险人发生风险损失后，保险公司参与后续风险处理工作。保险公司积累的风险处理经验大大缩短了处理损失的时间，更快地调节当事人之间的纠纷，促进社会主体之间良好关系的延续，在中间如同润滑剂一般起到了协调作用，提高了全社会的运行效率。

4. 社会信用管理

信用是保险产品的基础，保险合同是有法律效力的承诺，参加保险有助于培育人们的社会信用和诚信意识。

总的来说，保险主要具有五大功能，包括：风险管理功能、经济补偿和储蓄替代功能、资金融通功能、信息生产和降低交易成本功能、社会管理功能。其中，最基本的、有代表性的功能是风险管理功能和经济补偿功能。其次，基于经济补偿功能，资金融通功能得到发展，体现了保险业的金融属性。保险通过资金融通功能才在社会保障体系中发挥作用。以保险前几项功能作为基础，其社会管理功能才得以实现，反过来社会管理功能的发挥又可以促进经济补偿功能和资金融通功能的发展。社会管理功能是保险业大力发展的结果，也促进着保险业的进一步前进。

第二节　京津冀区域保险业结构对经济增长影响的实证研究

一、理论模型

1928 年，柯布和保罗·道格拉斯（C. W. Cobb & Paul H. Pouglas）两位学者在研究经济体的投入产出关系时，创造了著名的柯布—道格拉斯生产函数：

$$Y = AL^{\alpha}K^{\beta} \tag{7-1}$$

其中，Y 代表经济体的产出；A 代表技术水平；L 代表劳动力的投入量；K 代表资本的投入量；α 是劳动力产出的弹性系数；β 是资本产出的弹性系数。从模型可以看出，决定一个经济体总产出的主要因素包括技术水平、劳动力投入量以及资本投入量。一般地，在短期内技术水平不会发生突然的转变，因此，把技术水平 A 看作一个常数。

为研究保险业发展和经济增长之间的关系，我们借鉴格林伍德和约万诺维奇（Greenwood and Jovanvic，1992）提出的模型，在生产过程中把保险发展水平（PREM）看作是一项投入，加入到柯布—道格拉斯生产函数中，由此，我们得到保险业发展与经济体产出的关系：

$$Y = A^{h} L^{\alpha} K^{\beta} PREM^{\gamma} \tag{7-2}$$

为消除异方差问题，将上式左右两边均取自然对数，我们得到：

$$\mathrm{Ln}Y = h + \alpha \mathrm{Ln}L + \beta \mathrm{Ln}K + \gamma \mathrm{Ln}PREM \tag{7-3}$$

其中，每个变量前的系数即为其弹性系数，通过弹性系数来衡量保险业对经济产出的影响。

二、数据来源及处理

用各地区 GDP 水平来衡量各经济体的产出；用各地区的资本形成总额 K 衡量各地资本投入量；用各地区的就业人口数量 L 衡量各地劳动投入量；用各地区总保费收入 PREM_TOT、财产保险保费收入 PREM_NON 以及人身保险保费收入 PREM_L 来衡量各地保险业发展水平。

选取 2008 ~2016 年京津冀三地的 GDP 水平、资本形成总额、就业人口数量、总保费收入、财产险保费收入和人身保险保费收入数据。数据均来源于 2008 ~2016 年各年《中国统计年鉴》。

三、变量的描述性统计分析

对各变量及其自然对数值进行统计性描述，并对各变量的自然对数值序列进行单位根检验，发现各序列均为平稳序列。具体结果见表 7 - 1、表 7 - 2、表 7 - 3。

表 7－1 变量统计性描述

	GDP	*L*	*K*	*PREM_TOT*	*PREM_NON*	*PREM_L*
均值	17558. 910	193. 37670	9370. 835	689. 2673	214. 65200	497. 5813
中间值	16395. 060	106. 35000	8791. 845	649. 3450	178. 66500	489. 9550
最大值	32070. 450	680. 90000	18636. 520	1834. 2500	754. 15000	1465. 0000
最小值	5252. 760	33. 20000	2493. 710	150. 9100	35. 42000	105. 4900
标准差	7307. 313	183. 21530	4289. 024	433. 0067	154. 25360	325. 9278
观察值	30	30	30	30	30	30

资料来源：作者自制。

表 7－2 对变量取对数后的统计性描述

	LNGDP	*LNL*	*LNK*	*LNPREM_TOT*	*LNPREM_NON*	*LNPREM_L*
均值	9. 679681	4. 840076	9. 041148	6. 317001	5. 122023	5. 979710
中间值	9. 704697	4. 666730	9. 081580	6. 473195	5. 182324	6. 193672
最大值	10. 375690	6. 523416	9. 832878	7. 514391	6. 625591	7. 289611
最小值	8. 566509	3. 502550	7. 821527	5. 016684	3. 567277	4. 658616
标准差	0. 459257	0. 939580	0. 477851	0. 712262	0. 744257	0. 729148
观察值	30	30	30	30	30	30

资料来源：作者自制。

表 7－3 单位根检验

序列	检验形式	*LLC*	*ADF*	*PP*	结论
ln*gdp*	(c,t,1)	－7. 09676 (0. 0000)	13. 6206 (0. 0342)	9. 53005 (0. 1459)	平稳
ln*l*	(c,t,1)	－10. 6115 (0. 0000)	16. 7095 (0. 0104)	37. 5918 (0. 0000)	平稳
ln*k*	(0,0,1)	－3. 67948 (0. 0001)	14. 2595 (0. 0269)	21. 9203 (0. 0013)	平稳
ln*PREM_tot*	(c,0,1)	－3. 40352 (0. 0003)	16. 1442 (0. 0130)	16. 1465 (0. 0130)	稳
ln*PREM_non*	(c,t,1)	－6. 93355 (0. 0000)	17. 1045 (0. 0089)	27. 4757 (0. 0001)	平稳
ln*PREM_l*	(c,t,1)	－4. 77422 (0. 0000)	13. 8330 (0. 0316)	22. 9044 (0. 0008)	平稳

资料来源：作者自制。

四、实证结果及分析

与横截面或时序数据相比，面板数据有三大优点：首先，面板数据同时具备截面和时间两个维度；其次，面板数据的样本容量大，可以提高结果的准确度；最后面板数据可以很好地解决遗漏变量问题。因此，面板数据可以进行更加深入的分析。近年来面板模型已成为计量经济学最为常用的方法之一，下面我们通过构建面板模型来考察京津冀三地的保险业发展水平对其经济增长的影响。

（一）总保费收入对经济增长的影响

构建如下面板模型：

$$\ln gdp_{it} = \alpha_0 + \beta_1 \ln l_{it} + \beta_2 \ln k_{it} + \beta_3 \ln prem\_tot_{it} + \beta_4 \ln gdp_{it-1} + \varepsilon_{it} \tag{7-4}$$

对上述模型进行 Hausman 检验，得到 P = 0.0405，小于 0.05，因此，选择固定效应模型。回归结果如下。

由表 7 – 4、表 7 – 5 可知，各个变量的回归结果均显著，即资本量、劳动力水平、总保费收入均对京津冀地区的经济增长有明显作用。其中资本量对经济发展产生负向作用，而劳动力水平和总保费收入均对经济增长产生正向作用。

表 7 – 4　　Hausman 检验结果

Test Summary	Chi-Sq. Statistic	Chi-Sq. d. f.	Prob.
Period random	9.995105	4	0.0405

资料来源：作者自制。

表 7 – 5　　固定效应模型估计结果

变量	系数	标准误	T 统计量	P 值
LNL	–0.138718	0.028785	–4.819112	0.0001
LNK	0.357291	0.084775	4.214559	0.0004
LNPREM_TOT	0.123803	0.032210	3.843644	0.0010

续表

变量	系数	标准误	T 统计量	P 值
LNGDP?（-1）	0.510460	0.085821	5.947994	0.000000
C	1.455147	0.190269	7.647855	0.000000
R-squared	0.997146	Mean dependent var		10.459000
Adjusted R-squared	0.996289	S. D. dependent var		2.559981

资料来源：作者自制。

（二）财产险保费收入对经济增长的影响

构建如下面板模型：

$$\ln gdp_{it} = \alpha_0 + \beta_1 \ln l_{it} + \beta_2 \ln k_{it} + \beta_3 \ln prem\_non_{it} + \beta_4 \ln gdp_{it-1} + \varepsilon_{it} \tag{7-5}$$

对上述模型进行 Hausman 检验，得到 P=0.1184，大于 0.05，因此，选择随机效应模型，具体结果如表 7-6 和表 7-7 所示。

表 7-6　　Hausman 检验结果

Test Summary	Chi-Sq. Statistic	Chi-Sq. d. f.	Prob.
Period random	7.351966	4	0.1184

资料来源：作者自制。

表 7-7　　随机效应模型估计结果

变量	系数	标准误	T 统计量	P 值
LNL	-0.076682	0.024658	-3.109784	0.0055
LNK	-0.044547	0.110170	-0.404344	0.6903
LNPREM_NON	0.003791	0.009804	0.386735	0.7030
LNGDP?（-1）	0.947310	0.096066	9.861032	0.0000
C	1.379440	0.278592	4.951472	0.0001
R-squared	0.997033	Mean dependent var		9.744839
Adjusted R-squared	0.996142	S. D. dependent var		0.318376

资料来源：作者自制。

结果表明：LNK 和 LNPREM_NON 不显著，其他变量均显著，即资本量和财产险保费收入对京津冀地区的经济增长没有明显作用，而劳动力水平对经济增长产生负向作用。

（三）人身险保费收入对经济增长的影响

构建如下面板模型：

$$\ln gdp_{it} = \alpha_0 + \beta_1 \ln l_{it} + \beta_2 \ln k_{it} + \beta_3 \ln prem\_l_{it} + \beta_4 \ln gdp_{it-1} + \varepsilon_{it} \quad (7-6)$$

对上述模型进行 Hausman 检验，得到 P =0.0357，小于0.05，因此，选择固定效应模型。回归结果如下。

由表7－8、表7－9可知，各个变量的回归结果均显著，即资本量、劳动力水平、人身险保费收入均对京津冀地区的经济增长有明显作用。其中劳动力水平对经济发展产生负向作用，而资本量和人身险保费收入均对经济增长产生正向作用。

表7－8　　　　Hausman 检验结果

Test Summary	Chi-Sq. Statistic	Chi-Sq. d. f.	Prob.
Period random	10.300309	4	0.0357

资料来源：作者自制。

表7－9　　　　固定效应模型估计结果

变量	系数	标准误	T统计量	P值
LNL	-0.142265	0.026707	-5.326981	0.0000
LNK	0.421241	0.084021	5.013509	0.0001
LNPREM_L	0.107519	0.024442	4.398886	0.0003
LNGDP?（-1）	0.476647	0.083332	5.719853	0.0000
C	1.356263	0.161582	8.393627	0.0000
R-squared	0.997369	Mean dependent var		10.53325
Adjusted R-squared	0.996580	S. D. dependent var		2.452004

资料来源：作者自制。

由上述结果不难发现，资本量、劳动力水平和保险业发展水平对经济发展在不同情况下会产生不同的影响。这从侧面体现出京津冀地区保险业结构还需要更加完善；保险行业整体作用的发挥还须加大。因此，推进保险业进行大量改革进而服务京津冀协同发展便成了当务之急。

第三节　京津冀保险业发展的政策建议

前两节已经介绍了保险业发展的理论与实证分析，可以发现保险业目前还有很大的发展空间，应采取措施来使保险业有效发挥对经济增长的正面作用。因此，为了实现京津冀地区保险业的快速发展，从而更好地促进区域经济增长，本节从四个方面提出政策建议。

一、大力运用保险的风险管理功能

保险的基本功能是风险管理。在应对风险方面，保险业具有其他行业不具备的优势，应对风险是保险业存在的意义之一。从保险功能的发展历史来看，在保险的风险管理功能发展到一定阶段后，其储蓄替代功能才衍生出来。风险管理功能是基础，其地位是其他功能无法超越和替代的。如果保险抛开风险管理，只注重储蓄投资和资金融通功能，就失去了对风险的专业化管理经验，这会导致保险业失去最大的优势与核心竞争力。

保险业为客户提供服务要注重“保障”这一关键词。一方面，保险业务要根据经济发展的实际情况做出调整。保险是金融市场的一个分支，金融要服务于实体经济，保险更要服务于实体经济。因此，保险行业积极有效地进行风险转移、风险管理，有利于保障人民生活的安稳，促进社会经济的发展。另一方面，保险业务要符合人民的实际需求。保险业存在的最根本目的是为企业或个人提供风险保障服务。因此，保险公司的经营管理和产品创新要把满足人民的保险需求作为发展方向。面对出现的新的保险需求，保险业不可能马上提供与之对应的产品或服务，而是需要一定时间研发能满足客户保险保障需求的产品，丰富客户可选择的保险产品类型，进而增强保险业在金融业中的服务能力。

此外，保险业的风险管理功能要与经济补偿功能相互联系。要做到两者的统一，需要保险公司在承保前利用保险费率对被保险人进行过滤；在承保后对风险加强监督与防范，提示被保险人进行风险预防，而不是对风险不加任何防范与预警。现在京津冀区域内的保险业尚有发展空间，尤其是在防灾防损方面，三地政府可通过政策法规加强引导，促进保险业在自然灾害、社会养老、人体健康等方面发挥其优势。比如在应对自然灾害风险方面，保险公司要在灾前进行风险预防，发生灾情后对损失评估、给被保险人经济补偿以及处理其他工作。此外，国家有关部门可以推动全国防灾防损系统的建立，构建全国性的系统需要多行业、多部门的共同努力，此系统的建成不仅有利于保险行业的发展，还有利于推动国民经济的平稳运行。

二、转变保险业的发展方式

目前保险业仍属于粗放式经营，这是一种高成本、低效益的发展模式。为了促进保险业的快速发展，加快结构调整，提升保险公司的经营实力，需要尽快改变现行的粗放式经营方式。

目前我国保险行业存在着较为严重的诚信问题，诚信缺失将制约着保险业的发展。保险公司的诚信问题主要有：在保险合同中设置文字、语言陷阱；宣传存在误导客户的情况；无理拒赔被保险人的风险损失；保险公司之间的恶性竞争；强迫客户参与保险等等。保险公司一直存在的上述诚信严重缺失问题，将导致企业或个人不愿意参与保险、对保险业的认可度低，投保人数急剧下降，如此不仅降低居民的保险需求、影响保险公司的经营收入，还大大增加整个社会的风险，因为原本可以通过保险转移或规避的风险将直接暴露出来。

现阶段，很多保险公司仍依托于传统的经营模式来发挥其风险管理功能，而这种机制已开始跟不上经济发展的新形势。因此，保险公司在经营管理模式、电子信息化等方面需要有所转变。京津冀区域内的经济发展水平极为不均，不同地区的居民对保险的需求也不同，中小型公司与大公司在功能定位、市场定位上都有一定区别，中小型保险公司可抓住机会快速发展。由此，在整个保险行业，要通过分保险功能、分业务规模等指标来比较公司发展情况，而不能只考虑保费收入排名。目前，我国对保险有需求的消费者趋向于知识化、年轻化，这与保险公司较为粗犷的发展模式越来越不匹配，且两者之间存在不小的差距。保险公司下一步改革的重点需要放在研究市场需求、提高专业素质、提供有针对性的服务上。近年来我国居民的收入增长迅速，消费者的需求越来越多样，这就要求保险公司提高产品创新水平、公司管理水平。要实现这些，完善的研发系统、研发能力至关重要。目前美、英、日、韩等众多国家的保险公司在科研创新的投入约占总投入的3%～4%，而中国只有

1%。因此，与其他国家相比，我国保险公司的研发投入较少，这方面投入需要进一步提升。

三、加强保险资金的运用与风险管控

目前，我国已经陆续开放保险资金投资的渠道，保险资金可以投资的领域越来越广。尽管保险投资资金逐渐增加，但其投资收益水平仍然较低，两者形成了矛盾，不利于保险业的发展。这种矛盾使保险业对社会经济的贡献度降低，同时显露出在保险投资过程中对风险管控能力不足的问题。因此，提高我国保险业资金投资水平对于解决保险发展问题至关重要。

保险投资的资金首先要考虑投资的安全性，其次要侧重于其收益性，最后还要关注资金的流动性，这些将直接影响保险公司的经营业绩以及国家整体的经济稳定与政治稳定。尽管我国正在逐步放开资金的运用渠道，但是大部分保险资金仍旧被投资于银行存款、债券，而较少投资于其他渠道。因此，面对日益增加的保险资金规模，国家需要对保险资金投资渠道进行完善、修整。目前保险资金的运用出现了资产与负债匹配不上的情况，再投资风险较高。回报率较为稳定的产品，尤其是中长期投资产品，在我国仍然较少，导致京津冀区域的保险资金较多地投资于短期产品，由此导致其长期资产与长期负债无法匹配，大大降低了保险资金的投资收益。

四、实施行之有效的保险监管

随着经济全球化的不断发展，国内金融市场要积极融入世界金融市场，树立起“立足国内、放眼世界”的保险监管理念，面对金融一体化和金融风险全球化要提出更为有效的保险监管手段。我国保险业应学习发达国家保险业的成功监管理念和经验，让市场发挥主要作用，充分利用政策优势或资源，提升整个行业的风险管理能力，积极开展行业自律、外部审计的监管工作，加大对产品创新、风险管理方面的监管，努力建设全面管理、控制风险的发展理念。

目前，保险监管越来越趋于市场化，注重其经济属性。将监管看作市场行为，监管或是被监管均是一样的地位，被监管是自觉的，而不是被强迫的行为。监管机构应审慎地监管各种风险，重点关注被监管者度量风险、管理风险的方式及其管理风险的效果，而不只是强调其风险水平是否在规定范围内，因为这些范围可能跟不上现在的发展水平。同时，监管要侧重于被监管者的资金运用情况。对于保险资金的投资来说，风险与收益并存，且其投资可能对市场造成猛烈冲击。在保险业的发展过程中，公司在承保方面出现危机的非常少，但在资金运用方面往往会出现致命问题。因此，保险公司需要深入了解跨国、跨行业的金融风险，建设全面完备的监管系统，从而确保资金运用的安全与管理活动的稳健。

近年来，我国的金融创新产品层出不穷，科技创新活动不断深入，金融混业经营已逐渐拉开序幕，各个金融行业之间的边界已不再清晰。现有的保险公司，比如平安集团，不断拓宽其业务范畴，新的保险集团日益增加，金融产品也趋于整合。因此，各监管机构需要加强合作、共同管理。对于众多国家来说，要及时对金融机构的法律进行更新，在国际竞争中，立法不及时会将国家陷入不利地位，并使国家为此付出代价。20 世纪 90 年代，面对金融一体化浪潮，美国无动于衷、没有及时地进行立法，导致在与欧盟、日本的金融业竞争时，美国的金融机构处于劣势，直至 1999 年才被动的完成立法修订，允许混业经营的金融控股公司存在。因此，我国应吸取教训，主动及时地调整立法方向，修订有关条款，这样不仅可以保证法律完整性和连接性，还有利于在国际竞争中取得优势。

第八章　京津冀协同发展中金融资源整合与创新路径分析

第一节　京津冀金融资源整合与创新的必要性

雁行理论中曾提到，当一个经济体发展到成熟且发达的阶段后，它会对周围其他地区的经济形成溢出效应，即发达经济体继续集中发展高端产业，而那些相对低端的产业，则由欠发达经济体进行承接，最终整个地区形成共同发展的格局。对于京津冀区域，由于三地在产业成熟度和利益方面存在差异，协同发展将会促进要素转移、市场结构优化、产业整合升级。与此同时，三地在协同发展共同体的构建中，急需整合金融资源，提升金融资源有效配置效率，从而产生“金融协同效应”。

一、金融协同是区域协同的基础

金融协同发展对于实现区域经济一体化是至关重要的。协同发展过程中，京津两地的一些企业和重大项目将逐渐向河北省周边进行转移，这个过程伴随着资金和资本的跨区移动。因此，打破区域间原有的金融壁垒十分重要。各地区应该共同推动区域内金融发展的一体化，使资本市场更好地服务于实体经济，从金融方面促进产业结构调整，这将成为实现区域经济一体化的强力保障。

具体而言，在实现经济一体化过程中，某些企业在金融方面会产生跨区生产经营、跨区资金流动等问题。要解决这些问题，就需要有相关的金融政策来对区域内金融机构的合作进行引导和规范，通过政策保证资金的高速、便捷支付，从而提升金融资源的利用效率。

二、整合金融资源是金融行业的内在需求

京津冀区域的金融资产在 GDP 中所占比重处于全国领先水平，总体上看，区域在金融资源上是具有一定优势的。北京作为首都，聚集了我国大部分金融机构总部，这自然吸引了大量金融资源和资金的流入。然而随着经济和技术的发展，银行业的传统模式已经无法和市场相适应了，北京的金融机构为了增加利润增长点，纷纷向周边拓展业务范围。近几年，随着天津滨海新区的快速发展以及外汇改革、保险改革等方面的试点的建立，天津的金融业也在不断创新、不断发展，金融业在金融租赁、商业保理、股权投资等领域具有良好的发展趋势。相比于京津两地金融业的高度发展，河北省金融业的发展水平还较低，省内的优质金融资源匮乏，这就需要京津两地将优质金融资源向河北进行扩散，以匹配河北的资源需求，促进三地金融业联动发展，这也是区域金融业深化发展的必然方向。

三、协同发展过程中三地金融资源需求巨大

（一）投融资需求

京津冀三地的产业协同、新业态协同，不仅给三地商业银行带来了投融资需求，必然也会产生金融资源跨行业流动配置及联动创新需求，以形成“金融协同”格局。主要体现在以下几个方面。

1. 投资信贷需求

早在 2015 年，《京津冀协同发展规划纲要》发布。据财政部估算，未来六年内，三地一体化工作所需的投入为 42 万亿元，将大量扩展三地包括房地产、建材、环保等行业的投融资机会。在一体化工作中，将率先推进交通一体化；铁路、公路、航空、港口间的立体化规划都在执行中；基础设施建设，特别是轨道交通建设、高速公路建设项目等基础建设行业的投资信贷需求巨大。

2. 产业一体化投资需求

2016 年 3 月，三地政府共同制定了《京津冀产业转移指南》，政策总体

导向中提到要建设“五区五带五链”，推进京津冀产业一体化发展。具体来说，以“五区”，即北京中关村、天津滨海新区、沧州沿海地区、唐山曹妃甸区、张承地区作为突破，将其建设为产业转移的重要引擎；以“五带”，即沿京广线先进制造业产业带、沿京九线特色轻纺产业带、沿海临港产业带、沿张承线绿色生态产业带、京津走廊高新技术及生产性服务业产业带作为支撑，优化区域产业布局；以“五链”，即汽车、新能源装备、大数据、智能终端、现代农业作为特色，对其进行合理布局，使其协同发展，形成区域优势。在调整优化产业布局的过程中，众多地区必然会产生对金融资源的大量需求，以促进产业一体化发展。

3. 产业转移承接的投融资需求

根据京津冀《产业转移指导目录》的要求，北京需要在八个行业进行产业转移，八个行业分别是信息技术、金融后台、商贸物流、教育培训、文化创意、体育休闲、健康养老以及装备制造。作为承接方的天津、河北，已筛选出52个集群式平台承接北京八大类产业转移。由于河北空间面积较大，因而在承接产业转移上，河北在其11个地区内共整合了40个平台。天津在其行政区内部设立了“1+11”个承接平台，其中，1代表指滨海新区，11则代表分布于各区县的功能承接平台。不难想到，大规模的产业转移必然会催生大量的金融需求。

（二）重点领域的金融资源需求

1. 企业项目贷款

疏解首都的非核心功能、进行部分产业的转移是京津冀协同发展的重要一环。河北作为产业转移的主要承接地，项目融资和技术革新等方面的资金需求明显增加。河北辖内银行业对“两高一剩”行业授信额度和节能、减排、循环经济等环保项目核定绿色授信总额度逐年增加。重点项目的投入部门大多是企业总部，资金来源大多为自筹。要形成与京津地区包括公路、铁路、水路和航运等运输方式在内的一体化综合交通网，尚需庞大的信贷规模。

2. 投资供应链

区域内产业转移的进行丰富了企业对金融服务的需求，传统的结算、信贷等服务已经不能满足企业的需求，企业对融资、结算、理财、外汇及网上银行等多元化服务的需求日益强烈。一些大企业对直接融资有迫切的需求，这就需要银行提供融资咨询、资产证券化、上市保荐等多元化、全方位的服务。

3. 雄安新区建设

2017 年 4 月，中共中央、国务院正式设立雄安新区，其范围包括河北雄县、容城和安新三个县以及部分周边区域。雄安新区在地理位置上处于北京、天津、保定三市的腹地，具有明显的区位优势，资源环境承载能力较强，现有开发程度较低。在国家雄安新区建设战略下，为紧扣相关基础设施和公共服务体系建设、产业转型升级、新兴产业发展、海绵城市与地下综合管廊建设、河湖水系治理等领域重点项目，急需研发支持新区建设、运营未来发展的专项金融产品、制定综合金融服务方案。因此，金融资源的投入是必不可少的。

（三）重点建设项目融资需求

京津冀未来几年在产业转移、城市功能疏解承接、互联互通以及集群发展的专项领域重点建设项目上融资需求迫切。

1. 北京地区

交通运输方面：新机场建设，京、津、石三大城市为中心的城际铁路网络。现代服务方面：北京多地试点京津冀跨区域社保服务。医疗教育方面：京津冀教育协同升级，滨海新区将设“北京班”。配套设施方面：北京城市副中心大型备灾仓库启用，可保障京津冀应急储备。

2. 天津地区

交通运输方面：大运河武清段治理工程启动，推进京津冀段通航。产业升级方面：创新引领协同发展，融入京津冀服务大战略，加大产业转型力度。现代服务业方面：天津自贸试验区的成立能够有效推动区域内口岸物流、海关通关服务和检验检疫通关业务一体化。

3. 河北地区

交通一体化方面：加快推进太行山、京秦等高速公路建设，力争建成京秦京冀和冀津接线段，开工建设津石、唐廊等高速公路项目。环境保护方面：全面启动太行山绿化攻坚战，加快建设京津保生态过渡带，营造连片森林、城郊绿地。产业升级转移方面：创建京津冀创投高地，促进资本、人才、技术、管理等要素和创业企业进行有效结合。商贸流通方面：建设环京津 1 小时鲜活农产品物流圈。

第二节　国内外区域金融协同发展的经验与借鉴

一、国内区域金融协同发展的经验

随着区域经济的发展，区域内各地区之间的联系也会变得越来越密切，主要表现为区域金融的协同发展。我国两个较为成熟的金融协同发展区域是长三角和珠三角区域，它们的合作模式都有很多值得借鉴的地方。因此，本节将介绍这两个区域的金融合作与资源整合经验。

（一）长三角区域金融协同发展

位于我国东部沿海的长三角区域有着得天独厚的条件，而这些条件被地方政府和金融机构有效利用，使得长三角成为我国综合实力非常强劲的经济中心。长三角都市圈在世界都市群中占据第六的位置。长三角包括上海、江苏和浙江，目前三地已建立了完善的交通运输以及通信网络，具有协同发展的先天条件。长三角各地较高的经济水平为区域金融合作的顺利开展打下基础，区域金融合作又极大地促进了长三角区域的金融协同发展，同时江沪浙三地合作共赢的理念更加促进长三角开展协同发展。因此，长三角区域通过经济发展带动着金融合作，金融合作又反过来促进了经济发展，形成良好的循环。具体来说，长三角的协同发展表现在以下方面。

1. 金融主体跨区域合作

协同发展首先要打破国家划分的行政区域，在多地之间形成合作。长三角区域协同发展成功的关键在于金融机构、监管机构与企业达成合作。长三角各地均有较高的经济发展水平，且有着丰富的民间资本。因此，在行政机构之外，区域内参与金融的各个主体之间可以开展有着自身特色的合作。

在全国范围内，长江三角洲的金融发展水平较高，且长三角区域内的金融产业发展相似，扩散效应明显。企业在资本不断扩张的情况下，为了获取更多利益，会自发转移到更有发展前景的地区。在转移的过程中，企业可能会向金融机构寻求资金支持，同时监管机构会对企业进行合理的风险评估，从而使得区域内的金融资源得到更加合理的分配。在整个转移中，没有局限于区域的行政划分，而形成了资源的合理利用与配置。

2. 以政府为引导、市场为导向

每个区域的金融协同发展在开始时都可能遇到政府导向的问题，也就是政府在协同发展中推动资金向收益率高、发展速度快的领域流动，这种情况会导致某些领域与行业的重复建设以及金融资源的不合理配置。长三角区域的成功之处在于政府只是起引导作用，以市场为导向，让市场决定配置，政府只是担当了桥梁。

在区域金融协同发展的初期，还没有积累很多的金融资本，只能有选择地对某些项目进行金融协同，这时候政府发挥了组织作用：一边吸引金融领域的各类参与者，一边又为协同者出台有助于其发展的政策。比如在2003年，牵头人中国人民银行上海分行，联合人民银行南京分行以及长三角区域的地方政府，一起制定了《长江三角洲金融合作框架研究总报告》。此报告不仅保障了长三角区域金融合作参与者的安全，更为所有参与者搭建了良好的合作框架。

在区域金融协同发展的后期，金融领域的参与者越来越多，金融资本也越来越多，流动性与安全性不断增加，参与者之间达成的金融领域合作使得市场更加活跃，尤其是商业银行设立跨区域分支机构。比如2006年4月，最先是上海银行在宁波设立了分行，随后长三角区域大规模的商业银行开始在其他地区设立分支机构。不管是全国性，还是地方性的商业银行，都在长三角设立分支机构的现象，加速了长三角区域的资本流动，提高了区域的金融安全保障。票据交换等银行业务交易量猛增。由此，区域金融协同促进了长三角银行业的发展，促使金融资源自由流动。

3. 大力发展金融创新

从全国范围来看，长三角的经济一直较为发达，民营资本相对充足，金融业务发展良好，在这种环境下开展金融合作，需要提供满足更高要求的金融创新。在这种背景下，长三角区域的金融创新有：首先是短期融资债券，这种债券由金融机构发行，有利于企业通过低成本获得融资，使长三角的融资结构更加完善；其次是银团贷款，一般由一家或多家银行牵头，由银行与非银行金融机构组成集团，用同一个贷款协议为借款人提供贷款，贷款金额一般较大，单一金融机构无法承受其风险，因此，银团贷款可以分散风险、解决重大项目的资金问题；再次是票据市场一体化，自 2008 年开始，长三角的金融机构签订了商业承兑汇票的转贴现合同，统一和完善了票据市场的交易规则；最后是产权交易市场的建立，产权交易是一种出卖财产收益的行为，依托于实物形态，通过产权交易市场的建立，丰富了长三角的资本市场，调整了区域的结构，而且有助于金融资产实现价值增值。

4. 加强防范金融风险

在构建区域金融合作框架中，参与方要重点关注预防金融风险。尤其是长三角地区，这是因为与全国其他地区相比，长三角拥有资源极为丰厚的金融市场、极为充足的资本、极为多样化的合作方式。因此，长三角需要注重防范金融风险，通过加强立法、完善设施来达到风险防范的目的。具体的金融参与方可以实行以下措施。

首先，加快支付清算系统的完善工作。随着长三角区域内各参与者的金融合作不断加深，支付清算工作变得更加复杂，越来越多的机构可以签发票据，支付清算范围也在不断扩大。因此，支付清算系统的完善工作较为重要。首先要对可以运用票据的业务范围进行规划，对可以签发票据的机构进行确定，其次制定支付清算的执行办法，最后建立支付清算业务平台，由此加快了工作的效率，而且也有效保护了参与方的利益。

其次，加快信用环境的完善工作。相比于一般的金融合作，跨区域的金融合作面临着更大的信用风险。由于跨越区域，单一的金融机构一般无法准确评估信用风险的大小，因此风险较高。长三角通过整合信息，建立跨区域的信用数据系统，能在一定程度上规避跨区域合作的信用风险。具体来讲，长三角先把银行、企业等信用信息进行统计，然后汇入该数据系统，再利用各监管部门之间的合作，有效保障数据的真实性，并实时维护数据系统，由此有利于资本投入信用风险更低、安全性更高的领域。

最后，金融合作立法需要加强。在金融合作前期、中期和后期都存在着大量金融风险，应对金融风险所能采取的措施一般都只能解决某一个问题，而通过对金融合作进行立法，有可能扩大风险防范的范围。具体来讲，各级监管部门开展监管合作，发挥区域特色，制定针对区域的规章制度，规定金融合作的具体要求，有效降低金融风险。

5. 长三角区域金融协同发展的启示

长三角开展的金融合作处于区域金融一体化阶段。长三角的成功之处在于江浙沪三地明确各自的功能定位，摸索出有利于各地区发展的合作形式。具体来说，上海是全国的金融中心，拥有大陆首个自贸区——中国（上海）自由贸易实验区，高度发达的金融业促进了经济的繁荣；浙江和江苏同在长三角区域，虽然没有上海繁华的金融业，但是利用与上海相邻的优势，借助于上海跨区域的辐射效应，极大地带动了两地的经济发展。现在江浙两地已成为全球重要的产业转移承接地区，在其产业不断的转型升级过程中，长三角整体的金融水平不断上升。

（二）珠三角区域金融协同发展

珠三角位于广东省中南部，包括广州、深圳等 9 个城市，与中国香港和中国澳门相邻，交通非常便利，是中国的“南大门”。珠三角占据有利的地理位置，成为中国改革开放的先行地区，金融基础良好，借助于改革开放的优惠政策，珠三角成为各地产业转移的目标地，也聚集了电子技术密集、加工劳动密集等产业，出现了较高程度的产业集群化，成为我国的区域金融中心之一。

经济发展的核心力量是金融，金融促进着产业结构的优化升级，影响国民经济的发展方向。珠三角经济的快速发展得益于发达的金融业。近些年珠三角金融资源总量增长迅猛，拥有明显的金融协同优势。珠三角内有深圳、珠海等沿海开放地区，外与港澳地区相邻，金融协同发展水平较高，其中有很多值得其他地区学习和借鉴的地方。

1. 召开联席会议、成立金融协同发展的机构组织

自 2011 年，珠三角三大经济圈（广佛肇、珠中江、深莞惠）举办了多次联席会议，各地积极开展金融协同合作。金融服务同城化联席会议在广佛肇开展过两次，在珠中江召开过四次，会议商议金融合作的详细事项、解决提供优质金融服务过程中遇到的问题；深莞惠通过召开人行联席会议和办公室主任联席会议，共商为中小企业建立融资平台、建立企业风险预警功能等事项。

具体来说，广佛肇的人民银行共同构建了“金融服务同城化工作小组”，小组的管理工作主要由人行广州分行承担，主要管理佛肇等地的支行。此外，广佛肇还成立了重点合作项目专责小组，工作主要针对以下 6 个方面进行：支付结算基础设施、集优债务融资、国债合作、建设信用体系、金融机构跨区经营、中小企业融资和涉农问题。

2. 利用独特的地理环境，积极开展金融合作

珠三角有较高的金融发展水平，合理的制度安排，较早地开展了金融协同，且巧妙地借助于与中国香港、中国澳门毗邻的优势，充分利用其金融资源与环境，多方面开展合作，金融发展取得了丰硕成果。

首先，在金融基础设施建设方面，跨境人民币清算平台使得粤港之间可以跨境缴费，在中国内地与港澳地区之间搭建良好的桥梁。其次，在跨境人民币业务方面，加强内地与港澳地区金融同业的合作，推行金融创新活动，尤其是人民币结算与融资业务，推动跨境人民币资金集中业务试点的成立，帮助企业降低汇兑成本、规避风险，促进境内外人民币市场的合作发展。再次，在金融市场合作方面，人民币合格境外机构投资者（RQFII）试点在中国香港的证券、基金公司广泛开展，即通过香港特区募集的人民币投资于境内的资本市场；境内外基金公司联合推出跨境交易型开放式指数基金（ETF），促进两地投资者更为便捷地进行跨境证券交易。最后，在金融机构跨境互设方面，两地建立更为密切的经贸关系，港资银行在广东纷纷设立分支机构，扩张其经营网络；同时，内地金融机构也到香港特区进行扩张，比如招商银行成功收购永隆银行。

3. 大力发展金融基础设施建设，推进金融一体化进程

为加速推进珠三角金融一体化进程，人民银行广州分行统一规划金融基础设施建设。广州和佛山部分金融机构已实现对存取款手续费、汇兑费用不收取或减免收取，通存通兑同城化收费有较大进展。广佛肇为达成三地同行异地通兑，积极落实凭证式国债服务一体化工作，并在 2011 年完成了第一笔凭证式国债异地兑付交易。深莞惠三地一起建立了评信通中小企业融资平台与借款企业风险预警系统，这两个平台的建立使得企业能够更加便利地获取银行信贷，推进了征信市场的建设。珠中江在金融基础设施建设方面也有很大贡献，他们建立的银结通系统为加入的银行搭建了区域同城化结算通道，让跨区跨行的通存通兑业务更加高效、便捷。珠三角一系列的基础设施建设工作，极大地推进了各地金融业务的开展，使珠三角的金融业更加发达。

4. 珠三角区域金融协同发展的启示

珠三角协同发展的成功之处在于打破了区域限制，随着大珠三角、小珠三角、泛珠三角概念的提出，珠三角的范围不断拓展，其区域合作也逐渐不局限于一个小范围，开始跨越区域，崇尚合作为先的原则。珠三角凭借良好的地理位置成为中国经济改革的试点区，政府出台的限制条件不多，对其实行着宽松管理的政策。凭借这些优势，金融协同中发挥着更大作用的是市场机制。在金融基础设施、跨境人民币业务、金融市场合作等方面，珠三角各地积极开展合作，并取得不小的成果。尤其是在支付结算与资金清算方面，服务打破了地域限制，使跨境缴费、通存通兑、票据融通等业务的办理更加便捷，手续费与汇兑费的降低让人们的投资交易成本更加低廉。总之，从珠三角区域经济的发展经验来看，即使在地缘上没有直接的联系，以金融作为桥梁，也能达成良好的金融协同合作。

二、国外区域金融协同发展的经验

（一）欧盟金融协同

从全球视角来看，欧盟是区域一体化程度最高的组织，且其金融一体化程度仍在不断加深，其经验值得其他区域借鉴学习，尤其是在金融市场、金融监管等方面的成功探索经验。欧盟的金融协同是在不同国家之间进行的，与其他区域相比，欧盟金融一体化的范围更大。在目前经济全球化的背景下，欧盟一体化进程带动了各国的经济增长，甚至影响着世界其他国家的经济发展。欧盟的成功有其特殊经验，下面介绍其中最值得借鉴的几点。

1. 货币合作模式

1991 年，欧洲共同体签订了《欧洲经济与货币联盟条约》，此条约明确了欧共体成立的经济与货币联盟将最晚在 1999 年 1 月 18 日对货币进行统一。可以理解为欧共体各成员国使用统一货币，并且货币兑换率一致。1998 年，欧洲中央银行成立了，欧盟内的货币政策统一了，各国政府无法再干预货币政策，即只由欧洲中央银行来制定经济政策，调整货币供给。在这种模式下，欧共体发挥着重要的作用，协调着各成员国之间的政策，形成欧盟的内部市场，由此制定欧共体统一的经济政策，促进各国经济的发展。欧盟的货币合作经验表明，在区域内统一货币政策至关重要，政策是经济发展的前提条件。

欧盟统一的是不同国家的货币，但京津冀均属于中国，并不存在统一货币的问题。因此，从欧盟货币合作中可以借鉴的是统一的货币政策，通过出台统一的政策来解决区域内各地的问题。

2. 金融市场的合作

为保证金融资本的自由流动，欧盟的金融市场采取了一系列措施。金融市场包含的市场有很多，欧盟通过对各个市场制定法规政策，促进证券业、银行保险业有效发挥作用。比如，欧盟的证券市场一体化开始于20世纪80年代，为消除成员国之间资本流动的障碍，欧共体出台了很多法律法规，后来，证券交易市场进行统一。此外，欧盟内统一使用货币欧元，使欧盟内各成员国之前存在的以利率、汇率作为标的的金融衍生品无法使用；随着欧盟的成立，金融市场的规模大大增加，欧盟内部的期货等衍生品交易所开始进行合并。比如，欧洲交易所就是由西班牙巴塞罗那交易所与法国国际期货交易所合并形成的。此外，还成立的金融交易中心可以发挥整体的效益，将金融资源有效地集中运用。

3. 金融监管的统一

在欧盟金融一体化的同时，金融监管也要符合金融发展的需求。因此，对金融监管的完善至关重要。为了建立统一的金融监管体系，欧盟从监管主体、范围、形式等多方面进行改革。

（1）从监管主体来看，不同的阶段，欧盟建立跨国、跨行业的监管机构，涵盖范围非常广。在金融危机之后，欧盟建立了跨国监管机构——欧洲系统性风险委员会（ESRB），将微观角度原有的监管机构发展成为欧盟金融监管当局（ESA），对各成员国的金融业进行统一监管。因此，欧盟成立的金融监管机构不仅打破了监管的国别限制，还冲破了银行、保险、证券行业所受到的分业经营限制。

（2）从监管范围来看，不同时期范围不同。金融危机之后，金融监管的重点是防范系统性风险。因此，监管范围非常庞大，涵盖整个金融体系，包括金融机构、金融工具等。

（3）从监管形式来看，跨国的监管合作成为主流。自从欧盟统一货币和金融市场之后，金融监管一体化也在不断推进，金融风险的蝴蝶效应更是要求各国之间必须加强合作。在金融危机之后，欧盟成员国之间严密的金融监管网正式出现，防范再次发生严重的金融危机。

4. 欧洲金融协同发展的启示

虽然欧盟的金融一体化是跨国的，但欧盟各成员国找到了协同的载体，成立了欧洲货币体系，统一了货币与货币政策，建立了内部统一的金融市场和金融监管体系，促进了各成员国经济繁荣发展。欧元是欧盟经济一体化的产物，是欧盟各成员国共同利益的表现。通过统一的货币政策和金融市场的合作能更好地促进经济发展。为了使监管更好地适应金融发展，对金融监管的改革与完善也应引起重视。欧盟内达成了越来越多的跨国监管合作，使金融协同中加入金融风险防范，让金融协同更加完善。

（二）东京都市圈的金融协同

20 世纪 80 年代，随着日本经济发展，其在国际金融市场上的地位越来越重要。而东京作为日本经济最发达的城市之一，形成的东京都市圈成为国际金融中心之一。20 世纪 90 年代后期，美国制裁日本，使东京都市圈的地位逊色于纽约。主要从三方面介绍东京都市圈发展过程中值得借鉴的地方。

1. 政府管理机制

日本政府为支持东京都市圈内城市之间的协作，颁布了多项法律法规，对都市圈的整体发展起到很好的推动作用。日本政府通过给东京都市圈内各城市授权，凭借立法的手段将权利赋予地方政府，各地方政府依靠自身特点，对其进行功能定位，充分发挥了经济领域与产业机构等方面的比较优势，通过城市之间的合理分工，大大推动了都市圈整体的经济发展。同时，为了促进都市圈内的战略协作，日本政府制定了整个都市圈的规划，从宏观角度为都市圈的整体考虑。主要包括建立交通网络，建立信息共享平台，对产业结构进行改革等。这些政策的实施对象是东京都市圈内的所有城市，不受城市等级、行政区域划分的限制。

2. 区域竞争机制

在东京都市圈形成的初期，区域内各个城市为了建立更好的城市功能体系，努力争夺各种生产要素。通过这种竞争，调整了生产要素的配置与流动，都市圈的资源形成了合理有效配置。但都市圈内各城市的经济规模不同、发展程度不同，尤其是中心城市拥有更多的优势。随着都市圈的不断壮大与成熟，圈内的中心城市和非中心城市竞争愈演愈烈。在这种形式下，非中心城市迫于竞争压力，必须不断完善城市功能，形成自身的竞争优势，缩小与中心城市的差距。所以在都市圈的发展中，通过竞争机制推动了区域内各城市的自我完善与发展。

3. 市场协调机制

随着城市化与工业化的发展，形成了都市圈这样一种空间集合的组织形式。在这种组织形式下，市场通过发挥价格机制，解决了产业结构与人口协调等方面的潜在问题。在市场机制的引导下，东京都市圈的产业结构、资源配置、人口协调等方面在中心城市与非中心城市之间进行有序转移。比如，在东京都市圈发展的初期，作为中心城市，大量的人口和企业汇集到东京，东京的城市和人口规模迅速扩张，物价和房价迅速上升，还伴随着城市环境污染。在这种情况下，很多企业、基础设施等开始撤离到郊区，进而使人口开始流向城郊，形成了郊区城市化。而中心城市空出的地方用来吸引金融、商业等部门，调整了城市的产业结构，促进了郊区资源的合理利用。

4. 东京都市圈的启示

东京都市圈是在日本政府的大力推动下形成的。为促进东京金融业的发展，日本政府颁布了众多法规条例。作为日本发达城市之一，东京与周围金融业发达的城市进行产业联动，形成区域金融协同。随着经济规模逐渐扩大，以东京为中心的区域合作聚集起大量的金融资源。与其他都市圈的金融合作不同，东京都市圈的特点是政府占主导地位，管理模式也是集中化管理。

（三）纽约都市圈的金融协同

纽约都市圈是全球第一大都市圈，代表全球顶尖的金融水平。都市圈内的城市化覆盖率超过 90%。在纽约都市圈发展初期，都市圈内各城市的金融业相对独立，但也有较快发展，此时的都市圈金融结构比较松散、分裂；在都市圈形成后，各城市之间开始开展广泛的金融合作，协调机制越来越完善；经过一段时间的发展与调整，金融聚集态势开始形成，最终纽约都市圈金融一体化形成。在其发展过程中，有以下几点经验值得借鉴。

1. 金融政策的制定

纽约都市圈的成功之处在于其优越的先天条件与金融政策推动了都市圈内各城市之间的合作。在纽约都市圈金融一体化的过程中，纽约联邦储备银行发挥了关键作用。金融政策是发展金融一体化的重要推动力，纽约联邦储备银行通过出台多项宏微观金融政策，极大地促进了都市圈的金融一体化。比如，制定减免税款、降低存贷款利率等优惠政策，促进了资金的自由流动与合理配置。

2. 金融基础设施的建立

良好的金融基础设施有利于资本自由流动与资源合理配置。在纽约都市圈的建设过程中，美国对其投入了大量的人力、物力来推动都市圈内各城市的基础设施建设。比如，对交通基础设施落后的城市提供优惠贷款，极大地提高了中小城市的交通便利程度。此外，纽约都市圈还建立了都市圈内的支付与征信系统，推进了区域内各城市之间的资金自由流动、信用信息共享等。

3. 城市功能的定位

纽约都市圈内各地政府之间开展的合作推动了整个区域的协调发展。这种跨区的合作没有削弱地方政府的权利，而是将整个区域内金融业的发展与布局综合考量，从宏观考虑都市圈的发展，加强一体化进程。纽约作为都市圈的中心，其金融业、商业、服务业极为发达，资金实力雄厚，对其周边城市起到良好的辐射作用。周边城市可以根据自身发展历史与地理位置，对其城市功能恰当定位。比如，纽约是美国的金融中心，拥有着发达的金融业，可以为其周边城市提供一流的金融服务。纽约都市圈内各城市发挥其比较优势，形成合作互补的整体格局。

4. 纽约都市圈的启示

纽约联邦储备银行出台多项宏微观金融政策，美国投入了大量的人力、物力来推动建设都市圈内各城市的基础设施。都市圈内各个政府之间的合作，都极大地促进了纽约都市圈的金融一体化。纽约都市圈的地位也标志着美国金融业的发达，能为世界各国的企业或个人提供优质的金融服务，让美元更加广泛地流通。总之，纽约都市圈的协同发展主要依赖于自身的优越条件。

第三节　京津冀协同发展中的金融资源整合与创新路径

一、京津冀协同发展中的金融资源整合路径

（一）明确自身定位，找出发展规律

区域内的所有地区要明确了解自身的特点，发挥自身优势，吸取其他地区的经验，在各方面形成互补，为金融协同过程中各个环节的顺利进行打下良好基础。各地区首要任务是明确自身的特点，清楚在区域中要扮演的角色，

不了解情况就盲目投入是有害无益的，不但无法获取应有的收益，甚至会造成危机。因此，为使京津冀三地金融协同顺利开展，三地要认真考察其优势，明确其定位，根据各自的实际情况摸索出真正适用于整个区域经济发展的道路。

1. 北京集中金融产业优势，构建京津冀区域金融发展核心

北京拥有的政治地位和经济地位决定了其是京津冀区域最发达的城市，对天津和河北起着带动作用。北京是全国性金融管理中心，中国人民银行、银保监会的总部均设立在北京。北京的金融资源十分丰富，众多金融机构都将总部设立于北京，全国超过50%的金融资产集中在北京。2008年，《关于促进首都金融业发展的意见》正式发布，明确提出要把北京建设成国际金融中心。因此，在推进京津冀金融合作过程中，要利用金融资源、金融监管、金融发展优势，发挥金融决策、金融管理、金融服务作用。总的来说，北京要抓住自身一切优势，发挥辐射作用，使其金融资源得到最有效的利用，带动天津、河北金融业共同发展，让自己成为区域金融协同的核心力量。

（1）北京要完善金融市场体系。金融协同要依靠金融市场进行，金融市场体系是否完整健全对金融协同的发展结果有着决定性作用。因此，要成为京津冀区域的金融核心，北京首先要有一个完整的金融市场体系。金融市场体系包括一系列市场，比如资本市场、货币市场、黄金市场等。北京需要逐步完善这些市场，让整个体系更加健全。比如可以推进利率市场化、规范债券市场、增加直接融资比例等。

（2）北京要发挥辐射作用。辐射作用体现在区域金融协同发展的过程中，各地区优势互补，学习其他地区的长处与先进经验，某些地区的优势会向其他地区转移。相对于津冀两地来说，北京的金融发展水平最高，在金融发展上也具有绝对优势。由此，在京津冀协同发展过程中，北京借助于产业结构，将金融资源逐渐向天津和河北转移，发挥其金融的辐射作用。产业有序转移不仅可以减轻金融资源的重复投入，还可以使天津和河北的产业结构更加丰富，京津冀的产业结构更加合理。

2. 天津集中金融政策优势，构建京津冀区域金融试验中心

虽然天津金融业不如北京发达，但从全国范围来看，天津作为四大直辖市之一，有一定经济实力。在京津冀区域协同发展过程中，天津需要向北京看齐，利用好临近首都的地缘优势，不需要将精力集中于赶超北京，而应该采取天津和北京优势互补的观念，抓好国家政策，努力实现金融创新，两者的关系是合作在前，竞争在后。随着国家出台将滨海新区设为经济试验区的改革政策，天津获得了国家政策优势，要抓住这次机会，通过滨海新区进行金融创新，成为京津冀区域的金融试验中心，通过改革试验大力推进金融发展。

（1）天津要充分利用国家金融政策，对滨海新区进行良好规划。2006 年 5 月 26 日，国务院颁布《推进天津滨海新区开发开放有关问题的意见》（以下简称《意见》），由此天津滨海新区成为改革试验区。该《意见》提出天津滨海新区要听从党中央和国务院的部署，从其实际出发，先行先试一些改革开放举措。其中，政策的重点是金融业的先行实验，滨海新区可利用政策优势进行金融创新。比如在滨海新区积极投资设立人工智能、生物医药、新能源等新兴产业，尝试知识产权质押、科技债等创新融资方式，设立高水准的研发基地。基于此，北京和河北还可以积极引入滨海新区成功的金融创新经验，整体提升京津冀区域的金融创新能力。

（2）天津要利用好港口经济。从京津冀整体来看，未来其主要的发展途径是港口经济、金融以及产业综合发展。对天津来说，其发展定位是港口经济，依托于港口的商业贸易。独特的地理位置让天津拥有优良港区，而优良港区更是建设离岸中心的天然条件。未来成为离岸金融中心也在天津滨海新区的规划之中，天津滨海新区希望成为离岸银行中心、离岸基金中心。在成为离岸金融中心的过程中，天津可利用临近北京的优势。北京是中国最大的人民币结算中心，离岸人民币结算中心可由天津建立，天津再不断学习北京的成功经验，最终形成体系完整的离岸金融市场。

3. 河北集中金融地缘优势，构建京津冀区域金融承接区域

相对于京津来说，河北省的金融发展水平较为落后，在协同发展中，并没有十分明显的金融发展优势。因此，河北更多的是利用腹地优势成为北京和天津的金融后台，为京津众多的前台金融机构提供类似“后勤保障”的服务与支持。

一般来讲，区域金融协同过程中会出现产业结构的优化升级，产业转移到区域内的其他地区，但是受市场机制和政府政策的影响，有些企业不愿离开原来的地区，尽管留下的成本很高。企业的这种选择是因为他们倾向于更为成熟的市场以及对承接区域的服务能力保持怀疑态度。所以，在京津冀区域的产业结构优化升级过程中，一定要努力提高承接区域的自身条件，并向转移区域看齐，通过提高自身金融服务水平，同时出台优惠政策来吸引企业转移。

（1）河北省要搭建良好的交通网络。交通对于经济发展十分重要，便捷的交通有助于促进区域内的交易往来，有助于减少交易成本，提高合作的可能性。在北京和天津，大型制造企业的压力越来越大。尤其是土地价格上涨、环境保护政策等压力，使得某些制造业不得不转移。但是有些制造业企业需要将产品运送至收货地，才能完成交易、实现价值增值。因此，产业转移对交通有一定要求。北京的交通十分发达，拥有通往全国的铁路、公路；天津的交通也较为便利，作为港口城市，同时也是东北亚的重要枢纽，四通八达的交通对企业的吸引力极大。在京津冀区域协同中，河北省要做好交通的承接工作，就要对其交通网络进行搭建与完善，并加强信息交流，加大政策优惠力度，吸引北京和天津的企业转移至河北，同时为这些企业提供和京津同等的服务。

（2）河北省要建设金融的承接后台。在京津冀区域中，河北承接着北京和天津的辐射作用，主要表现在疏解城市功能和产业转移上，这些工作的完成需要三地在金融、产业、城市功能等方面加强合作。在京津冀区域协同中，河北需要研究、更新金融产品来发挥其金融的后台作用，使从北京和天津迁移过来的企业能够享受和迁移以前一样的服务。河北作为金融承接后台，不用在大范围的区域进行，选择小范围的地区即可，比如唐山、保定、沧州、石家庄等。将这些小范围的区域中心连接起来，构成一片网络，使从京津外迁的企业有更多的选择空间，这样有利于河北的金融发展。

（3）河北要完善金融承接补偿机制。对于从京津迁出的企业和河北原来本土的企业来说，产业转移是一个具有挑战性的过程。迁出的企业其实放弃了机会更加丰富的京津市场，原来本土的企业面临着新来企业的激烈竞争。因此，如何平衡迁出企业与本土企业之间的关系，如何避免恶性竞争，是京津冀区域协同的重点问题。要解决这个问题，可以通过补偿机制。首先，通过政策让迁出的企业获得和原来同等甚至更好的发展环境，比如实行税收优惠政策；其次，补偿本土企业，让它们保持一定的竞争力，能够在市场的力量下优胜劣汰，比如对迁出企业和本土企业合理规划布局，尽量减少两者针锋相对、过于激烈的竞争。尽管有一些政策支持，但市场仍旧是最主要的机制，补偿机制的存在是为了平衡政策与市场之间的关系，使金融协同能顺利进行。

（二）加强区域间金融机构、金融市场合作

1. 促进京津冀区域间金融机构合作

（1）加大金融机构之间的合作。京津冀的金融机构要在提供金融服务的过程中更加主动和灵活，利用区域协同不断扩大合作领域。比如在京津冀区域搭建一个全覆盖的贷款服务框架，让资金可以在京津冀区域内自由流动，使资金配置更为高效，以推动整个区域金融协同发展。另外，有效的沟通更能促进三地达成合作。因此，京津冀可定期举行管理层会晤，让合作更加顺利。

（2）鼓励金融机构跨区域设立分支机构。长三角在区域金融合作方面较有经验，京津冀区域应借鉴其成功经验，积极开展商业银行跨区设立分支机构，激励同类型机构的良性竞争，增加金融机构集中度，提高区域内整体的金融发展水平。同时，在京津冀区域建立金融投资平台，进行整体的产业结构布局，让金融资源有效地投资到实体经济，让金融真正服务于实体，推动经济不断发展。

（3）推进金融机构进行改革创新。比如在天津滨海新区设立存款保险公司，作为存款保险制度的先行试验点，专为京津冀三地所有地方性银行服务，让京津冀区域的城商行、农商行、农村信用社等地方性银行的竞争力得到提升。此外，还可将成功的创新经验传播到其他区域，发挥试点的重要作用。

2. 促进京津冀区域间金融市场合作

（1）促进区域内传统资本市场的合作。目前京津冀三地的资本市场发展程度有较大差距，整个区域发展不均衡，三地应积极开展有关于资本市场的协调与合作。对于证券公司，要积极培育有潜力的优质公司上市融资。北京的证券公司综合实力要强于津冀地区，应主动帮助津冀地区有潜力的优质企业上市，这不仅增加自己公司的营业收入，还让京津冀整个区域拥有更多优质的上市公司。对于京津冀内的上市公司，政府可针对其出台优惠政策，鼓励上市公司在京津冀区域内扩张资本、通过资本运作进行并购、建厂等，提高名牌知名度、增加产业层次。针对区域内出现的产业转移、市场融资等现象，京津冀三地应协同构建资本运作平台，让资本市场更好地服务于实体经济，促进区域金融协同的更好发展。

（2）促进区域内产权交易市场的完善。目前众多京津冀的企业达不到上

市的标准。因此，这些企业只能靠产权交易市场获取资金、进行股权流动。京津冀均已设立产权交易市场，但市场的发展水平良莠不齐，各个区域各自为政，企业一般只挂牌于所在地的产权交易市场。在有庞大产权数量的京津冀地区，这种模式不利于资源的自由流动，无法达到要素合理布局，妨碍企业跨区域发展，更不利于京津冀金融一体化的实现。因此，京津冀三地应一同整合产权交易市场，建立统一的交易市场，促进金融协同发展。目前，在全国的产权交易机构中，北京和天津的机构分别排名第二和第三，具有较大优势，京津两地应加强合作，减少内部的重复建设。另外，京津冀还可为产权交易设立统一的电子系统，为企业提供更为便捷的服务，扩大交易的范畴，完善产权交易市场。

（3）推动区域内离岸市场的发展。北京作为中国的政治和经济中心，是人民币结算中心；天津作为北方重要的港口城市，其滨海新区还成为改革开放试点之一。因此，京津冀可以借助于人民币结算、政策试点的优势，建设北方的离岸金融市场，探索性地开设离岸银行、离岸基金、离岸保险以及衍生品等创新机构。河北虽然金融业不如京津两地发达，但可利用与北京、天津相邻的优势，一边通过京津金融业的辐射作用来促进自身发展，一边承接京津地区设立的分支机构和进行产业转移的企业，做好辅助、服务工作。总的来说，在离岸市场的建设和管理中，需要京津冀三地共同推进金融创新、金融监管等工作。

（三）促进区域内金融资源的跨区流动

资金和信息是金融资源的重要组成部分。京津冀积极开展合作离不开三地之间的信息共享；三地的资金进行自由流动和合理配置有利于提升金融业整体的服务质量，促进三地金融协同发展。

1. 促进资金的跨区域流动

（1）构建跨区域的结算服务系统。高效和高质量的结算服务能够促进资金在区域内自由流动，有利于京津冀金融协同发展。区域内的所有金融机构应积极开展有关于搭建跨区域、跨银行结算平台的合作，尤其是在资金拨付、技术创新、安全网络等方面，提高区域内整体结算的准确性、高效性以及安全性。此外，拥有便捷高效的结算系统可增加金融机构对客户的吸引力，在运用跨区域结算系统的过程中，可提升客户对服务的满意程度，使客户更加认可和支持金融机构的工作。

（2）积极开展金融支付业务同城化。近几年随着京津冀区域金融一体化进程的推进，区域内的金融支付业务得到了快速发展。区域内建立的金融支付系统，能满足企业的生产交易、居民的日常经济活动需求。京津冀三地通过合作，解决技术问题、打破金融壁垒、完善中介服务，实现京津冀三地的金融支付同城化，进一步降低金融支付成本，让资金能在区域内自由流动。此外，京津冀地区还可以设立区域内的电子货币支付系统，拓宽电子票据的流动范围。

2. 完善区域内信息共享机制

京津冀区域协同的顺利推进离不开三地之间金融信息的实时共享。因此，设立高效完备的信息共享机制至关重要。在整个区域内，这种机制一方面可以让金融机构和企业及时准确地了解信息，以便迅速抓住投资机会，更加合理地运用金融资源，保障金融资源的快速流动与高效配置；另一方面有利于解决信息不对称，促进更好地防范风险，提高金融机构的服务能力。具体来说，金融信息共享机制需要政府、金融机构、金融监管部门各方面的共同努力。

（1）从政府层面来看。京津冀三地政府应共同打造政府信息共享平台，平台上的信息主要包括三地的经济发展状况、金融政策、招商引资政策、重大项目招投标情况等资讯，以便更好地推进京津冀一体化。此外，各地政府也要积极配合监管部门的有关工作，主动收集统计本地企业、居民的信息，加快建立京津冀区域内的征信系统，实现三地政府之间的信息共享。

（2）从金融机构层面来看。由各地区的金融同业协会与主要金融机构共同设立信息共享平台，收集并发布区域内金融机构与企业的信息、行业资讯、信用记录等信息，构建异地贷款的监测网络，共享自己对经济领域的研究成果，探讨合作的可能性。比如共同开拓金融市场、交流重大问题的解决方式、组成银团贷款、开发金融创新产品等，拓宽金融合作的渠道。

（3）从金融监管层面来看。由京津冀区域内各地的中国人民银行分支机构、合并后的银保监会共同建立金融监管部门的信息共享平台。沟通交流的重点在于货币信贷政策的具体运行情况以及监管中出现的重大风险情况。三地可定期举办监管部门的联席会议，分析统计数据信息，研究区域内的金融机构的风险情况，探讨降低风险的对策。总的来说，共享监管信息、分享监管经验、提升整体区域的监管效率。

（四）加强金融人才跨地区交流协作

金融业是一个非常需要高素质人才的行业，高端金融人才一直是金融业稀缺的重要资源。北京拥有大量的金融人才，相较于北京，天津吸引的金融人才较少，而河北较缺乏金融人才。因此，津冀应重点实施金融人才的引进与培养战略，侧重于引进具有金融、法律、财务等知识和经验的大量人才，为他们提供具有吸引力的薪酬待遇，出台减免个人所得税的优惠政策；加强培育高素质人才，可以与高校进行合作，由高校、政府、金融机构共同建立金融人才培育平台，还可为金融人才设立创业基金，不断吸引和培育高端金融人才。北京应大力帮助津冀两地推行人才培育机制，让北京金融机构的优秀骨干到津冀的金融机构进行培训分享，甚至任职一段时间，或者让天津、河北的金融机构到北京学习交流。

二、京津冀协同发展中金融创新路径

（一）创新金融管理，为整合金融资源提供良好的政策支持

法规政策是京津冀区域金融一体化的基础。三地政府应致力于为整个区域搭建良好的金融平台，提供有关于金融政策的支持，协调各主体之间的关系，为区域金融合作做好桥梁工作。在京津冀金融协同发展的规划中，三地政府要协商制定以下内容，用完善的法律法规为京津冀金融发展保驾护航。

1. 修除对京津冀区域金融一体化有阻碍作用的法律法规

京津冀三地政府首先要对于目前已有的法律法规进行统计整理，将妨碍区域金融协同的法律法规挑出，分析研究如何修改，废除情节严重的。同时，要推进三地之间法律法规的融合与接洽，执法人员可增加跨区域的沟通交流，减少行政性因素对金融发展的阻碍。

2. 制定新的法律法规来推动区域内金融资源的整合

京津冀三地政府要了解自身金融发展规律，根据自身特点对金融政策法规体系进行补充与完善，制定新的法律法规推动区域内金融发展，如区域金融市场运作法、跨区域经营法、市场准入法等。同时，制定相关法律法规来惩罚破坏金融一体化的主体，制约不正当行为。比如出台反垄断法、反不正

当竞争法等。

3. 完善与风险防范相关的法律法规

京津冀三地政府要重视金融监管，制定与完善相关的政策法规，加大三地之间的监管合作。具体来说，对于目前多个机构掌握工商、商务等部门的监管权力现象，三地要进行整合管理，实行统一监管、统筹规划，以解决京津冀金融机构由不同监管部门管辖的问题，同时减少多个监管者同时存在的资源浪费现象，落实每个监管部门的责任，避免监管缺失与重复，促进整个区域金融业的平稳运行。此外，还可以对不同金融机构进行差别化监管。比如对于农村的小型金融机构，可以增加监管的弹性，减少监管负担，避免监管的“大材小用”。

（二）借助互联网建立京津冀一体化金融平台

对于互联网金融，北京和天津都非常重视。北京的中关村拥有着各种模式的互联网金融，已经形成互联网金融生态链，汇聚了众多互联网金融机构，在电商等互联网领域已有一定成绩；天津为了促进互联网金融发展，出台了一系列税收优惠政策来吸引人才和企业落户；相较于京津两地，河北的互联网金融发展水平较低，在成交量和发展规模上仍有较大发展空间。

实现京津冀协同发展离不开互联网金融的支持，三地共同建立互联网金融平台有利于推动区域金融一体化发展。通过平台更好地整合金融机构和企业信息，一方面，在平台上要列出京津冀三地所有金融机构的信息；另一方面，要通过平台公布所有企业尤其是急需融资的企业明细。通过互联网金融平台不仅可以实现信息公开化，还有利于撮合资金供求双方的有效对接，实现金融资源的有效配置。由三地政府一同设立区域内的互联网金融平台，并向加入平台的主体收取手续费。需要注意的是平台并不承担交易风险，只审核主体资格真实性。

（三）创新发展产业金融

产业金融，就是创新地将产业与金融融合在一起，如碳金融、科技金融、能源金融等。金融资源支持着产业结构的优化升级，可以说金融就是经济的核心力量，通过创新的产业金融可以更好地推动经济发展。

1. 发展碳金融

2011 年 10 月国家发布的《关于开展碳排放权交易试点工作的通知》，正式批准北京、天津等七个省市成为碳交易试点地区。近年来，空气质量问题成为热点话题，尤其是京津冀地区开始频繁出现的雾霾天气。随着碳金融概念的提出，越来越多的人开始强调低碳、可循环经济的重要性。目前京津冀的碳金融市场还处于较低水平，有较大发展空间。可通过一定措施来达到发展循环经济的目标，具体来说包括以下方面。

（1）推进碳金融交易市场的发展。2008 年，北京环境交易所成立；2012 年，碳交易试点在北京开始投入建设，至 2013 年末才开始买卖。天津和河北的碳金融市场发展水平低。为实现碳金融市场的发展，首先，可采用政策法规或市场化手段来约束限制污染企业的碳排放，利用绿色资源促进区域内的产业结构优化升级。其次，应拓宽企业的融资渠道，鼓励资本进入碳金融市场，提高碳金融市场交易的活跃程度。最后，可以设立碳交易平台，通过提供良好的中介服务来吸引投资者对碳交易进行投资，让市场的价格发现功能充分体现出来。

（2）加快建设有关碳交易的法律法规。近年来，碳交易的兴起让欧美等多国陆续出台了多项法律法规。我国碳交易起步较晚，在这方面的法律法规处于初始状态。为了规范碳金融的发展，国家和有关监管部门必须出台一定的政策规范，立法先行。2014 年 12 月，《碳排放权交易管理暂行办法》由国家发改委颁布，但此办法没有明确区域内的各地政府的管辖权利，也没有明确企业参与碳交易的门槛限制，缺乏强制性，且没有覆盖全部行业。因此，政府仍需要出台明确的对碳排放权等相关领域管理条例与细则。

2. 发展科技金融

一般来说，金融业的发展水平对科技金融有着较大影响。京津冀各地的金融要素要与科技要素在三地之间可以跨区域结合，这样不仅可以提升科技金融的效率，降低科技型企业的成本，还可以提高区域整体的竞争力。具体来说，可以采取以下措施来提升科技金融的发展。

（1）拓展科技金融的发展空间。近几年，多种新兴科技陆续兴起，如人工智能、无人机、生物科技等。在信息技术方面，金融机构与这些高科技领域的企业的认知有较大差异，对创新产品价值的预期也有所不同，在这些领域，金融机构面临更大的风险。因此在进行投融资时，要小心谨慎，同时需要政府及监管部门设立更高的准入标准，设立保障机制来降低风险。

（2）加强担保机制的完善工作。科技企业在发展初期资金需求量比较大，但由于抵押物不足、自身规模有限而无法获得金融机构的贷款。此外，提供信用担保机构的专业性和规范性普遍较低，导致了担保机制的失效。为解决这类问题，应成立专业性较高的担保机构，只服务于科技型企业，尤其是中小型企业，为他们提供担保；还需出台相关法律文件，健全信用担保体系，运用多种担保方式。

3. 发展能源金融

能源金融指的是以新能源为基础，通过金融手段进行融资与资源整合，将能源和金融两个领域进行结合。能源金融不仅包括煤炭、石油、天然气等传统能源，还涵盖新能源、可再生能源等近年来最新的能源。

近年来，京津冀区域仍然对天然气、煤炭等传统能源存在较大需求，因此，能源存在较大的价格风险，三地需要引入金融衍生品，如能源远期、期货、期权等。中国燃料油期货市场十分成功的经验告诉我们，应逐步放松对能源金融的管制来吸引更多的资金投入，达到促进能源金融市场发展的目的。金融机构应扩大对能源企业的投入。为了让能源企业获得更多的融资支持，可以设置能源发展基金来推动新能源的开发。

（四）加强宣传引导，创立区域金融品牌

大力宣传京津冀区域内金融业改革过程中值得借鉴的成功经验，吸引更多的投资者加入，促进地区间的金融交流合作，在整个区域内推进金融改革和创新行为。从京津冀金融发展现状来看，北京和天津处于河北省的中间，同时也是全国经济发展水平较高的两座城市，京津可以对河北省产生金融辐射作用，河北还可出台相应的金融政策来带动自身发展，以实现京津冀区域金融的合理布局。

区域金融品牌指的是通过出台金融政策构造出具有地区特色的环境，并在此基础上所形成的品牌效应。区域金融品牌曾造就了很多世界闻名的城市，如苏黎世、伦敦、中国香港等。与此同时，某些城市金融业高度发达的区域也成为金融的标志，如纽约的华尔街。在创建区域金融品牌时要注意合理地对品牌进行定位，而区域金融产业往往被视为金融品牌的一个产品，因而其品牌定位往往侧重于对金融产业的考察。首先要了解京津冀的金融特色，同时考虑其历史以及现在，从政治、经济、社会等多领域进行分析归纳，才能合理定位其金融品牌。此外，金融政策支持对于区域品牌的设立具有重要作用，对金融政策的高效准确理解有利于打造区域品牌知名度。

参考文献

[1] 艾洪德，徐明圣，郭凯．我国区域金融发展与区域经济增长关系的实证分析［J］．财经问题研究，2004（7）：26－32．

[2] 巴曙松，吴博，刘睿．金融结构、风险结构与我国金融监管改革［J］．新金融，2013（5）．

[3] 白钦先，谭庆华．论金融功能演进与金融发展［J］．金融研究，2006（7）：41－52．

[4] 薄文广，陈飞．京津冀协同发展：挑战与困境［J］．南开学报（哲学社会科学版），2015（1）：110－118．

[5] 鲍兰兰．京津冀金融一体化现状及发展对策研究［D］．天津财经大学，2016．

[6] 曹凤岐，杨乐．银行信贷调配与区域经济增长［J］．金融研究，2014（6）：50－66．

[7] 曾国平，王燕飞．中国金融发展与产业结构变迁［J］．财贸经济杂志，2007（8）：12－19＋128．

[8] 柴蕾．京津冀区域人才协同发展中存在的问题及其对策分析［J］．中国管理信息化，2018，21（18）：186－188．

[9] 陈朝阳，谢曼曼，郑晓娜．京津冀协同发展背景下的人才一体化路径研究［J］．河北工业大学学报（社会科学版），2017，9（3）：9－13，44．

[10] 陈东，汪敏，沈春苗．金融中介发展提升中国技术创新能力了吗：基于中国省际面板数据的实证分析［J］．山西财经大学学报，2014，36（11）：1－11．

[11] 陈菲，赵子龙．中国金融结构与经济增长的实证分析［J］．生产力研究，2009（5）：54－57．

[12] 陈会荣．金融中介与经济增长：中国跨省数据的实证分析［J］．

中南财经政法大学学报，2006（5）：63.

［13］陈可轶．滨海新区发展与京津冀区域经济一体化研究［D］．南开大学，2010.

［14］陈启斐，吴建军．金融发展与技术进步：一项来自中国省级数据的研究［J］．经济评论，2013（6）：98－107.

［15］陈耀，陈梓，侯小菲．京津冀一体化背景下的产业格局重塑［J］．天津师范大学学报（社会科学版），2014（6）：1－6.

［16］陈志刚，郭帅．金融发展影响全要素生产率增长研究述评［J］．经济学动态，2012（8）：129－136.

［17］陈梓楠，吴江．金融发展与经济增长关系文献综述［J］．西昌学院学报（自然科学版），2017，31（3）：52－54，73.

［18］邓淇中，张晟嘉．区域金融发展规模、结构、效率与经济增长关系的动态分析［J］．统计与信息论坛，2012（1）.

［19］杜金岷，田晖．金融集聚对我国区域产业结构调整的影响：以北京及渤海湾地区为例［J］．南方金融，2014（6）：92－95.

［20］范学俊．金融体系与经济增长：来自中国的实证检验［J］．金融研究，2006（3）：57－66.

［21］方先明，孙爱军，曹源芳．基于空间模型的金融支持与经济增长研究：来自中国省域1998～2008年的证据［J］．金融研究，2010（10）：68－82.

［22］高辉．金融中介、股票市场与经济增长：基于联立方程模型的实证分析［J］．上海经济研究，2011（2）：11－19.

［23］韩玲．经济增长的区域差异：基于信贷投放的解释［J］．宏观经济研究，2014（4）：113－120.

［24］韩廷春，夏金霞．中国金融发展与经济增长经验分析［J］．经济与管理研究，2005（4）：18－23.

［25］贺小海．我国银行业结构与经济增长研究［D］．复旦大学，2008.

［26］康晓楠．京津冀银行业结构对区域经济增长影响的实证研究［D］．河北师范大学，2015.

［27］赖明勇，阳小晓．金融中介发展与中国经济增长的实证研究［J］．经济科学，2002（6）：36－43.

［28］雷立钧，刘庆娟．近年来金融发展与经济增长实证研究趋势分析

[J]. 经济经纬，2010 (1).

[29] 李海波，刘冀洪. 京津冀协同发展背景下金融如何支持北京非核心产业疏解 [J]. 农村金融研究，2014 (7): 40-44.

[30] 李嘉，李倩. 我国银行业市场结构与经济增长关系实证研究 [J]. 华北金融，2015 (5): 28-30，34.

[31] 李健，卫平. 金融发展与全要素生产率增长 [*]——基于中国省际面板数据的实证分析 [J]. 经济理论与经济管理，2015 (8): 47-64.

[32] 李靖. 区域经济增长中金融中介贡献度的比较分析 [J]. 金融理论与实践，2007 (9): 38-41.

[33] 李克强作的政府工作报告（摘登）[N]. 人民日报，2014.03.06.

[34] 李林，丁艺，刘志华. 金融集聚对区域经济增长溢出作用的空间计量分析 [J]. 金融研究，2011 (5): 113-123.

[35] 李万明，王永亮. 金融中介发展、企业家精神与区域经济增长——基于省级面板数据的实证研究 [J]. 金融发展研究，2014 (4): 49-52.

[36] 李忠民，刘妍. 金融支持"新丝绸之路经济带"构想的战略路径研究 [J]. 人文杂志，2015 (2): 24-30.

[37] 李宗圆. 京津冀金融一体化研究 [D]. 天津财经大学，2016.

[38] 廖格平. 区域银行业结构与经济增长 [D]. 厦门大学，2007.

[39] 林毅夫，孙希芳，姜烨. 经济发展中的最优金融结构理论初探 [J]. 经济研究，2009，44 (8): 4-17.

[40] 林毅夫，徐立新，寇宏，周叶菁，裴思纬. 金融结构与经济发展相关性的最新研究进展 [J]. 金融监管研究，2012 (3): 4-20.

[41] 林毅夫，章奇，刘明兴. 金融结构与经济增长：以制造业为例 [J]. 世界经济，2003 (1): 3-21.

[42] 刘伟，黄桂田. 银行业的集中、竞争与绩效 [J]. 经济研究，2003，38 (11): 14-21，91.

[43] 刘伟，黄桂田. 中国银行业改革的侧重点：产权结构还是市场结构 [J]. 经济研究，2002，37 (8): 3-11，92.

[44] 刘湘云，杜金岷. 区域金融结构与经济增长的相关性研究 [J]. 武汉大学学报（哲学社会科学版），2005 (3): 311-316.

[45] 刘阳，王庆金. 京津冀产业协同发展存在的问题与路径优化研究

[J]. 农村金融研究, 2018 (3): 29-33.

[46] 卢芹. 我国银行业结构与经济增长的实证研究 [J]. 特区经济, 2013 (2): 48-51.

[47] 吕雯, 鲍曙明, 陈科, 麦勇. 金融发展与经济增长关系的实证研究 [J]. 财政研究, 2011 (9): 67-71.

[48] 齐晓亮. 民营经济与振兴东北老工业基地 [D]. 东北师范大学, 2007.

[49] 邵四华. 京津冀协同发展战略下投融资需求及金融创新研究 [J]. 华北金融, 2015 (7): 16-21.

[50] 沈艳兵. 京津冀普惠金融协同发展研究 [J]. 未来与发展, 2017 (8): 41-43, 40.

[51] 宋清华. 我国商业银行与资本市场的资金互动性分析 [J]. 金融研究, 2002 (5): 74-81.

[52] 苏瑞琨. 广西"西江经济带"建设的金融支持研究 [J]. 梧州学院学报, 2011 (5): 30-33.

[53] 苏士儒, 段成东. 区域经济增长的不平衡与金融资源分布之间的关系——以宁夏为例 [J]. 金融研究, 2007 (10): 178-190.

[54] 孙爱军, 蒋彧, 方先明. 金融支持经济发展效率比较: 基于 DEA-Malmquist 指数方法的分析 [J]. 中央财经大学学报, 2011 (11): 34-39.

[55] 孙婷, 温军. 金融中介发展、企业异质性与技术创新 [J]. 西安交通大学学报 (社会科学版), 2012 (1): 23-28.

[56] 孙晓. 银行业结构与经济增长关系的实证研究 [J]. 商业经济研究, 2015 (8): 105-107.

[57] 谈儒勇, 叶海景, 范坤祥. 我国各地银行集中度与经济增长关系的实证研究 [J]. 当代财经, 2006 (12): 46-50.

[58] 谈儒勇. 中国金融发展和经济增长关系的实证研究 [J]. 经济研究, 1999, 34 (10): 53-61.

[59] 谭鹏万. 中国银行业的市场结构与银行绩效关系研究——基于 33 家商业银行面板数据的实证检验 [J]. 南方经济, 2006 (12): 70-83.

[60] 唐松. 中国金融资源配置与区域经济增长差异——基于东、中、西部空间溢出效应的实证研究 [J]. 中国软科学, 2014 (8): 100-110.

[61] 田静云. 京津冀区域金融合作问题研究 [D]. 河北大学, 2015.

[62] 王琦. 京津冀金融协同发展路径的探讨 [J]. 现代商业，2017(29)：77-78.

[63] 王仁祥，童藤. 金融中介、资本市场与经济增长关系的实证分析 [J]. 软科学，2014 (2)：16-20.

[64] 王晓夏. 中国区域金融发展差异水平的测度——基于2000-2012年面板数据的实证研究 [J]. 中国市场，2014 (15)：90-95.

[65] 王岩，刘珂，邵宏伟，徐立晔，程颖慧. 河北省有效承接京津产业转移的金融支持研究 [J]. 合作经济与科技，2015 (3)：34-35.

[66] 王永忠. 金融发展、资本积累与内生增长：一个评述 [J]. 当代经济科学，2007 (6)：101-109，126.

[67] 王志强，孙刚. 中国金融发展规模、结构、效率与经济增长关系的经验分析 [J]. 管理世界，2003 (7)：13-20.

[68] 吴志坚. 银行业产业集中度国际比较研究 [J]. 中国科技信息杂志，2010 (4)：155-157，161.

[69] 武志. 金融发展与经济增长：来自中国的经验分析 [J]. 金融研究，2010 (5)：58-68.

[70] 肖建国. 区域金融中介发展与经济增长关系的实证研究 [J]. 南方金融，2004 (8)：28-31.

[71] 谢明东. 我国银行业市场结构与经济增长的实证研究 [D]. 兰州大学，2012.

[72] 辛向媛. 我国银行业集中度、金融比率与地区经济增长的关联性分析 [J]. 生产力研究，2012 (8)：77-80.

[73] 徐方坤，刘斌. 金融市场、金融中介和经济增长的实证分析 [J]. 未来与发展，2012 (2)：31-35.

[74] 徐曈. 银行业结构对京津冀区域经济增长影响的实证研究 [D]. 首都经济贸易大学，2018.

[75] 薛强，马文. 中国金融发展与经济增长研究综述 [J]. 财经理论研究，2013 (3)：8-12.

[76] 闫丽瑞，田祥宇. 金融发展与经济增长的区域差异研究：基于我国省际面板数据的实证检验 [J]. 宏观经济研究，2012 (3)：99-105.

[77] 严卓. 我国银行业结构对区域经济增长的影响：基于省级面板数据的实证研究 [D]. 复旦大学，2013.

[78] 杨胜刚，朱红．中部塌陷、金融弱化与中部崛起的金融支持 [J]．经济研究，2007，42（5）：55－67，77.

[79] 杨文华，刘冲，杨华蔚．金融发展、技术进步与产业升级：基于 PVAR 的分析 [J]．金融与经济，2013（2）：33－36.

[80] 杨文捷．市场竞争结构与银行稳健 [J]．决策借鉴，2000（6）：27－31.

[81] 姚博．金融支持、区域市场整合与价值链提升 [J]．产业经济研究，2014（2）：11－20.

[82] 姚耀军，董钢锋．金融发展、金融结构与技术进步——来自中国省级面板数据的经验证据 [J]．当代财经，2013（11）：56－65.

[83] 姚耀军．金融中介发展与技术进步：来自中国省级面板数据的证据 [J]．财贸经济杂志，2010（4）：26－31.

[84] 叶欣，郭建伟，冯宗宪．垄断到竞争：中国商业银行业市场结构的变迁 [J]．金融研究，2001（11）：79－85.

[85] 易信，刘凤良．金融发展、技术创新与产业结构转型——多部门内生增长理论分析框架 [J]．管理世界，2015（10）：24－39，90.

[86] 尹宗成，李向军．金融发展与区域经济增长：基于企业家精神的视角 [J]．中央财经大学学报，2012（11）：38－44.

[87] 于良春，鞠源．垄断与竞争：中国银行业的改革和发展 [J]．经济研究，1999，34（8）：48－57.

[88] 于明，朱顺林．金融发展促进区域产业结构升级效应差异的实证分析——基于中国东部地区四省两市的面板数据 [J]．科技与管理，2014（1）：10－15，20.

[89] 余剑，陶娅娜，李康．用普惠金融理念推动区域共享发展——以京津冀协同发展为例 [J]．甘肃金融，2017（6）：9－12.

[90] 俞立平，燕小青，熊德平．金融规模、金融调控与经济增长——基于中国改革开放以来的实证研究 [J]．山西财经大学学报，2012（8）：11－20.

[91] 张晨，任文茜．中国银行业市场竞争结构检验 [J]．金融理论与实践，2014（4）：30－34.

[92] 张红力．金融引领与“一带一路” [J]．金融论坛，2015（4）：8－14.

［93］张建印，王月榕．河北省普惠金融发展现状、问题及建议［J］．河北金融，2015（8）：65－67.

［94］张金清，陈卉．我国金融发展与经济增长关系的适度性研究［J］．社会科学，2013（5）：39－49.

［95］张景．京津冀地区产业结构对经济增长质量的影响研究［D］．东北财经大学，2011.

［96］张军，金煜．中国的金融深化和生产率关系的再检测：1987—2001［J］．经济研究，2005，40（11）：34－45.

［97］张可云，蔡之兵．京津冀协同发展历程、制约因素及未来方向［J］．河北学刊，2014（6）：101－105.

［98］张丽峰．京津冀产业结构对经济增长影响差异性分析——基于面板数据模型的分析［J］．工业技术经济，2008（2）：100－103.

［99］张婷．丝绸之路经济带陕西段的金融支持研究［J］．金融经济，2015（6）：25－28.

［100］张文芳．京津冀金融一体化发展的途径分析［D］．首都经济贸易大学，2016.

［101］张延杰．河北省普惠金融发展问题及对策研究［J］．现代商贸工业，2018，39（4）：92－93.

［102］张亦春，王国强．金融发展与实体经济增长非均衡关系研究——基于双门槛回归实证分析［J］．当代财经，2015（6）：45－54.

［103］赵勇，雷达．金融发展与经济增长：生产率促进抑或资本形成［J］．世界经济，2010（2）：37－50.

［104］仲伟周，赵子晗．陕西银行业发展与经济增长的相关性分析［J］．西北大学学报（哲学社会科学版），2013（6）：78－81.

［105］周波．金融发展和经济增长：来自中国的实证检验［J］．财经问题研究，2007（2）：47－53.

［106］周德才，卢晓勇，杨伊，厉彦蕲．我国金融发展与经济增长周期关系的实证检验［J］．山西财经大学学报，2013（12）：56－68.

［107］周好文，钟永红．中国金融中介发展与地区经济增长：多变量VAR 系统分析［J］．金融研究，2004（6）：130－137.

［108］周立，王子明．中国各地区金融发展与经济增长实证分析：1978－2000［J］．金融研究，2002（10）：1－14.

[109] 周丽丽，杨刚强，江洪. 中国金融发展速度与经济增长可持续性——基于区域差异的视角 [J]. 中国软科学，2014 (2): 58 -69.

[110] 周宁东，汪增群. 金融发展对经济增长的贡献——一项基于面板数据的研究 [J]. 财贸经济杂志，2007 (5): 86 -92.

[111] Angel de la Fuentea and JoséMarí a Marí nb. Innovation, bank monitoring, and endogenous financial development [J]. Journal of Monetary Economics, 1996, 38: 269 -301.

[112] Beck T. ; Levine R. ; Loayza N. . Finance and the sources of growth [J]. Journal of Financial Economics, 2000, 58 (1): 261 -300.

[113] Bonaccorsi, Dell' Ariccia. Learning by Lending Competition, and Screening Incentives in the Banking Industry. IMF, 2000: 313 -332.

[114] Caminal, R, Matutes. Bank Solvency, Market Structure, and Monitoring Incentives. Centre for Economic Policy Research, Discussion Paper, 1997: 1665.

[115] Carlin W. ; Mayer C. . Finance, investment, and growth [J]. Journal of Financial Economics, 2003, 69 (1): 191 -226.

[116] Enrique López-Bazo 1; Esther Vayá 2; Manuel Artís 3. Regional Externalities And Growth: Evidence From European Regions. [J]. Journal of Regional Science, 2004, 44 (1): 43 -73.

[117] Gilles Saint-Paul. Technological choice, financial markets and economic development [J]. European Economic Review, 1992, 36: 763 -781.

[118] Hugh T. Patrick. Financial Development and Economic Growth in Underdeveloped Countries [J]. Economic Development and Cultural Change, 1966, 14: 174.

[119] I Ajzen; M Fishbein. Attitude-behavior relations: A theoretical analysis and review of empirical research. [J]. Psychological Bulletin, 1977 , 84 (5): 888 -918.

[120] Insiders and Outsiders: The Choice between Informed and Arm's-Length Debt. [J]. Journal of Finance, 1992, 47 (4): 1367 -1367.

[121] Jeremy Greenwood and Boyan Jovanovic. Financial Development, Growth, and the Distribution of Income [J]. Journal of Political Economy, 1990, 98: 1076 -1107.

[122] John H. Boyd and Edward C. Prescott. Financial intermediary-coalitions [J]. Journal of Economic Theory, 1986, 38: 211 -232.

[123] Karla Hoff, Joseph E. Stiglitz Moneylenders and bankers: price - increasing subsidies in a monopolistically competitive market [J]. Journal of Development Economic Volume 55, Issue 2, April 1998, Pages 485 -518.

[124] King, Robert G.; Levine, Ross. Finance and growth: Schumpeter might be right. [J]. The Quarterly Journal of Economics, 1993, 108: 717.

[125] King, Robert G.; Levine, Ross. Finance, entrepreneurship, and growth: Theory and evidence. [J]. Journal of Monetary Economics, 1993, 32: 513 -542.

[126] Levine, Ross; Loayza, Norman; Beck, Thorsten. Financial intermediation and growth: Causality and causes. [J]. Journal of Monetary Economics, 2000, 46: 31 -77.

[127] Levine, Ross; Zervos, Sara. Stock Markets, Banks, and Economic Growth [J]. American Economic Review, 1998, 88 (3): 537 -558.

[128] LG Deidda; B Fattouh. Concentration in the banking industry and economic growth [J]. Macroeconomic Dynamics, 2002 , 9 (2): 198 -219.

[129] McKinnon, Ronald I., McKinnon. Money and Capital in Economic Development [M]. 1973.

[130] Meghana Ayyagari; Asli Demirg & uuml; ç -Kunt and Vojislav Maksimovic. How Important Are Financing Constraints? The Role of Finance in the Business Environment [J]. World Bank Economic Review, 2008, 22 (3): 483 -516.

[131] Nicola Cetorelli 1; Michele Gambera 2. Banking Market Structure, Financial Dependence and Growth: International Evidence from Industry Data [J]. Journal of Finance, 2001, 56 (2): 617 -648.

[132] Noah Chase Berman; Ashley M. Shaw; Erin E. Curley; Sabine Wilhelm. Emotion regulation and obsessive-compulsive phenomena in youth [J]. Journal of Obsessive-Compulsive and Related Disorders, 2018, 19: 44 -49.

[133] Petersen, Mitchell A.; Rajan, Raghuram G.. The effect of credit market competition on lending relationships. [J]. The Quarterly Journal of Economics, 1995, 110 (2): 407.

[134] Philip Arestis; Panicos O. Demetriades; Kul B. Luintel. Financial Development and Economic Growth: The Role of Stock Markets [J]. Journal of Money, Credit and Banking, 2001, 33: 16 -41.

[135] R. Todd Smith. Banking Competition and Macroeconomic Performance [J]. Journal of Money, Credit and Banking, 1998, 30 (4): 793 -815.

[136] Raghuram G. Rajan; Luigi Zingales. Power in a Theory of the Firm [J]. Quarterly Journal of Economics, 1998, 113 (2): 387 -432.

[137] Raymond Fisman 1; Inessa Love 2. Trade Credit, Financial Intermediary Development, and Industry Growth [J]. Journal of Finance, 2003, 58 (1): 353 -374.

[138] Richard D. F. Harris. Stock markets and development: A re-assessment [J]. European Economic Review, 1997, 41 (1): 139 -146.

[139] Ross Levine. Stock Markets, Growth, and Tax Policy [J]. The Journal of Finance, 1991, 46: 1445 -1465.

[140] Shaw, Edward S. Financial Deepening in Economic Development [M]. 1973.

[141] Sherrill Shaffer. The Winner's Curse in Banking *1 , *2 [J]. Journal of Financial Intermediation, 1998, 7: 359 -392.

[142] V Maksimovic; T Beck; A Demirgüçkunt; R Levine. Financial Structure and Economic Development: Firm, Industry, and Country Evidence [J]. Social Science Electronic Publishing, 2000: 189 -242.

[143] Welles Wilder, The Adam Theory, 1987.